语言民俗学概要

本著作系辽宁省哲学社会科学
重点学科民俗学之研究成果

学科带头人：曲彦斌
主编：曲彦斌
副主编：董丽娟

曲彦斌 主编

语言民俗学概要

中原出版传媒集团
大地传媒

大象出版社
·郑州·

图书在版编目（CIP）数据

语言民俗学概要 / 曲彦斌主编. — 郑州：大象出版社，2015.2
ISBN 978-7-5347-8303-6

Ⅰ.①语… Ⅱ.①曲… Ⅲ.①民俗学—语言学 Ⅳ.①H0-05

中国版本图书馆 CIP 数据核字（2015）第 022270 号

语言民俗学概要
曲彦斌　主编

出 版 人	王刘纯
策划编辑	郑强胜
责任编辑	郑强胜
责任校对	钟　骄
书籍设计	王　敏

出版发行	大象出版社（郑州市开元路 16 号　邮政编码 450044）
	发行科 0371-63863551　总编室 0371-65597936
网　　址	www.daxiang.cn
印　　刷	河南新华印刷集团有限公司
经　　销	各地新华书店经销
开　　本	787mm×1092mm　1/16
印　　张	20.5
字　　数	312 千字
版　　次	2015 年 3 月第 1 版　2015 年 3 月第 1 次印刷
定　　价	45.00 元

若发现印、装质量问题，影响阅读，请与承印厂联系调换。
印厂地址　郑州市经五路 12 号
邮政编码　450002　　电话　0371-65957860-351

期待、心结与"试水"

——《语言民俗学概要》前言

1.一个学术"心结"和"试水"担当

大约 2004 年,在《民俗语言学》(增订版)①自序中,我曾经写道:"二十世纪七十年代末,我开始沉湎于钻研'语言与民俗'问题,并从八十年代初开始发表有关'民俗语言学'著述,迄今约有二十年矣。"时光如梭,如今,又是一个十年。也就是说,我从事这个领域的研究三十多年了。可以说,我的青壮年时光,主要投身于此。

在那个增订版的自序里,我特别地写道:

> 如今,还有一个老问题,需要重新说明。那就是,关于这门学科的名称的"正名"问题。
>
> 二十世纪八十年代末,北师大钟敬文先生的一位研究生向我转达钟老的意见,"语言民俗学"才是民俗学的分支学科。老实讲,我一时颇感为难。

---

① 曲彦斌:《民俗语言学》(增订版),辽宁教育出版社 2004 年 12 月版。

因为,按照习惯说法,"语言民俗学"是从语言学视点和语言材料研究民俗学和民俗的;"民俗语言学"则应是从民俗学视点和民俗材料来研究语言学和语言。然而,用什么样的叫法来表示我们现实的这种双向、互动的学科呢?

我曾在1996年的一份答问录里谈到过这个事情。我强调,民俗语言学是综合运用语言学、民俗学及其他相关科学方法、材料,对语言、言语与社会习俗惯制等民间文化现象相互密切联系的形态(即民俗语言文化形态)、性质、规律、机制、源流等,进行双向、多方位考察研究,从而给予科学解释并指导应用的人文科学。所谓"双向、多方位",包含着"互动"与"相互"的含义。当时我谈到,民俗语言学"既从民俗学视点研究语言,亦从语言方面探讨民俗学问题,重点在于两者涵化的产物——民俗语言文化。因而,民俗语言学又可称之为'民俗语言文化学'"。在此语境前提之下,显然不好按照以往业已习惯的"相互交叉式"命名方法的程式,严格区别为"民俗语言学"和"语言民俗学"。如果需要突出哪一个视点的时候,也只能用特定的语境加以限定。

现在,重温这些,意在借以说明一个事情和引出一个话题。

要说明的一个事情,是几十年来始终从事"语言与民俗"以及"民俗语言学与语言民俗学"的双向研究,未肯偏废。只不过,先行以构建"民俗语言学"理论框架为主,同时也在进行"语言民俗"和"语言民俗学"的研究与积累。这是由于研究对象和学科领域的密切关联,甚至存在"你中有我,我中有你"大面积交叉乃至重合的缘故,是两个领域"先天性"共生的"血缘关系"所决定的。

要引出的一个话题,就是接续"民俗语言学"研究,或说伴随其研究的另一个学术命题,梳理、总结"语言民俗学"的研究心得,积累并撰写一部《语言民俗学概要》形式的概论性学术专著,这始终是我学术研究历程中的一个学术"心结"。

早在20世纪80年代末90年代初,我曾先后几次面聆钟敬文、杨堃、杨得志和马学良等几位德高望重的学界泰斗关于语言与民俗问题的耳提面命式教诲,直接领受到老一代民俗学家对此领域研究的关切和学术期待。特别是马学良教授，还特意约我到其书房长谈一次。如今，几位老人家已经先后谢世。这些年每忆及此，感慨良多，尤增迫切感。如此这般，怎能不结下这个沉重的学术"心结"呢？

所在时下正是北方寒冬，犹记当年当"知青"插队小山村的一个风雪寒夜，录古诗习字时吟至陆游《书愤》诗末二句"壮心未与年俱老，死去犹能作鬼雄"之际，随手凑了几句打油诗："锦绣年华需努力，莫教光阴空自流；壮心随年增更切，青春一日如三秋。"随着时间流转，再有几个月，本人即已"六六大顺"之秩矣。似乎自视心高，但余生还有那么多事要做，心愿自是"随年增更切"。

前面谈过，这是本人的一个学术"心结"。其实，我也意识到，作为涉此学术领域较早、积累较多者，亦是一份未竟的学术责任和担当。恰如佛缘俗语所言："我不入地狱，谁入地狱？"看来，为抛砖引玉，也只好权充如此"舍生取义"的志愿者。"石楼试水宜频啜，金谷看花莫漫煎。"（宋王安石《寄茶与平甫》诗句）鉴于此，且"奋不顾身"，先行"试水"。于是，便引出了本书的问世。

2. 老一代民俗学家的学术期待

应该说，构建"语言民俗学"，深化语言民俗学研究，是老一代民俗学家关切和期待很久的一个学术命题。

在此，且回顾、重温一下钟敬文先生的一些论述。如果选辑钟敬文先生有关语言与民俗命题的论述，可以编出很大的篇幅来。于此，且选一些片段。

可以说，早在构建民俗学理论框架之初，钟敬文先生就已经关注到"语言民俗学"这个命题。例如，在1991年以《民俗学发凡》为题的学术演讲中所谈四个问题的第二个问题就是"语言学方面"，随即谈民俗学分支学科时，明确开列有"语言民俗学"[1]。后来，在其主编的《民俗学概论》第十一章"民间语言"中还谈道："为了民间语言考究其他民俗，同时又从其他民俗考察民间语言，就需要

---

[1] 钟敬文：《民俗学发凡》，《钟敬文民俗学论集》，中华书局1996年版，第4页、第8页。

建立一门语言学和民俗学相互交叉的边缘学科——语言民俗学。"①提出了语言与民俗的几个论点:语言单位概括指称民俗事象、具体陈述民俗事象、旁涉夹带民俗事象和折光反射民俗事象,因而,"民间语言不仅自身就是一种民俗,而且它还记载和传承着其他民俗事象"②。

在其为博士研究生黄涛的学位论文《语言民俗与中国文化》所撰序言中,钟老比较集中地讨论了语言民俗学问题。

> 语言是人们联系共同的生产活动、生活事务和表达个人的思维、感受的必需手段。在人们的集体活动中,没有语言这种文化因素是不可想象的。语言本身既是人类社会一种重要文化因素,又是别的许多文化因素的载体。所谓"口承文化",它包括人类的各种口头文学以及用口头语言表达和传承的各种人生经验和知识。近代学者把语言作为构成民族概念的重要条件之一,这是完全有道理的。世界上一些国家如美国、日本的某些民俗学者,往往十分重视对口头语言民俗的研究。我国自"五四"民俗学运动兴起之后,也在口承语言民俗的领域,做过一些调查和探索,尽管成绩不太显著,但在"五四"时期,对口头语言问题非常重视,在这方面开展的活动与研究曾有着特殊的作用和重大的影响。③

> 我对语言民俗的较深厚的兴趣,也与五四运动对语言问题的特别关注有关。④

> 我对语言民俗的基本观点,如语言既是民俗的一种载体,它本身也是一种民俗现象,不能将语言与民俗分开来或并列起来讲,要用一般民俗文化的基本特征去考察语言现象,等等。⑤

建国以后的二三十年内,由于政府的文化政策的关系,民俗学作为一

---

① 钟敬文主编:《民俗学概论》,上海文艺出版社1998年版,第307页。
② 钟敬文主编:《民俗学概论》,上海文艺出版社1998年版,第304页。
③ 钟敬文:《语言民俗与中国文化·序言》,人民出版社2002年版,第4页。
④ 钟敬文:《语言民俗与中国文化·序言》,人民出版社2002年版,第4页。
⑤ 钟敬文:《语言民俗与中国文化·序言》,人民出版社2002年版,第13页。

个学科的位置是不被承认的,只有民间文学、民间艺术的研究比较受重视,其他绝大部分民俗学门类的研究陷于停顿状态,语言民俗的研究基本没有涉及。"文革"结束后,民俗学研究逐渐恢复以至兴盛,语言民俗的研究也有一些成果。但这些研究是比较零散的,没有形成一定的规模。语言民俗学作为民俗学的一个分支学科还没有建立起来,它的研究对象、研究方法等基本理论问题还不明确,也还没有学科意识。与民俗学的其他门类相比,特别是相对于语言民俗在民俗文化整体中所占的位置而言,这些研究是很不够的。成绩显著的是谚语的搜集与整理工作。规模宏大的"三套集成"工程中有一套是《中国民间谚语集成》,现正陆续出版。但这主要是资料搜集上的成绩。①

如是者无不体现了钟敬文先生对语言民俗学的深入思考与探索,为后来者构建语言民俗学提供了极为重要的教益。钟敬文先生这些关于语言民俗学的思考与探索,虽然比较零散,却是语言民俗学史上极为重要的学术轨迹,是中国民俗学史不可忽略的一个环节。

3.试水《语言民俗学概要》

作为国内首部以语言民俗学视角"立意于研究民间语言现象的一般规律"②的学术专著《语言民俗与中国文化》,作者黄涛将"语言民俗研究的对象,即民间语言现象,界定为民众的生活文化和文化活动现象"③,"将语言民俗看作一种复合性的文化现象,它包括三个层面:语言形式、语言行为和与之关联的民众精神状态。语言民众研究就是这三个层面的整体研究"④,作为学位论文的指导思想或者说研究宗旨,黄涛在语言民众研究上所做的成功尝试,颇值得

---

① 钟敬文:《语言民俗与中国文化·序言》,人民出版社2002年版,第12页。
② 黄涛:《语言民俗与中国文化》,人民出版社2002年版,第5页。
③ 黄涛:《语言民俗与中国文化》,人民出版社2002年版,第6页。
④ 黄涛:《语言民俗与中国文化》,人民出版社2002年版,第7页。

构建"语言民俗学"学科借鉴。

钟敬文先生在为黄涛的学位论文《语言民俗与中国文化》所撰序言中谈道：

> 近十几年,民间语言的研究开始受到学界的重视,并出现了一些论著,大体看来其成果也是引人注目的。这是一个好现象。但是这些研究的主要部分立足于语言学与民俗学的交叉位置,立意于建立一门交叉学科,其研究的理论视角和方法还不是严格意义上的民俗学专业研究(关键是没有把语言现象作为民俗文化的一部分来研究)。在这种情况下,我感到语言民俗学的研究有必要尽快开展起来。这也是对五四新文化运动重视民众口头语言的学术传统的继承与发展。①

个中,钟敬文先生再次表述了对构建"语言民俗学"学科的期待与关切,也特别强调了"把语言现象作为民俗文化的一部分来研究"这一"理论视角和方法"至为关键。

基于钟敬文先生所说的"把语言现象作为民俗文化的一部分来研究","民俗语言"自当属于语言民俗学的研究对象了。但在具体研究中概念的界定和表述上,往往不尽相同。钟敬文主编《民俗学概论·民间语言》时说,"民间语言"是指"广大民众用来表达思想并承载民间文化的口头习惯用语,其主要部分是民众集体传承的俗话套语"。《民俗语言学》(增订版)所说的"民俗语言",是指"经约定俗成,获得广泛认知、民用的涵化有民俗要素的语言材料","民俗语言的主体由俗语与民俗语汇两大语类构成";"无论语言学界还是民俗学、民间文学界,关于俗语概念的界定始终未取得共识。至于海外学术界的说法,往往又同国内相参差,则是由于语言文化背景的差异所致。就汉语民俗语言的俗语性质、特征而言,它是指包括口语性成语、谚语、格言、歇后语、惯用语、俚语等品类在内的定型化或趋于定型化的简练习用语和短语"。② 那么,"民间语言"与"民

---

① 钟敬文:《语言民俗与中国文化·序言》,人民出版社2002年版,第12页。
② 曲彦斌:《民俗语言学》(增订版),辽宁教育出版社2004年12月版,第11页。

俗语言"两个概念之间有何异同？由于研究视角、研究对象本位之别，"民俗语言学"与"语言民俗学"还有许多有待解决和回答的问题。

有鉴于此，本书仅仅是选择一部分两者交叉和大面积重合的问题与文本，试图采用钟敬文先生说的"把语言现象作为民俗文化的一部分来研究"，初步构建一个粗略的"语言民俗学"框架。例如，第一章"导论：语言民俗学原理"部分，主要研究探讨语言与民俗：语言民俗学的基础概念、关于语言与民俗调查研究、语言民俗学的学术渊源、语言与民俗的相互关联、涵化运动及其结果、民俗语言学与语言民俗学、社会言语生活的雅与俗以及语言民俗学是什么等问题。第二章"民俗语汇：语言民俗学的重要文本"，主要探讨语言民俗学与民俗语汇研究、中国民俗语汇研究的现状与前瞻等内容。第三章为"社会生活中的言语习俗说略"。第四章为"语言民俗与社会记忆：民俗语言化石和民俗语源"。第五章为"民间隐语行话：别有洞天的语言民俗"。第六章为"市井语言习俗例说"。第七章为"方言与非物质文化遗产传承及保护"。第八章为"历代民俗语言珍稀典籍专书民俗语汇研究例选"。总之，我们试图以此视角、框架和内容，体现"语言民俗学"的基本学术思想。

鉴于"语言与民俗"以及"民俗语言学"和"语言民俗学"的研究一向交替或相间进行，以及有些论述的共同性、一致性和密切的关联性，为统一有关表述起见，本书多处引述《民俗语言学》（增订本）相关论述，同时亦为避免行文中注释的繁杂混乱，需要保留引述原文中必要的注释，则不另对此作专门的注释。当然，这也属于以往本领域研究过程中的一种既往"痕迹"。这一点，也是两个命题之间交融性、复合性的一种体现和必然。

本书作者均为从读研究生起就多年专事或兼事"语言与民俗"双重领域研究的学者。王立坤、于琴等各自承担的部分均于相应部分的页下做了署名标注，其余未标注的部分，由本人撰写，全书由副主编董丽娟负责通稿，以此显示大家各自的主要担当，于此不另说明。真诚地感谢各位多年与我的热诚合作。

可以说，本书还是个"急就章"，一是自愧很难一下子做到非常全面和完美；二是虽说积累时间不短了，但在一个很短的时间内写出一部尽如人意的学术专著是不可能的。因此，本书还只能是个"概要"性的初稿，且先做个"靶子"式的

"奠基石",有待方家指教,在广泛汲取教益的基础上再做进一步修订完善。在此,先谢了！同时,更期盼能够具有抛砖引玉之功效,余愿足矣。

曲彦斌

甲午年十二月十二日记于雅俗轩

目 录

第一章 导论：语言民俗学原理 ································· 1
  1.语言与民俗：语言民俗学的基础概念 ······················ 3
  2.关于语言与民俗调查研究：语言民俗学的学术渊源 ·········· 6
  3.语言与民俗的相互关联：涵化运动及其结果 ··············· 11
  4.民俗语言学与语言民俗学 ······························ 14
  5.社会言语生活的雅与俗 ································ 18
  6.语言民俗学是什么 ···································· 24

第二章 民俗语汇：语言民俗学的重要文本 ···················· 29
  1.发端于20世纪初日本民俗学的民俗语汇研究及其学术背景 ··· 30
  2.语言民俗学与民俗语言学视野的民俗语汇研究 ············ 32
  3.中国学术史上的民俗语汇研究 ·························· 37
  4.中国民俗语汇研究的现状与前瞻 ························ 40
  5.民俗语汇研究与辨风正俗 ······························ 42

第三章 社会生活中的言语习俗说略 ·························· 47
  1.姓名等人生礼俗与语言民俗 ···························· 48
  2.亲属称谓语俗与亲属关系 ······························ 53
  3.绰号等社会称谓语俗与社会关系 ························ 55

1

4.禁忌与口彩 …………………………………… 62
　　5.网络语言民俗 ………………………………… 69
　　6.民间流行习语与社会时尚 …………………… 73

第四章　语言民俗与社会记忆:民俗语言化石和民俗语源 …… 77
　　1.社会文化史上的民俗语言"化石" …………… 79
　　2.民俗语源解读 ………………………………… 84
　　3.民俗语源与词源学:以"措大"的民俗语源为例 …… 86
　　4.民俗语源与词族(一):以"锦标"词系为例 …… 89
　　5.民俗语源与词族(二):以"保镖"词系为例 …… 94
　　6.俚词俗语的民俗语源 ………………………… 99

第五章　民间隐语行话:别有洞天的语言民俗 ……………… 107
　　1.神秘而多姿多彩的市井隐语行话 …………… 109
　　2.关于"隐语行话" ……………………………… 114
　　3.隐语行话与现实社会生活 …………………… 116
　　4.问题与思考 …………………………………… 142

第六章　市井语言习俗例说 …………………………………… 147
　　1.俗语雅趣 ……………………………………… 148
　　2.新俗语及俗语词典 …………………………… 151
　　3."吉祥号码"与数字崇拜 ……………………… 157
　　4.市井传统商业招徕市声 ……………………… 160
　　5.饧箫、击馋和引孩儿:饮食业的传统招徕响器 …… 172
　　6.数文化中的市语 ……………………………… 176
　　7.曲艺小品与市井民间流行习语 ……………… 181

第七章　方言与非物质文化遗产传承及保护 ………………… 185
　　1.方言土语与俗文化圈 ………………………… 187
　　2.方言的韵味与麻烦 …………………………… 189
　　3.方言民俗的地域特点探析 …………………… 193
　　4.方言土语是非物质文化遗产的基本载体和传承工具 …… 204

第八章　历代民俗语言珍稀典籍专书民俗语汇研究例选 …………… 207
　1.《通俗文》刍议 ………………………………………… 208
　2.《谚原》刍议 …………………………………………… 217
　3.《目前集》及其所辑释民俗语汇和俗语词研究 ………… 227
　4.《(增订)雅俗稽言》及其所辑释的民俗语汇和俗语词 … 237
　5.《秕言》民俗语汇的编纂特征 …………………………… 246
　6.《明清民歌时调集》俗语词释例 ………………………… 253
　7.《言鲭》民俗语汇研究 …………………………………… 265
　8.《谈征》所辑民俗语汇刍议 ……………………………… 277
　9.《通俗编》民俗语汇探微 ………………………………… 291
　10.《释谚》平议兼其民俗语汇探析 ………………………… 303

主要参考书目 …………………………………………………… 312

第一章　导论：
语言民俗学原理

　　语言与社会、文化以及作为社会文化最基本构成部分的民俗的关系,曾经是语言学界争议较大的一个问题。

　　现代语言学界关于语言性质比较流行的一种基本认识是:语言是人类最重要的交际工具,是一种介于经济基础和上层建筑之间(或以外)的特殊的社会现象。那么,文化现象是社会诸现象中一个较大层次(或说范围)的概念,这种"特殊的社会现象"是否包含着社会文化的构成因素呢? 或言之,语言是不是一种特殊的社会文化现象呢? 当代通常的看法是持否定态度的,因为多认为语言既不属于经济基础,亦非上层建筑,而文化则属上层建筑。同时,语言没有阶级性,一如斯大林所说:"语言作为交际工具从来就是并且现在还是对社会是统一的,对社会一切成员是共同的。"①著名民俗学家钟敬文在《谈谈民族的下层文化》一文中谈道:"上层文化的传授和传播,除了语言外,主要依靠文字。语言文字,本身是一种文化,但它又是各种文化赖以保存和借以发展的要件。下层文化的传授、传播,有它自己的特点。因为我国过去一般人民,特别是劳动人民,缺乏接受文字教育的机会,因此,他们只能依靠日常生活所用的语言作为主要传播文化的工具(此外当然还有实际动作等)。"②就此,笔者想到了20世纪初美国人类学家兼语言学家爱德华·萨丕尔的一个科学命题,他认为:"语言有一个底座。说一种语言的人属于一个(或几个)种族,也就是说,属于身体上具有某种特征而不同于别的群的一个群。语言也不脱离文化而存在,就是说,不脱离社会流传下来的、决定我们生活面貌的风俗和信仰的总体。"③这些观点,都有其深刻的道理,因为它们是基于语言事实得出的结论。

---

① 斯大林:《马克思主义和语言学问题》,人民出版社1964年9月第1版,第14页。
② 钟敬文:《谈谈民族的下层文化》,《群言》1986年第11期,第9页。
③ [美]爱德华·萨丕尔:《语言论——言语研究导论》中译本,商务印书馆1985年第1版,第186页。

1.语言与民俗：语言民俗学的基础概念

先说"语言"。

"语言"与"民俗"，是语言民俗学最关键的一对具有直接关联性的基础概念。

试想，假如没有语言，人类会是什么样子？这个世界会是什么样子？毫无疑问，没有语言就没有人类和人类社会。那么语言是什么呢？语言是人类文明的标志，语言是人类创造文明的工具；语言是生存与创造的基本技能；语言是工具，是生产、生活、思想、交流传播沟通信息的工具；语言是载体，是知识、信息、文化和历史的载体；语言是艺术，人们运用语言艺术创造各种视觉的、声音的美。语言文明是人类文明最重要的标志。

关于语言属性的问题，既是个老问题，又是现代语言学争论持续时间最长的一个中心课题。本文并无全面否定流行观点的意图，一如"人类学家认为语言是文化行为的形式；社会学家认为语言是社会集团的成员之间的互相作用；文学家认为语言是艺术的媒介；哲学家认为语言是解释人类经验的工具；语言教师则认为语言是一套技能"[①]。人类学家、民族学家兼民俗学家杨堃教授提出："语言是一种社会事实，一种社会制度，故语言学是社会学的一部分，它并是

---

① ［英］R.R.K.哈特曼和F.C.斯托克著：《语言与语言学词典》，上海辞书出版社1981年第1版，第189页。

社会学中最早发生的一部分。先有了印度、欧洲语言之比较研究,始有人将比较研究法应用在其他的社会科学上。从此,社会学始建筑于真正的科学的基础上,而与一切思辨的哲学脱离了关系。但语言不仅是一种社会事实,它并是一种生理的事实,如想研究语言而缺乏人类发音器官之生理的知识,那是不会成功的。它也不仅是一种生理的事实,同时还是一种思想的记号。故想研究语言,如缺乏心理学上的知识,也是不成的。最后,如想研究某一社会的语言,必须先知其时代的与社会的背景。故语言学不仅与社会学、生理学及心理学有关系,与地理、历史或民族学也均有密切的关系。"他同时还指出:"语言社会学的研究虽很流行,但只是些片断的或部分的研究。整个的语言社会学,在现实尚未成立。语言社会学上有些极重要的问题,如今尚找不出答案来。另外有些问题,已被丢弃而无人能讨论了。如语言的起源问题,在从前是争论的焦点。"①

如今,语言之于人类社会生活的重要性,语言与文化的关系,以及语言本身就是一种文化,已经是学界通过多年争论达成的一项共识,社会生活的一种基本的科学常识。在此学术话语背景下,语言学与相关学科"结缘联姻"的态势正旺,也可谓一种"学科生态"的顺其自然的生发。作为由语言与民俗活动相互交叉扩延而来的"民俗语言学",在古老的中华文化背景下的孕育和出现,正是这样一种语言学与民俗学结缘联姻的直接结果。

一般来说,语言是人类所特有的一种以语音为物质外壳、以词汇为构筑材料、以语法为结构规则的符号系统与信息载体。语言是人类特有的一种机能和特殊的社会现象,是使人类脱离并区别于其他动物种群的基本要素之一。它是人类认知客观事物、发展思维、组织社会、交流信息、创造文明的工具,是传播与积累文化的载体。

再说"民俗"。

"民俗"一词作为专门学科术语,是对英文"Folklore"的意译。这个词是英国学者汤姆斯(William Thoms)于1846年创立的。他以撒克逊语的Folk(民间、民众)和Lore(知识、学问)合成一个新词,后来成为国际上通用的学科名词。

---

① 《鞭策周刊》第2卷第1期,1932年。

在中国，汉语的"民俗"一词很早就已出现。《礼记·缁衣》中就有"故君民者，章好以示民俗"之说。

"民俗"之"民"，主要指民间，与"官"或官方相对；"俗"，乃风俗，是指一个国家或民族中广大民众所创造、享用和传承的生活文化。民俗是人民群众在社会生活中世代传承、相沿习成的生活模式，它是一个社会群体在语言、行为和心理上的集体习惯。民俗的内容包括：物质生产民俗、物质生活民俗、社会组织民俗、岁时节日民俗、人生仪礼、民间信仰、民间科学技术、民间口头文学、民间语言、民间艺术、民间游戏娱乐等，是民族文化的基本形式，民俗传承体现了一个国家或民族的物质生活和精神生活风貌。

古人云："习俗移人，贤智者不免。"无论"民俗""风俗"还是"习俗"，都是指特定社会文化区域内历代人们共同遵守的行为模式或规范。习惯上，人们往往将由自然条件的不同而造成的行为规范差异，称为"风"；而将由社会文化的差异所造成的行为规则之不同，称为"俗"。

所谓"百里不同风，千里不同俗"正恰当地反映了风俗因地而异的特点。风俗是一种社会传统，某些当时流行的时尚、习俗，久而久之地变迁，原有风俗中的不适宜部分，也会随着历史条件的变化而改变，所谓"移风易俗"正是这一含义。

至于"民俗"与"风俗"以及"习俗"等同类常见用语，表述的都是一回事，在民俗学中属于"等义""近义"或说是"同义"的用语，主要区别在于因具体使用时的话语环境或对象而异，表述方法和表述习惯也不同。

一般说，民俗，亦即民间风俗习惯，是人类社会长时期相沿积久而形成的习俗惯制、礼仪、信仰、风尚等民间文化传承现象的总和，是经群体、社会约定俗成并流行、传承的民间文化模式，是人类社会特有的一种人文意识形态，是规范个体行为、社会秩序和调解社会心理的非主流模式，在一定程度上，也是制约社会文明进程的基本要素。

2.关于语言与民俗调查研究：语言民俗学的学术渊源

一般来说，文化是指人类在社会历史实践过程中所创造的物质财富的总和，狭义上则指社会的意识形态及与之相适应的制度和组织机构。诚然，语言作为人类思维和交际工具，一种符号系统，对于全体社会成员是共同的。但是，人是社会的人，人不能脱离社会孤立产生和存在；虽然人类已形成了思维和运用思维工具（语言）的生理条件，但运用某种具体语言进行思维和交际，这种能力是在社会生活中形成和得到的。阶级社会是人类社会的一个发展阶段，在阶级社会中，文化直接受到阶级的影响，此间作为社会交际工具和文化载体的语言亦不例外，语言是社会现象，这一点已毋庸置疑。阶级社会之前的语言和文化，也是工具及载体的关系，这也是事实。大量出土文物、考古发现所反映的人类思维形式、文化水平，以及远古神话传说、民间口头文学资料等民间文化遗存，都是确凿可信的证明。就是说，语言不脱离社会和社会文化孤立地存在，并成为文化存在的主要形式和得以传播、交流的最主要工具。由此，则形成了"语言文化"，并将语言与作为社会历史文化的基础（底座）的民俗文化一起，视为社会历史的文化传承现象。从这一特定意义上说，语言这种特殊的社会现象，亦包含着社会文化的构成因素，语言亦可谓一种特殊的文化现象。这里我们不难看出，广义的文化概念同语言作为人类思维、交际工具的符号系统一样，既非上层建筑亦非经济基础，一个是社会形态，一个是表现形式，两者之间有着如此类似点。这也正是语言具有特殊的社会文化现象潜在的联系因素。

第一章 导论:语言民俗学原理

在世界文明史上,语言与民俗现象都是人类社会的原生文化形态。人类之所以从其他动物种群中脱离出来,语言的创造与使用是其中一个基本要素。然而,语言研究却只有两千多年的历史。从人类掌握说话本领到产生语言科学,经历了一个漫长的时期。同样,尽管民俗也是人类社会的原生文化,远在原始氏族社会时"历史的习俗就把一切调整好了"[1]。人们始终生活在一定的民俗文化环境之中,而民俗学作为一门人文科学存在,迄今只有一个多世纪光景。

有幸的是,当民俗学诞生之际,文化人类学家在进行"田野作业"的调查中,已开始注意到土著居民语言同各种社会风俗事象的联系。在此背景下,原本作为文化人类学分支学科的民俗学,很早就将方言、土语、俗语、谣谚等口碑资料,作为基本研究对象纳入了本学科范畴。事实上,世界各国民俗学科的建立,几乎都是从民间文学发展而来,是从研究民间口头语言艺术(亦即民俗语言文化)现象起步的。从这个意义上说,民俗语言现象的研究,孕育、促生了民俗学。为之先行奠定理论基础和积累了一定实践经验的,则是文化人类学。事实上,中国的民俗学学术史与世界上大多数国家一样,同样是发端于民间文学的调查研究,同样是从关注方言与口碑文献起步的。

民俗语言学研究已经注意到[2],语言学家对语言与民俗事象关系的注意,也主要是以文化人类学的有关科学意识为媒介。其中,比较著名的有:美国文化历史学派创始人、人类学家兼语言学家博厄斯(Franz Boas,1858—1942)1886年对太平洋东北岸温哥华岛印第安人部落的调查,有关著作有《美洲印第安人语言手册》《种族、语言和文化》等;英国人类学家、功能学派创始人之一马林诺夫斯基(B.K.Malinowski,1884—1942)1914年对大西洋特罗布里恩德群岛的调查,有关著作有《西太平洋的探险队》《科学的文化理论》《巫术、科学、宗教与神话》等;法国人类学家、西方结构主义学派创始人列维-斯特劳斯(Claude Leri-

---

[1] 恩格斯:《家庭、私有制和国家的起源》,《马克思恩格斯选集》第4卷,人民出版社1972年版,第92页。

[2] 鉴于有些论述的共同性、一致性和密切的关联性,为统一有关表述,这里以及本章导论多处引述《民俗语言学》(增订本,辽宁教育出版社2004年版)相关论述,亦由于为避免行文中注释的繁杂混乱,需要保留引述原文中必要的注释,则不另对此作专门的注释。仅于此作总说明。

Strauss,1908—2009)1934—1937年间每周末对巴西圣保罗城郊印第安人的连续调查。三位学者的共同特点,诚如一位社会语言学家概括的那样:三个人都是民俗学家和语言学家,他们都把未开化民族的风俗、文化、神话、语言放在一起研究,因为他们都到这些民族中间生活若干年,会说他们的语言,了解并欣赏他们的风俗,喜爱他们的传统,因而并没有把其中某一方面分离出来。他们都取材于异乡绝域、欧洲文明未到之地,因为只有这样,才能捕捉最纯的(未经感染的)民俗和语言材料。所不同的是,博厄斯注意语言的功能,马林诺夫斯基注意语言使用的场合,列维-斯特劳斯则提出"结构"这个概念来贯通语言和风俗。① 也就是说,19世纪末20世纪初这些著名的人类学家兼语言学家,业已注意到了语言与民俗的联系,从这一意识出发进行综合性的调查研究,并由此抽象出各自的相关学说。这些学说不仅直接冲击了传统语言学理论,也在众多科学领域产生强烈影响。如马林诺夫斯基的功能主义、列维-斯特劳斯的结构主义,其影响之大与广泛,是始料未及、不可低估的,甚至被视为科学领域的"革命"。

此间,人类语言学的奠基者之一、美国人类学家兼语言学家爱德华·萨丕尔(Edward Sapir,1884—1939),亦曾对北美印第安人的语言与文化做过深入的调查研究。在探讨"语言、种族和文化"时认为,"语言也不脱离文化而存在,就是说,不脱离社会流传下来的、决定我们生活面貌的风俗和信仰的总体",其"底座"则是种族,亦即"身体上具有某些特征而不同于别的群的一个群"。② 现代语言学奠基人、瑞士语言学家索绪尔(Ferdinand de Sausure,1857—1913),虽然不兼人类学家,亦同样指出:"一个民族的风俗习惯常会在它的语言中有所反映,另一方面,在很大程度上,构成民族的也正是语言。"③至当代,有些语言学家又明确提出:"语言是一种出色的现象,但是,特定的语言不一定总是和特定

---

① 许国璋:《社会语言学和唯理语言学在理论上的分歧》,祝畹瑾编《社会语言学译文集》代序,北京大学出版社1985年版,第15页。
② [美]爱德华·萨丕尔:《语言论》中译本,商务印书馆1985年第2版,第186页。
③ [瑞士]费尔迪南·德·索绪尔:《普通语言学教程》中译本,商务印书馆1980年版,第43页。

的文化相对应"①;"语言是构成文化这一统一体的各种要素之一,也是它的一个领域。与此同时,文化的其他要素都是由语言来传达,从而得到发展。换句话说,我们可以看到作为文化的一部分的语言和作为文化的支柱的语言这样两种性质。"②这同文化人类学将人类语言行为所构成的文化形态概括为"语言文化"的思想,是十分近似的。

以文化人类学关于语言与文化的理论为基础,先后形成了人类语言学、人类文化语言学等学科。即或20世纪60年代才正式提出的社会语言学,亦将其源头上溯及19世纪末20世纪初人类学家(民俗学家)田野作业中对语言文化的研究,认为"他们的著作中谈到语言的部分都可以视为社会语言学"。③鉴于此,尤应视为近代民俗语言学研究之滥觞,似乎要更为切近实际。此间,日本出版了由民俗学家柳田国男的弟子合著的《国语和民俗学》论文集,是运用柳田以方言调查为基础提出的民俗周圈论、文化周圈论的研究结果。1969年8月,国际俄语教师协会首次代表大会在莫斯科举行,会上提出建立俄语国情语言学并成立了专门小组。1978年,莫斯科俄语出版社出版了M.A.杰尼索瓦编著的《国俗语言学词典》。此间,还出版了由英、苏学者合编的《英国国俗词典》。

20世纪60年代以来,正是国际社会语言学比较活跃、发达的时期。曾从早期文化人类学语言与文化田野作业深受启发的社会语言学,是很看重这种民俗学方法的。曾任美国社会科学研究院社会语言学委员会委员的戴尔·海姆斯(Dell Hymes,1927—),尤其注重这一方法,其主要观点集中于1974年出版的《社会语言学基础:一种民俗学的研究》一书。值得指出的是,海姆斯本人也是一位人类学家兼语言学家。而且,与这一学科相关的社会学,亦很注重民俗学方法,并将民俗学纳入本学科,视为分支。

凡此,从文化人类学对民俗与语言的综合性调查研究,到现代语言学对"语言文化"概念的基本认同,以及民俗学的语言调查和社会语言学对民俗学方法

---

① [日]田中春美等:《语言学漫步》中译本,陕西人民出版社1986年版,第221页。
② 同上,第216页。
③ 许国璋:《社会语言学和唯理语言学在理论上的分歧》,祝畹瑾编《社会语言学译文集》代序,北京大学出版社1985年版,第15页。

的采纳,均为民俗语言学和语言民俗学作为一门新的人文科学学说在当代出现创造了良好的学术条件,进行了富有意义的积累。尤其早期文化人类学有关田野作业内容,其本身就是以民俗语言为对象的科学调查。不过,类似的工作,中国远在两千多年前就有过实践并形成专门制度,这就是周、秦时代为辨风正俗而进行的采风,其代表性成果有《诗经》、《方言》、《乐府诗集》、历代俗语辞书、谣谚专集,以及历代史志的有关部分。不过,比较遗憾的是,对这一传统缺乏必要的、系统的理论研究和科学的阐释。换言之,仅仅将之视为一种文化传统和制度,而没有作为科学来梳理。尽管如此,仍不失其作为民俗语言调查的先行实践的科学意义。

民俗语言学和语言民俗学理论的先导,是文化人类学的有关学说与科学意识。因此,就民俗语言学和语言民俗学的发生轨迹及学科性质而言,应属民俗学和文化人类学的各自的也是共同的分支领域。至于它往往被引入一些相邻、相关学科,不仅在于理论、对象与方法的交叉相关,更在于它为之提供了某些富有价值的视点、理论启示与借鉴,以及可资利用的材料。正因如此,这门学科一经诞生,就表现了鲜活、旺盛的发展势态,迅速获得积极的反响,致使基础理论建设与应用研究同步开展,展示了这一新兴学科的科学价值、社会意义与前途。

3. 语言与民俗的相互关联：涵化运动及其结果

关于"民俗语言""语言民俗"，黄涛在《作为民俗现象的民间语言》①一文中指出：

> "民间语言"又称"民俗语言""语言民俗"。从民俗学的学科属性和学术史上的研究实践来看，民间语言主要指那些有着鲜明浓厚的民俗文化特色的俗话套语。常引起民俗学者注意的语言现象可归纳为以下两类：(1) 日常生活中的俗语：亲属称谓、社交称谓、人名、谚语、歇后语、惯用语、俗成语、俗短语、方言词、流行语、招呼语、脏话、骂詈语等；(2) 特殊场合或仪式中的套语：咒语、吉祥语、禁忌语、委婉语、神谕、祷词、誓言、隐语（含暗语、黑话）等。当然，这并不是民间语言的全部。除了语汇形式以外，还有一些具有民俗文化内涵的语音、语法、修辞等方面的语言现象，可以作为语言民俗看待。口头形式以外的表意方式，如体态语、隐喻性实物、在部分地区或特定群体被当作表意符号的特色文字或图画等，也可看作口头语言的替代形式，纳入语言民俗学的研究范围。民间语言是民俗文化的重要组成部分，对这一点，我们是这样理解的：民间语言既是其他民俗现象的载体，它自身也是一种民俗现象。

---

① 黄涛：《作为民俗现象的民间语言》，《文化学刊》2008年第3期。

可将作为民俗现象的民间语言概括为:它是民众在特定文化背景下进行的模式化的语言活动,是一种复合性的文化现象,包括以口语为主的语言形式及其运用规则,类型化的语言行为及与之关联的生活情境,和支配语言行为并与语言的意义、功能凝结在一起的民众精神或民俗心理。从这种观点出发的语言民俗研究,就要把民间语言置于民众生活的整体之中,放在具体的文化情境之下来考察,而不是将研究对象从民众生活中抽离出来进行孤立静止的研究;不仅关注语言民俗现象,而且注意考察民俗主体,也就是进行语言民俗活动的人;不仅注意观察语言民俗主体的行为层面,而且注重开掘语言民俗主体的精神层面;不仅调查模式化的民众集体行为,而且注意调查民众个体在遵行语言民俗时的理解和行为上的差异。要达到这样的目标,将研究对象放在其发生和传播的语言社区中来考察是一种有效或必需的方式。这就要求研究者进行切实的田野调查,按特定的理论、方法、规范获取第一手资料。这样的研究不是面对标本的民俗事象研究,而是标本兼顾的民俗事象研究。由于这种研究注重研究对象与生活、社会、历史的多方面的关联,其研究的结果应会有很强的当代性和现实性。

在被视为索绪尔语言学理论更趋于成熟的1910—1911年间进行的第三次讲课的讲稿《索绪尔第三次语言学教程》中,他也谈道:"众多形态的语言遍布全世界,我们从一个国家到另一个国家,或者只是从一个区域到另一个区域,此际,言语的差异是对群体语言事实的基本确认,这点,任何人都立刻理解了";"甚至原始部族也有这样的观念,因为他们与言语不同的其他部族发生接触是不可避免的,可以说,对语言都具有最充分的意识能力,甚至处于较低文明梯级的民族也是如此";"原始人类素来将这差异(引按:接上文意思,是指不同地域、部族、民族或群体之间的语言差异)作为事实来看待,他们就此而产生的观念是有趣的:就某一方面来说,语言是他们与另外人、与邻族区别开来的最为夺目的地方。这种语言的特征,是他们禁不住要注意的,成了和邻族作比照来认知的一个特征。他们是如何构想这点的呢? 他们将其想作不同的习俗,可以在衣着、发式、武器诸方面作比较的不同的习俗:这是很合理的事情"。①

　　文化人类学认为:"涵化",通常是指具有不同文化传统的群体或社会间,在长期接触、交往中,不可避免地自然发生的相互影响、相互浸透与吸收的双向作用过程及其作用的结果。当代美国文化人类学家威廉·A.哈维兰说:"涵化的过程受到人类学家的特别重视。当有着不同文化的人类共同体进入集中的直接接触,结果造成其中一个群体或两个群体原来的文化形式发生大规模变化时,涵化就产生了。……必须强调,涵化与传播总的来说是完全不同的术语。一个文化不经过任何涵化过程,也可以从另一个文化那里借用其文化要素。"②

　　"民俗"与"语言"之间的"涵化",是两种文化形态的相互浸染凝聚作用及其结果。这种"涵化",主要发生于同一文化传统内的语言与民俗之中,对异文化传统具有较强的排斥性,但也存在一定条件下发生跨文化涵化的可能性,即一种语言文化共同体的民俗语言对外来文化的吸收。相反,一般意义上的人类学的"涵化",则主要是就不同文化共同体间的"异体"跨文化传播中的相互作用。至于民俗语言在同一文化共同体内部的跨越文化形态、文化层面的传播与涵化运动,则是其正常的规律性运动。

　　以民俗语言与民俗语言现象为主体的民俗语言文化,是语言与民俗双向涵化运动的产物,是人类语言文化的非主流形态,是主流形态的原生态基础,两者相互依存并相互作用。

---

① [瑞士]费尔迪南·德·索绪尔著,屠友祥译:《索绪尔第三次语言学教程》中译本,上海人民出版社2002年10月版,第14—15页。
② [美]威廉·A.哈维兰:《当代人类学》中译本,上海人民出版社1987年版,第568页。

4.民俗语言学与语言民俗学

著名的美国当代人类学家露丝·本尼迪克特在她的代表性理论专著《文化模式》中,有一个获得广泛共识的观点:理解习俗的作用,"对我们来说是义不容辞、责无旁贷的,没有其他哪个社会问题比它来得更紧迫。在我们明了有关习俗作用的规模和多样性之前,人类生活中那些最重要的复杂事实对我们来说都是不可理解的"。同理,语言学的许多研究也需要同民俗学互相支持。早期美国人类学家兼语言学家萨丕尔关于"语言有一个底座……语言不脱离文化而存在,不脱离那种代代相传地决定着我们生活面貌的风俗信仰总体"的论断,已为语言学家们所熟知。因而,19世纪末以来有关所谓未开化民族或地区的社会调查,均将语言与民俗作为主要内容。早期的一些人类学家同时亦兼为颇有建树的民俗学家和语言学家,如博厄斯、马林诺夫斯基、列维-斯特劳斯等。可以说,诸如此类的理论实践和实证研究,为30多年前民俗语言学的提出奠定了坚实的基础;文化人类学的有关学说与实践,是民俗语言学和语言民俗学的理论先导。

从语言研究民俗和从民俗研究语言,是两种合乎一般逻辑的视点与方法。然而,反复的研究实践显示,大量的语言现象和民俗事象是交织在一起或两者集于一体的,其本身既是语言现象、语言材料,同时也是民俗事象或民俗形态,是语言学和民俗学共同的研究对象。因而,面对这种现象,比较科学的首选研究方法是对其进行语言与民俗的双向视点综合性协同研究,单一方位的研究显然失之片面。

恩格斯在《家庭、私有制和国家的起源》中认为,远在原始社会,"历来的习俗就把一切调整好了"。但是,这并不等于说民俗产生在同属原生文化形态的语言之先。语言的产生,是人脱离其他动物群体形成社会并创造出包括民俗在内的各种文化的前提条件,即如古人说的"人之所以为人者,言也"。萨丕尔提出的"人类的其他文化遗产,即使是钻木取火或打制石器的技艺,是不是比语言更古老些,值得怀疑。我倒是相信,语言甚至比物质文化的最低级发展还早;在语言这种表达意义的工具形成以前,那些文化发展事实上不见得是一定可能的",也是这种道理。语言是民俗存在与传承扩布的主要载体,民俗在一定程度和范围上影响、制约着语言与言语活动。无论其最初产生孰先孰后,均属人类社会的原生文化形态。长期以来,两者相互浸染,相互适应,互依互动,类此涵化运动的结果便形成了民俗语言和语言民俗。前者主要为民俗语汇等语言材料,后者主要表现为规律性、模式化或艺术化的运用行为及方式。

那么,从发生学考察,语言与民俗经涵化运动而交织在一起或集为一体的民俗语言或语言民俗现象,孰为第一性呢?或言之,是因民俗而生还是因语言而生的?事实上,两种情况均为客观存在。比较简洁的分析,是分别考察因民俗而产生的语言和因语言而产生的民俗。应该说,这种微观的具体考察分析同对原生形态的语言与民俗总体的最初生成的宏观讨论,虽有关系但并不矛盾。

因民俗而生成的语言现象,主要是从民俗形态、民俗事象或民俗要素来追溯语言的民俗语源。发包承包工程项目或大宗商品交易活动,往往以招标、投标和中标的形式操作。竞赛性活动,有锦标、夺标之说,或谓之锦标赛,锦旗是其荣誉标志。考察语源,则出自中国古代源远流长的竞舟夺标游艺民俗。后世作为标的和荣誉标志的锦标,乃古来竞舟游艺获胜的"标赏"。唐元稹《竞舟》有"建标明取舍,胜负死生求"诗句。唐刘禹锡《竞渡曲》有"揭竿命爵分雄雌""风俗如狂重此时"诗句,其所"揭"之"竿",是悬标赏的标竿,标赏未必都是锦旗。宋孟元老《东京梦华录·驾幸临水殿观争标锡宴》记云:"诸船皆列五殿之东西,对水殿排成行列,则有小舟一军校执一竿,上挂以锦彩银碗之类,谓之'标竿',插在近殿水中。又见旗招之,则两行舟鸣鼓而进,捷者得标,则山呼拜舞。"

尽管竞舟游艺民俗迄今仍在中原、江南等地流行,早在唐季便有了以"夺锦标"喻指科场夺魁的语例。《唐摭言》及《唐诗纪事》均载,袁州宜春人卢肇,字子发,唐武宗会昌年间(841—846)与黄颇一同赴京科考。临行前,郡牧只为黄一人饯行而冷落卢肇。次年,卢肇状元及第荣归,郡牧迎接时甚为惭愧,邀之同观竞渡,席间赋诗云:"向道是龙刚不信,果然夺得锦标归。"卢肇的文集即名《文标集》。后世的锦标赛、招标、中标之类用法,与此同源而以此为先河。再如传统保安业保镖之"镖",并非因镖师擅用飞镖武器而名之,其确切本字应为"标",语源亦出自竞舟夺标游艺民俗。明万历刊本《金瓶梅词话》及清张竹坡《皋鹤堂批评第一奇书金瓶梅》有关用语,均写作"标行""标船"。又如清吴炽昌《客窗闲话》、袁枚《新齐谐》、黄轩祖《游梁琐记》,以及梁启超《中国地理大势说》等文献中,亦作"标客""保标""标队"。其间民间佚名钞本《江湖走镖隐语行话谱》中,涉此字者计11处,5处写作"标",如"祁明走标",余者显系同音之误。至于业中用语,如标、标旗、标号、标船、标车、标师、标客、标头、标队、走标、失标、夺标、保标等,均一一比照竞舟游艺行事而名,因事而别具有双重语义。

　　因语言而生成的民俗事象,主要是由语言崇拜、禁忌以及谐音等约定俗成的民俗。无论在主流或非主流文化中,雅俗皆然。其中至为典型、生动者,乃禁忌语与口彩。《仪礼·士昏礼》载,新妇拜见舅姑(公婆)时,"妇执枣、栗,自门入,升自西阶;进拜,奠于席"。其中盛"枣、栗",乃取谐音"早立子"以传宗接代的口彩。这一民俗,迄今仍广泛流行于各地城乡婚礼活动之中。太平天国时,江苏扬州商贾进贡枣、栗、雄鸡、茶叶四礼,取谐音口彩"早立基业";江西某地有人进贡枣、栗、灯、鸡,取义"早立登基";浙江嘉兴有人进贡枣子一桶、银锭十只为礼,取义"早定统一";等等。语言禁忌与口彩是一对孪生姊妹,避讳忌词的趋吉办法即代之以口彩。清梁绍壬《两般秋雨随笔》所言极为简明,"口采,吉语也"。明陈士元《俚言解》卷二引述了《遁斋闲览》记述的唐季文学家柳冕的一桩有趣轶事:"柳冕应举多忌,谓'安乐'为'安康',忌'乐''落'同音也。榜出,令仆探名,报曰'秀才康也',民传以为笑。"此类情形,民间颇为习见。明陆容《菽园杂记》卷一:"民间俗讳,各处有之,而吴中为甚。如舟行讳'住'、讳'翻',以'箸'为'快儿','幡布'为'抹布'。讳'离散',以'梨'为'圆果','伞'为'竖笠'。讳'狼藉',以'榔槌'为'兴哥'。讳'恼燥',以'谢灶'为'谢欢喜'。此皆俚俗可笑处,今士大夫亦有犯俗称'快儿'者。"旧日江湖生涯艰险,尤重此俗,故《江湖通用切口摘要》谓"凡当相者,忌字甚多","其中有八款最忌者,名曰八大块"。其"从吴下俗音而译"的"八大块"语例为:"梦曰混老,虎曰巴山子(火字同音,亦忌火,曰三光),猢狲曰根斗子,蛇曰柳子(茶字同音,亦忌茶,曰青),龙曰海柳子,牙曰瑞条,桥曰张飞子,伞曰开花子,塔曰钻天子,伙食曰堂食。"此外,又有种种非言语的副语言习俗口彩,如厌胜钱上铸吉语作佩饰或室内装饰;旧时走街串巷郎中手持名为虎撑的响器串铃,亦属压胜吉祥物。又如明刘侗、于奕正《帝京景物略》所载,元夕时京城"妇女相率宵行以消疾病,曰走百病"等。至于以祈祥吉语作为店铺名称亦如此,清季有人将市井商俗习用字词集为一首七言诗,可谓字字吉祥、句句口彩:"国泰民安福永昌,兴隆正利同齐祥;协益长裕全美瑞,合和元亨金顺良。惠丰成聚润发久,谦德达生洪源强;恒义万宝复大通,新春茂盛庆安康。"

上述系以具体语例事象为文本从发生学阐说语言与民俗的双向研究,其上一层面的形态品类亦属同一道理。使用俗语、隐语行话、口彩语等民俗语言的行为本身,即兼为语言民俗。通常释"俗语"之"俗"在于其通俗,事实上其深层蕴含着民俗属性,很多俗语均有其相应的民俗语源典故。此外,民俗语汇、副语言习俗、方言、称谓语俗、数习俗等,无不存在相当程度的语言与民俗双向涵化运动的因素,是语言学和民俗学共同的交叉研究内容。诸如此类,尽管难以精确统计其数量、比重,但总是可以说存在很大的交叉重叠和覆盖范围,是民俗语言学和语言民俗学主要的研究对象。顺便言之,这也是难以按常规命名习惯,如"社会语言学"与"语言社会学"那样分别定名划入哪一学科,"民俗语言学"和"语言民俗学"也是双向多缘的人文科学领域。

5.社会言语生活的雅与俗

"雅"与"俗",是一对相互对应的概念。

作为一般的社会概念,高尚、文明、美好为"雅";反之,庸鄙、俚恶、粗陋则为"俗"。

作为一种文化形态,"雅"与"俗"分别指正统的主流文化和非主流的下层文化。所谓"阳春白雪"与"下里巴人",堪称是对这两大文化层面分野对比的鲜明写照。

用上述意识来看待人群,歌《阳春》《白雪》者即为"雅士"阶层,而唱《下里》《巴人》者便是"流俗之辈"。

古往今来,崇雅抑俗意识一直是一种居主导地位的价值取向。就"美"与"丑"而言,无可非议。然而,世间的事物并非单凭一把尺子所能绝对下定论的。因为,"雅"与"俗"的内涵非常丰富,界定的标准也多种多样。而且,往往是"俗"中含"雅","雅"中有"俗"。

南朝梁任彦昇在《为范尚书让吏部封侯第一表》一文中说:"雅俗所归,唯称许郭;拔十得五,尚曰比肩。"(《昭明文选》卷三十八)"许"是许劭,字子将,"郭"是郭泰,字林宗,都是汉朝人。

许劭长于评论乡里人物,每月变换品题,有"月旦评"之称。曹操少年时曾请求为之品评一下,许劭说他是个"治世的能臣、乱世的奸雄",曹操听了大笑,其评语竟成了后世千百年来对这位历史人物的主要评价之一。

郭泰博通经典,居家教学为事,弟子多达千人。他也以评论海内人物著称一时,但无危言骇论(即评论深刻),即或当时宦官擅政、党祸时起并未遭到伤害,足见其老于世故。因而,史书说他"雅俗无所失,将其明性特有主"。[①]

古人称赞许、郭品评人物的本领,在于其擅长把握尺度,雅俗共赏,能为不同阶层所接受。今天我们用"雅俗共赏"来说明无论文化层次高低都能欣赏,似当由此衍生而来。

就诸行学问本身来说,有些是难以雅俗共赏的,如核物理、高等数学,因其同世俗日常生活缺少直接的联系。有些如民俗学、文学,则容易做到雅俗共赏。语言是一种社会现象,举凡生活在社会中的每个人,都存在于一定的社会语言生活之中。即或是聋哑人,也要通过特定的方式交流语言信息。社会生活中使用频率最高的、最基本的是生活交际语言。有人以为,生活交际语言繁杂琐碎,大多用于非正式场合的言语交际,无关紧要,无须多议,其实不然。生活交际语言的雅与俗,是语言文明的重要标志,也直接透视着社会和时代的精神文明程度。17世纪英国诗人本·琼森说:"无论在哪里,只要风俗与时尚腐败了,语言也会腐败。"此话不无道理。近年来社会生活语言令国人担忧的"脏、乱、差"现象,较多表现在生活交际语言方面。而且,许多语言污染都首先发生于此,如"痞子文学"中的"痞子语言"大都由此取材,几乎所有的流行习语中的俗野语言也都产生于生活交际语言。生活交际语言的粗俗化、浅薄化趋向,严重地污染了时俗风尚,有悖富有优良传统的语言文明和精神文明,对现实社会生活及其发展进步均具有不容忽视的危害性,亟须遏制和治理。雅与俗,是一对对应的概念,在此是就生活交际语言的雅尚与俗劣而言。生活交际语言之俗劣不雅,则在于败坏了其所应有的诚、敬、美等传统的雅尚。日常生活中的言语交际,往往使用通俗、浅白的语言。然而,通俗不是俗野,浅白不应浅薄。生活交际语言的雅尚,主要应以诚、敬、美为标准和规范。

诚——生活交际语言的道德准则。《周易·乾·文言》所谓"修辞立其诚",诚是为人处事之本,也是言语交际的道德规范。《国语·周语(下)》有云:

---

① 《后汉书·郭符许列传》卷六十八。

"以言德于民,民歆而德之。"(韦昭注:"言德,以言发德教也。")欲"言德",其首先应是有德之言。一个人尽可滔滔不绝、口若悬河,但满口谎言、谤语、妄辞,虽巧舌如簧亦因缺诚少德而难以取信于人。《论衡·四讳》有云:"雅俗异材,举措殊操。"意思是,高雅与庸俗才智不一样,举止表现出不同的品行。言语交际是否真诚是品行的直接写照,因而古人将之视为"修身"的重要内容。明吕坤在《呻吟语·修身》中认为:"人生唯有说话是第一难事。"何以如此,他没说,但提出"心术以光明笃实为第一,容貌以正大老成为第一,言语以简重真切为第一";而且"心无留言,言无择人,虽露肺肝,君子不取也。彼固自以为光明矣,君子何尝不光明? 自不轻言,言则心口如一耳"。如此"修身"之道,显然也是强调"修辞立其诚",而且认为并非易事。诚为言之德,因而孔子说"巧言令色,鲜矣仁"(《论语·学而》),"巧言乱德"(《论语·卫灵公》)。现实社会生活中的言语交际,如果没有"诚"作为道德准则,"口是心非,背向异辞"(《抱朴子·微旨》),或言行不一,其结果必然像时下谏讽民谣说的那样,"你骗我也骗""人人生活在谎言里",直接导致社会生活的失范无序,人际关系恶化。反之,如果人人都恪守"诚"这一生活交际语言的道德准则,必然会最大限度地减少不必要的摩擦和误解,互敬、互谅、互助,形成和谐美好的交际氛围与人际关系。这是建立良好社会风尚颇为重要的基础。同时,出言以诚和以诚待人,既展示着一个人的品德修养,亦是以诚换诚的前提。努力将这一道德准则推广为全社会共同遵守的公德,对于根本改变时下极不尽如人意的社会风气,具有积极的现实意义。

敬——生活交际语言的礼貌规范。"诚于中而形于外"[1],这是叶圣陶先生在谈论礼貌语言时所引用的一个古训。以诚待人之"形于外",首先是对人的尊敬,这是生活交际语言所应有的礼貌规范。现代汉语中表示致敬的礼节的"敬礼",本义是尊敬并以礼相待。敬而有礼,以礼示敬。《礼记·曲礼上》开篇首句即言"毋不敬",认为"道德仁义,非礼不成;教训正俗,非礼不备",即或是"分争辩讼"亦"非礼不决",凡事以礼为先。"鹦鹉能言,不离飞鸟;猩猩能言,不离禽兽;今人而无礼,虽能言,不亦禽兽之心乎?"人类的语言,应是有礼貌的语言。

---

[1] 参见北京语言学会编:《礼貌和礼貌语言》,北京盲文出版社,1982年版。

"礼者,自卑而尊人",即要自谦并尊敬他人,自谦的本身即是对他人尊敬的表示。古往今来,异彩纷呈的礼貌语言主要存在于丰富多彩的生活交际语言之中,运用于各种各样的人际交往活动中。作用于礼貌语言的内部因素很多,也很复杂,主要表现在用语类型、语义以及声调语气三个方面。汉语礼貌用语的类型,如称呼语、问候语、告别语、答谢语、拒绝语及书信用语等,类型及其层次十分丰富。以称呼语为例,可分为亲属称呼语和社交称呼语两个方面,其下一层次又可具体分为谦称、敬称、婉称、昵称、谑称、喻称等。而且,作为一种富有悠久传统的语俗,在用词、语境、对象以及文白等方面均有约定俗成的分别,用得不当就很可能失礼,出笑话,乃至大不敬。唐李商隐《义山杂纂·非礼》中举有数例,如"呼儿孙表德"(古代尊长对后辈应称名不称字,表德即表字)、"母在呼舅作渭阳"(以渭阳称舅父须在母故之后方可),以及"呼他兄作家兄,呼他弟作舍弟";又如宋王君玉《杂纂续·左科》所举"呼人父作大人,唤自己作足下"(足下是对同辈或长辈的敬称),亦属此类失礼的笑话。而且,还要注意"入竟(境)而问禁,入国而问俗,入门而问讳"(《礼记·曲礼上》)。古今各种语言禁忌颇多,稍有不慎即失礼。尤其有关尊长、宗教、生死疾病的语言禁忌,至为敏感。语义因素之于礼貌语言,一般比较直观。出口不逊,满口詈语、脏话,显然于人于己均大不敬,不是礼貌语言。《礼记·祭义》所说"恶言不出于口,忿言不及于身,不辱其身,不羞其亲",既是对他人的尊敬,也是对自身人格的尊重。20世纪初鲁迅先生批评的而迄今仍然未能敛迹的"国骂",正是同此相悖的恶言。俗语所谓"良言一句三冬暖,恶语伤人六月寒"亦一语道明语义因素对礼貌语言的直接作用。唐人有句歇后语说"市井秽语——不忍闻"(《义山杂纂》),而今这类不堪入耳的污言秽语仍然不绝于耳,甚至堂而皇之进入影视报刊等传播媒介,不能不说是我们这个素有礼仪之邦盛誉和语言文明传统的民族的耻辱。从语义、内容上清除污言秽语、谎言妄语、恶言恶语,是推行礼貌语言的首要之举。语调、语气的作用,也是关系礼貌语言的一种基本因素。一定的语调表示一定的语气和情感,一定的语气表示一定的态度。在语义内容和用语上都合乎礼貌的生活交际语言,可因语调、语气的因素的作用而产生不十分礼貌或完全失礼的效果,这些因素包括轻蔑、傲慢、侮辱或强硬、蛮横乃至胁迫、威逼之类。一般情况下,谦诚、友善、亲切、热情的语调、语气,是礼貌语言必要的组成部分。《呻吟语·修身》云:"一切言行,只是平心易气就好。"礼貌语言需要"平心易气"状态下的适当的、应有的语调、语气,礼貌语言也需要说话人身势情态之类非言语交际方式的配合与协调。很难想象,横眉立目、捶胸顿足、跷着二郎腿、歪脖瞪眼、冷笑着、指着人的鼻尖、挤眉弄眼、二目他顾等身势情态,能使人感受到说话者语言的礼貌吗?礼者,敬也。手、足、眼、眉及口型等身势情态,均可表达一定的非言语信息及情感。《荀子·非十二子》云:"言而当,知也;默而当,亦知也。"身势情态语作为一种伴随言语交际的无声但有形的习见非言语交际手段,是构成礼貌语言的一个有机方面,也可成为破坏礼貌语言使之"有言而无礼"的不容忽视的因素。

美——生活交际语言的语言应用修养。语言应用修养,是造就生活交际语言艺术美的基本功。注重语言应用修养和言语智慧,即古人所谓"慧于心而秀于言"和"慧心妙舌"。1982年始倡的"五讲四美"的"语言美",主要是从道德风尚和文明礼貌角度强调使用礼貌语言。语言文明建设所要求的"语言美",应是外部形式美与内在语义内容美的完整统一,二者不可偏废。生活交际语言的文明化,除诚与敬外,还应以相应的语言应用修养使之成为美好的言语艺术形式。很难想象礼貌语言出于"拙嘴笨腮"而优美动听。"言语之美,穆穆皇皇。"(《荀子·大略》)生活交际语言的语用修养,是运用礼貌语言的言语技能和艺术,主要在于规范、得体和艺术。生活交际语言艺术的规范,首先是要正确使用祖国语言,主要是现代汉语普通话,注意遣词造句合乎语法习惯,注意发音准确(尤其是多音字或可能的错别字),避免产生歧义、混乱;其次是辅以相应、必要的合乎民族习惯的身势情态,如微笑、招手、握手等;三是忌滥用方言、旧词语、外来词、流行语、生造词语,忌怪腔怪调、怪声怪气。所谓"得体",即言语举止要同身份、对象、内容、语言环境、风俗习惯、言语习惯等相适宜,腔调语气协调,分寸得当,即恰如其分,恰到好处。幼儿园小朋友面对年约半百的军人、警官而称呼"解放军叔叔""警察叔叔",未免尴尬。"文革"以来"师傅"称谓的扩大化,也大不得体。使用分寸失当的过谦言辞,即有谄媚或虚伪之嫌。凡事皆有其度,过度与失当均不得体。生活交际语言的语用修养之一为言语艺术,即修辞技巧。唐刘禹锡诗称"常恨言语浅,不如人意深",是比喻情意之深难以言表。不过,现实生活中的言语交际若要做到言语尽如人意,确乎需要具有一定程度的修辞技巧。《呻吟语》主张的"言语以简重真切为第一",需要很好地运用修辞手段方可实现。现实生活中,一句适当的幽默话,可以打破尴尬的沉寂或僵局。简洁、明了而又生动、得体,是运用生活交际语言所要达到的基本修辞效果。言语艺术,在某种意义上说主要是修辞的艺术。在社会言语交际中,提倡诚、敬、美,使之成为一种公众的美好情操、雅尚,则可逐渐清除语言生活中的粗俗低劣流弊,促进人际关系的和谐谦敬,使生活更加美好。生活语言的文明化,是全社会语言文化建设的重要基础。雅尚是语言文明的主要特征,也是生活语言文明的基本标志,因此要把"尚雅抑俗"作为规范社会语言生活的基本导向原则,使我们的语言和生活更加健康、美好。

6.语言民俗学是什么

6.1 关于语言民俗学

关于语言研究的民俗学视点,有研究认为①:

从民俗角度来研究语言,其研究对象是民间语言现象,我们称之为语言民俗。综合上文讨论,民俗学者对语言民俗的理解和把握,可归结为以下三个要点:

首先,语言民俗是一种民俗活动。

语言民俗不是从民众的语言表述活动中抽离出来的静止的语句,而是以发音形式体现的行为、活动。这种发音活动不是单纯的物理学或生理学的活动,而主要是一种文化活动。这种活动,具有和其他民俗一样的特征,如集体性、传承性、扩布性、类型性、规范性和服务性等。它是民俗活动的一种。词语或句子是这种活动的构成要素,它们是说话人对集体共享的语言资源的运用。它们是语言活动中最确定的部分,但它们不是抽象的存在,整个语言活动是它们的体现形式。

---

① 黄涛:《语言研究的民俗学视角》,《北方论丛》2000 年第 3 期。

第二,语言民俗是一种生活文化。

民俗学者眼中的语言活动与其他学科的学者所说的语言活动的不同之处,就在于民俗学将语言行为定位于生活文化。钟敬文先生曾这样解释民俗学的研究对象:民俗学是一门社会科学。它的研究对象,是一个国家或民族中广大人民(主要是劳动人民)所创造、享用和传承的生活文化。语言民俗作为民俗的一种,是民众生活的组成部分。这是从语言活动角度看待语言民俗作为民俗的一种,是民众生活的组成部分。这是从语言活动角度看待语言民俗的主要意义所在。语言民俗是生活文化,其含义是:语言民俗活动是在生活情境之下,为满足生活需要而发生的,语言的意义和功能也是为生活情境所规定的,而且语言民俗活动本身也是生活的一部分。就是说,民俗学者是将语言行为放在民众生活的整体中来看待的。

第三,语言民俗是一种精神文化。

我们将语言民俗看作语言活动,不是像行为主义者那样只看重语言活动的外部表现,而是重在分析支配着语言民俗活动的民众精神。……我们说语言民俗是一种精神文化,就是要将语言活动与文化环境、现场处境等生活内容相联系,并进一步考察民众在特定生活情境中的精神活动,这种精神活动的内容就是民俗语言的语义。

作者最后总结说:"综上所述,民俗学视角的语言研究,不是把语言当作孤立的对象去分析它的语音形式、语法规律、词汇构造,而是把民间语言看作民众习俗的一种、民间文化的一部分,将它放到民众生活的沃土中去考察。这里应该注意的是,语言民俗既是民俗文化中一个有独立特征的部分,同时又与其他民俗交融在一起,难解难分。这种状况所带来的直接问题是,研究语言民俗同时也是在研究其他民俗,比如研究亲属称谓就要研究宗族组织民俗;研究拟亲属称谓既要研究宗族组织民俗,又要研究村落组织民俗;研究咒语就要研究巫术和民间宗教。这无疑给语言民俗的研究增加了难度。这种状况主要是由语言民俗的双重属性造成的:语言民俗自身既是一种民俗,它又是其他民俗的载体。这双重属性就像一张纸的两面,分拆不开。单研究其中一个方面,就不是完整、妥善的民俗学研究。"①这些思考,不无道理,值得参考和深入探讨。

我们认为,"民俗语言学"是以语言学为视点研究语言中的民俗现象和民俗中的语言现象,以及语言与民俗相互关系及运动规律的一门实证性人文科学。那么,相对应的"语言民俗学",则是以民俗学为视点研究语言中的民俗现象和民俗中的语言现象,以及语言与民俗相互关系及运动规律的一门实证性人文科学。

民俗语言学,以民俗语言文化为研究客体;语言民俗学以各种语言民俗现象作为研究对象。尽管由于学科理论视野之别和关注的研究客体各有所侧重,但由于研究文本与学科领域与生俱来的关联性和涵化运动的结果,两者的对象不可避免地存在诸多交叉与重合层面。甚至,即或是语言民俗学研究文本自身,乃至下一层次的各种品类的文本,仍不可避免地存在一些交叉和兼类现象,这是社会语言民俗的客观事实。

作为语言民俗学研究对象的语言民俗现象,主要是以言语习俗或以民间口头语言艺术为主要类型的民俗语言文化形态,以及应用民俗语言或言语交际活动中产生并积淀的民俗语言文化现象。诸如命名习俗、称谓语俗、民俗语汇、民俗语源、民俗字、副语言习俗、关联着语言的禁忌与口彩、人生礼俗中的语言民俗、言语礼俗(如社会交际中的称谓、问候、招呼、应答等)、社会言语风尚、特定社会群体的语言民俗等,各类运用和含有民俗语言要素的言语习俗。

6.2 语言民俗学的基本研究方法

视野与侧重之别和理论与方法侧重之别。尽管存在种种分别,但由于对象的交叉、关联和重合,两个学科之间也必然地存在重合与关联。其重合与关联,主要是关于共同的研究对象,例如禁忌与口彩、民间隐语行话、俗语、民俗语汇等。

人类学、民俗学等人文科学的研究方法,大都有着很强的关联性、相似性或说共通性。由于研究对象和学科视野的双向性、多缘性、综合性、应用性及社会

---

① 黄涛:《语言研究的民俗学视角》,《北方论丛》2000 年第 3 期。

性,致使其方法论的主体指导思想,都是实证与思辨的有机结合,即在实证性研究的基础上进行思辨性的抽象概括,做出实事求是的科学阐释,具体则体现在一些方法的辩证性综合运用。因而语言民俗学的基本研究方法、特点与民俗语言学研究方法具有共通性。

第一,田野作业与文献考证并重。民俗语言文化是文化的历史积淀形态,主要产生、传承和存活于民间口语之中。当代民间口碑中鲜活的民俗语言文化语料,既有历史的遗存,也有现实生活的产物。历史文献的记载,刻有年轮特征,但也有真伪之别。将人类学田野作业和传统语言学的考证加以优化组合,是去伪存真、去粗取精、去劣选优的过程,是实证与思辨有机结合的基础方法。

第二,定量定性分析与比较研究并重。在对具体材料进行集约性的定量定性分析的同时,还要对其进行多角度、多层面的比较研究,从中发现个性与差别,进而概括出贴近客观的规律性事物。这是民俗语言学得以不断有所发现与充实的必要方法。个中,不仅可以及时、准确地吸收、借鉴多边领域的有关新发现、新材料,还可以互相参证、融通。

第三,宏观的总体研究与微观的具体研究并重。民俗语言文化形态内部语类、品类的兼类、兼容与交叉,始终是界定与分类的一个复杂难题。这一现象不仅现在如此,将来还会存在下去。因而,唯有宏观的总体研究与微观的具体研究相结合,才能真正地贴近实际,把握其异同及有关运动规律,任何孤立的片面认知,都会失之偏颇,难以达到完整、准确的科学标准。

第四,精神与物质并重。除语言的语音具有物质外壳的属性外,以口头语音为基本载体和传承扩布媒介的民俗语言文化,是主要表现为精神、心理方面的人文意识形态。然而,如果因此忽视了它的物质和物化方面,则是一种难免导致失误的片面认识。民俗语言文化的物质性,主要表现为其对物质生活的切入与物化。例如,职事集团的禁忌语、口彩语、民间秘密语,富有商俗色彩的广告语言艺术等,甚为广泛而富有现实性。

思考题：

1. 语言具有哪些属性？什么是民俗？
2. 简单论述语言民俗学产生的学术背景。
3. 如何理解语言和民俗之间的涵化运动？
4. 举例说明因民俗而生的语言现象和因语言而生的民俗事象。
5. 语言民俗学的研究方法有哪些？

第二章　民俗语汇：
语言民俗学的重要文本

民俗语汇是语言民俗学和民俗语言学最基本的重要研究对象和文本。丰富多彩的民俗语汇，印证着社会民俗文化的丰富多彩。

1. 发端于20世纪初日本民俗学的民俗语汇研究及其学术背景

通过采集、整理民俗语汇,使之成为能够重复展现历史文化,尤其是民间生活原貌的文本,作为民俗学的一个重要研究方法,发端于20世纪前半个世纪"柳田国男时代"的日本民俗学界。当时,在享有"日本民俗学之父"之誉的日本民俗学家柳田国男的倡导下,通过深入的田野调查和细致的文献梳理,以所采集的民俗语汇为索引,整理、考订民俗事实,然后加以分类、解说和汇编,出版了多卷本的《综合日本民俗语汇》,可谓是当时日本民间文化遗产抢救、发掘的丰碑式的显著成果。日本明治四十二年(1909年),日本学者柳田国男以自费出版《后狩词记》作为民俗学研究的开端,被称为日本民俗学的第一个纪念碑。在这本书中,他搜集了民俗语汇,分类整理了民俗事象。后来,被称为柳田民俗学最正统的继承者之一的仓田一郎的处女作是《栃木县安苏郡野上村语汇》,后又与柳田合著有《分类渔村语汇》《分类山村语汇》。他的显著业绩,一个是民俗语汇的搜集研究,一个是方言的研究。民俗语汇研究,是民俗学的一项重要内容。

日本民俗学家大藤时彦在《民俗学及民俗学的领域》中谈到,语言学与民俗学的关系很深,很多国家把方言的研究纳入民俗学范围之内。在日本的方言研究上,民俗学者所完成的功绩是很大的。由于民俗的采集要通过方言,像苏联的索柯罗夫就主张民俗学者必须是方言学者。德国的梅林格(R.Meringer)提倡"物与语"(Worter und sachen),并发行了以此为名的研究杂志。很多国家的民俗学者对此赞成,在民俗学者中培养起一种风气:采集民俗时,注意语言表达。在日本,民俗学研究与方言调查也是相辅而行的。柳田国男首先提倡在采集民俗时,把表达它的语汇整理为标题,对于所谓"民俗语汇"做了采集分类。又从方言分布上,提倡所谓"方言周圈说",即古语残存于国家的边远地区,新语从文化的中心发生,好像形成波纹一样向国家的四面八方传播。已经消失的民俗往往在语言上还保留着它的痕迹,因此,民俗学很需要语言学的帮助。日本学者白川静在所著《中国古代民俗》中也谈道:"民俗语汇的收集,在我国被视为民俗研究的重要方法,不断努力加以采集和整理;昭和三十年(1955年)民俗学研究所编辑的《改订综合日本民俗语汇》五卷完成,利用起来非常方便。"又说:"探求民俗语汇与古代语言的系谱关系,从中发现语言史的发展痕迹,可能成为民俗研究的重要方法,这在中国古代文字方面也是一样。""柳田国男时代"日本民俗学的民俗语汇研究方法,并非孤立地突兀出现的,而是有着人类学、社会学等国际学术方法史的深刻的学术背景。个中,主要的则是人类学对于语言与文化、语言与民俗相互关系的清晰认识和关注。

"民俗语汇"是民俗语言学和语言民俗学最基本的研究对象和文本。20世纪80年代中叶形成的、对于言语民俗进行双向研究的"民俗语言学"学说,成为"民俗语汇"的搜集、整理和研究的最重要也最直接的理论支持与指导。

2.语言民俗学与民俗语言学视野的民俗语汇研究

所谓"民俗语言",并非"民俗"与"语言"的简单相加或一般合成,而是经约定俗成、获得广泛认知,民间性的、涵化有民俗要素的语言材料。民俗语言是民间文化最重要的信息载体和传播工具。各地方言和普通话中的民俗语汇,是各类民俗等民间文化事象的最主要、最活跃,也是最为典型的信息载体和传播工具,是考察、研究传统文化不可多得的、处于历史文化深层结构的语料实证。有许多民俗语汇随着那种方言土语或那种民俗事象的消亡而成了语言与民俗的"语言化石",或者正在消亡,处于"濒危"状态之中。尤其是那些一向被误解为"黑话"的明清以来各行各业隐语行话之类的民俗语汇,更因其有着与生俱来的鲜明的非主流性,而难登"大雅之堂",加之流行使用的群体范围较狭或传人的过世而消亡的速度尤快。而这些蕴含着深层民间文化事象的"语言化石"的消失,将会给社会历史留下众多的难解之谜。

什么是民俗语汇呢?一般地说,是指那些反映不同习俗惯制主要特征或民俗事象的词语,包括成语、谚语、歇后语、惯用语、俚语等俗语,和一些江湖切口、行话、隐语等社会习俗语。民俗语汇是语词中同风俗文化密切相关的部分。一部方言辞典、俗语辞典、风俗辞典,多含大量的民俗语汇材料,可谓民俗语汇的准辞书。

民俗语汇是历时的民俗语言现象。有些民俗语汇因其所反映或代表的风俗事象在现代已不存在,其词语本身是历史语词,又是历史民俗语汇。例如"巫儿""拍花"等。旧时大人们吓唬孩童常以"拍花子"作恐惧物。所谓"拍花"是指旧时歹徒以迷药诱拐儿童。据清李虹若《朝市丛载》卷七《人事·拍花》载:"拍花扰害遍京城,药末迷人任意行。多少儿童藏户内,可怜散馆众先生。"30 年前尚可闻以"拍花子来了"吓儿童语,并附会于乞丐形象;至今已渐销声匿迹,系时风已转。至此"拍花"一词已成历史民俗语汇。就是说,随着某一具体民俗事象的销迹,与之相应的民俗语汇则即变为风俗史的遗迹。历史民俗语汇是风俗化石,一部历时的民俗语汇总集,亦即一部生动、丰富的民俗史。

民俗的地方性特征,也使民俗语汇具有地方性特点,体现在语言上,又有方言特点。"抓挠儿",汉语普通话音 zhuānáo,一般无儿韵尾,或读 zhuānao,在《现代汉语词典》中注明是方言词,有七个义项:(1)搔;(2)乱动东西,致使凌乱;(3)打架;(4)忙乱地赶着做;(5)挣,获得(钱);(6)指可用的东西或可凭借依靠的人(带儿韵尾);(7)比喻对付事情的办法(带儿韵声)。在北京方言中,"抓挠儿"又作"抓踏儿",指手指或脚趾一屈一伸地玩。例如:这孩子会抓挠儿了。在东北方言中,"抓挠儿"也是指婴儿手或脚的伸屈动作,有时又简称"挠儿"。例如:"好乖乖,快给奶奶挠儿一个看看。"大人看到婴儿学会了"抓挠儿"这个本来很自然、极平常的动作,大都有一种很欣喜的感觉。为什么呢?这其中有一个潜在的民俗意识、民俗心理在起作用。其渊源在于把"抓挠儿"同人生礼仪中的"抓周"习俗联系到一起了。把"抓挠儿"看作是想"抓周"或学会"抓周"的前兆,是婴儿"出息"(即长进)的表现,是长者盼望幼儿尽早长大、快些立事的潜在联想意识,是从"抓周"派生出的地方民俗语汇。抓周,即于周岁时举行的一种用以预测小儿一生命运、前程事业的人生礼仪,属诞生礼的一种。抓周又谓晬盘、试周、试儿等。《颜氏家训·风操》载:"江南风俗,儿生一期,为制新衣,盥浴装饰。男则用弓、矢、纸、笔,女则用刀、尺、针、缕,并加饮食之物及珍宝服玩,置之儿前,观其发意所取,以验贪、廉、愚、智,名之为'试儿'。"《红楼梦》第二回,冷子兴语贾雨村道:"那年周岁时,政老爷便要试他(贾宝玉)将来的志向;便将那世上所有之物件,摆了无数,与他抓取。谁知他一概不取,只把些脂粉钗环抓来。政老爷便大怒了,说:'将来酒色徒耳!'因此便大不喜悦。"抓周习俗各地均有,"抓挠儿"只是由其派生的地方性民俗语汇。

有些词在一定的历史时期或特定的语境中属于民俗语汇,但在有些情况下则不再是民俗语汇。例如"牺牲"一词,古代本指祭祀时所用家畜,色纯者为"牺",体全者为"牲"。在现代汉语中,当这个词引申作"放弃、舍弃"义时,就不属民俗语汇之列了。此时,其原有的民俗语汇的基本特点已经释淡、转移或消失了。同时,一些民俗语汇还可能被普通话所吸收,成为民族共同语的一般语汇。例如"来龙去脉",本为旧时迷信习俗的民俗语汇,是风水先生的行话。风水术士称主山为来龙,是龙脉的来源,宋赵与时《宾退录》卷二载:"朱文公(熹)尝与客谈世俗风水之说,因曰:'冀州好一风水,云中诸山来龙也。'""来龙去脉"则指山形地势的走势、去向如龙一样连贯。明吾邱瑞《运甓记·牛眠指穴》载:"此间前冈有块好地,来龙去脉,靠岭朝山,种种合格。"后则借喻事情的来历、发展,前因后果,成为一般语汇了。此外,由于风俗的民间约定俗成性、口耳相传对口碑形式的依赖性,民俗语汇往往具有通俗、形象的语言艺术特点。例如称联姻兄弟为"连襟"或"一担挑儿",既是形象的比喻,又颇通俗,这是民俗语汇的一种天然属性。随着现代化、都市化以及推广普及普通话的进程,每天都有一些载负着特定文化信息的民俗语汇在不经意中消亡。以东北方言为例,二三十年前东北地区农村耕作播种时使用的农具"点葫芦""拉耙架子""怀耙""石磙子",日常生活的器物,如"磕嗒窑儿""火镰""灰麻杆儿""火绳""碾道儿",等等,已经随着这些事物的淡出现实生活而渐渐被人们遗忘。即或是三十多年前农村出生的孩子,对这些曾经是数百年来本地农业生产、农村生活司空见惯的事物的语汇也一无所知了。

民俗语汇研究应当关注那些已经不再属于民俗语汇性质的语汇,因为,其语源在于其前身的民俗语汇性质和历史文化内涵。其演化、嬗变的轨迹,不仅展现着语言的社会演变规律,更重要的在于其同时也印证着社会的发展变化轨迹,是历史文化的"语言化石"。

在有关民俗语汇的搜集与研究中,一个突出的问题是关于"俗语"与"民俗语汇"两者之间的界定与相互关系的处理。

无论语言学界还是民俗学、民间文学界,关于俗语概念的界定始终未取得共识。至于海外学术界的说法,往往又同国内相参差,则是由于语言文化背景的差异所致。就汉语民俗语言的俗语性质、特征而言,它是指包括口语性成语、谚语、格言、歇后语、惯用语、俚语等品类在内的定型化或趋于定型化的简练习用语和短语。其中,泛指地方色彩较重的通俗性口语词的俚语,尚属外延比较宽泛的处于游移状态下的概念;有时指俗语其他语类,有时则专指方言土语、禁忌语与口彩语、民间流行习语、粗俗语等民俗语汇,皆就具体内容随机而用。就广义俚语而言,姑列为俗语品类。

民俗语汇一如俗语与俚语概念间的交叉,就其作为语言材料这一功能特征而言,俗语亦堪称民俗语言中的一种典型民俗语汇。但就其形态构造特点而言,俗语以定型化或趋于定型化的简练习用语和短语形式为主体,即以"语"为基本特征;而民俗语汇则以词的形式为主体,即"词"为基本特征,其具体品类如:方言土语词、俗语词、詈语、秽语等粗俗语词,禁忌语、口彩语以及语词形态的民间秘密语、民间流行习俗、口头禅、非隐语性行业习惯语等。具体言之,民俗语汇是指那些以某种民俗形态或具体民俗事象的概念、性质、源流、特征乃至名称等为语义内容,和与民俗有着某种特定联系的语词。

无论俗语还是民俗语汇,都是涵化了民俗要素的语言文化符号,这是民俗语言最本质的内部特征。民俗语言的外部特征,主要表现在其功能方面,是言语交际活动中最活跃、最富有民间社会生活色彩的通俗语言材料。

在民俗语言中,有许多是直接出自具体民俗事象的民俗语汇。

在此,且以"上梁"为例。"上梁",本是房屋建筑过程中的一道工序。但是,一旦形成"择吉上梁"、上梁时厌胜、举行祛邪祈吉仪式等许多与之相关的民俗事象之后,它也就不再只是表示一个建筑工序术语,而是在不失本义的同时,被赋予了更为丰富的文化内涵,发生了符号意义的转换,它就被凝结、积淀成了一个用来表示一个特定民俗事象、一种建筑民俗仪式活动的典型的民俗语汇。在此文化背景下,这一简单的工序用语被赋予了浓厚的民俗色彩。至今,在现代大都市的建筑工地上,仍然可以看到这种上梁仪式民俗的遗存,甚至安装吊车,要给吊车系彩带,安装完毕还要燃放鞭炮。说到底,这样做的心理,仍不外乎是"祛邪祈吉",期望平平安安。

历代文人墨客出于对"上梁"这种民俗事象的认同,每每精心撰写以"祛邪祈吉"为基本内容的所谓的"上梁文"。因此在中国古代很早就形成了一种独特的文章体裁"上梁文"。显然,这是一种与"上梁"这个民俗语汇同出一源的文体。宋王应麟的《困学纪闻·杂识》认为,中国古代"上梁文体"发端于北魏温子升的《阊阖门上梁祝文》。明徐师曾在《文体明辨·诗余序说》中写道:"上梁文者,工师上梁之致语也。世俗营构宫室,必择吉上梁,亲宾裹面(今呼馒头)杂他物称庆,因而以犒匠人,于是匠人之长,以面抛梁而诵此文以祝之。其文首尾皆用俪语,而中陈六诗。诗各三句,以按四方上下,盖俗礼也。……宋人又有上牌文,盖上匾额之词,亦因上梁而推广之也。"近人吴曾祺编纂的《涵芬楼古今文钞》将所辑录的由上古至清光绪年间的近 9000 篇文章,按照文体分作 13 大类 202 个子类。其中,第 13 类的第 12 子类,乃为"上梁文"。

显而易见,"上梁"这个民俗语汇,由它凝结、负载的深厚的民俗文化内涵,尽管很早就进入了上层文化,却一直不失民俗本色。但是,这并不就意味着它的"永生不灭"。因为,现代文明正在淡化其民俗内涵和意义。同其他一些民俗语汇一样,它的消逝,是历史的必然。但是,把这种文化现象作为一项"人类口头和非物质遗产"事象,把围绕这个民俗语汇的全部民俗事象,完整地、真实地而且可以"原汁原味"地重复再现,保存到民族传统文化的社会记忆之中,则是非常重要的事情。

讨论民俗语汇问题,还应注意到,民俗语言的主体由俗语与民俗语汇两大语类构成。运用俗语和民俗语汇进行言语交际活动,当其成为民俗语言艺术运用的民俗语言材料或是文本要素时,均属于语言民俗学与民俗语言学共同关注的研究对象。因而,无论是在语言民俗学视野还是民俗语言学视野里,俗语与民俗语汇的关联与交叉都是不可避免的。

3.中国学术史上的民俗语汇研究

　　中国学术史上的民俗语汇研究,主要是收集、辑录和考释之类的训诂学视点的研究。从扬雄的《方言》算起,迄今已有两千多年的历史。在中国,用现代语言学方法进行方言研究则是近年的事。然而,两千多年前,中国就成功地编著出了世界第一部方言比较词汇集:《輶轩使者绝代语释别国方言》(简称《方言》)。《方言》是迄今所见中国上古时期唯一的一部汉语方言研究专著。扬雄穷30年工夫编著的《方言》,记录了周秦至西汉末年的民间方言语汇,成为汉语方言研究的始祖。语言是民俗等民间文化的载体,作为民间口头语言的方言尤其是最直接、最基本的民间文化材料。"言为心声",方言等民间口头语言尤其如此。

　　中国的历代帝王为政治需要素有"采风"的传统,"王者所以观风俗,知得失,自考正也"(《汉书·艺文志》)。《方言》正是周秦政治需要的产物。也就是说,中国的方言研究,从一开始就同民俗研究结合在一起了,始于采风活动。两千多年前人们就认识到了语言,尤其是方言与社会风俗文化的内在联系,乃至后来形成的传统训诂学始终注重在社会风俗文化中考察语言材料的传统方法,不能不受此影响,亦可见其源远流长。一如东晋常璩《华阳国志》卷十所云:"此使(作者案:即"輶轩使者",当时的采风官员)考八方之风雅,通九州之异同,主海内之音韵,使人主居高堂知天下风俗也。"亦如刘歆致扬雄书云:"今圣朝留心典诰,发精于殊语,欲以验考四方之事,不劳戎马高车之使,坐知徭俗。"扬雄《答刘歆书》中回答说:"其不劳戎马高车,令人君坐帷幕之中,知绝遐异俗之语。"可以说,《方言》是中国乃至世界上首次对语言与民俗进行综合考察的重要成就,是民俗语言学研究的滥觞。这要比 19 世纪末 20 世纪初博厄斯、马林诺夫斯基及列维-斯特劳斯分别进行的对几个未开化民族的风俗、文化、神话和语言的综合考察,约早两千年,是世界民俗语言学史上的一座科学丰碑,是中华民族对世界科学文化史的重要建树。

中国历史上的民俗语汇研究,大都体现在一些俗语辞书的编纂方面,而且主要是唐代以来的各种专辑、专门辞书(包括现代辞书学意义上的"准辞书")以及笔记杂著。例如,唐代的《匡谬正俗》(颜师古)、《资暇集》(李匡乂)、《刊误》(李涪),宋代的《释常谈》(佚名)、《续释常谈》(龚颐正)、《别释常谈》(施君英)、《古今谚》(周守忠),明代的《目前集》(佚名)、《俚言解》(陈士元)、《常谈考误》(周梦旸)、《询蒭录》(陈沂)、《俗言》(附《古今谚》,杨慎)、《谚原》(方以智)、《俗呼小录》(李翊)和《(增订)雅俗稽言》(张存绅)等。

清代以来,相关文献更多。例如《通俗编》(翟灏)、《直语补正》(梁同书)、《俚俗集》(福申)、《土风录》(顾禄)、《里语征实》(唐训方)、《恒言录》(钱大昕)、《迩言》(钱大昭)、《恒言广证》(陈鳣)、《语窦》(胡式钰)、《常语寻源》(郑志鸿)、《玉雨淙释谚》(平步青)、《吴下谚联》(王有光)、《乡言解颐》(李光庭)、《江湖切要》(卓亭子)、《壹是纪始》(魏崧)、《谈征》(外方山人)、《常谈叟》(易本烺)、《越谚》(范寅)、《古谚闲谭》(曾廷枚)、《证俗文》(郝懿行),以及《俗说》(罗振玉)、《俗语考原》(李鉴堂)、《俗语典》(胡朴安)、《通俗方言疏证》(孙锦标)、《俚语证古》和《方言译》(丁惟汾),等等。

此外,还有发端于唐代李商隐、主要辑录歇后语的《义山杂纂》及其历代续仿之作,也可谓一支独特的民俗语汇"类义性编纂体例"的系列专辑。例如,唐代的《敦煌写本杂钞》(佚名),宋代的《杂纂续》(王君玉)、《杂纂二续》(苏轼),明代的《杂纂三续》(黄允交)、《风俗粲》(徐树丕)、《西湖渔隐杂纂》(西湖渔隐主人),清代的《杂纂新续》(韦光黻)、《广杂纂》(顾禄)、《纂得确》(石成金)、《金园杂纂》(方绚)等,再加上未冠以"杂纂"名义的同类专辑,已经发现的就多达 20 余种。

第二章 民俗语汇:语言民俗学的重要文本

在此,需要特别指出的是,上述所略举的历代这些文献,大多都是迄今尚未进行整理的珍稀文本。同时,类似上述迄今尚未进行整理的珍稀文本,在中国汉籍全部民俗语汇历史文献中,占有相当的比例,亟待组织发掘、整理,使之成为中国民俗语汇研究的基本文本。除此之外,其他民族历史遗存的民族语言文字的民俗语汇文献,亦同样亟待进行抢救性的发掘和整理。

4.中国民俗语汇研究的现状与前瞻

钟敬文主编《民俗学概论》的第14章"中国民俗学史略"注意到,"明清时期,文人学者做了许多归纳民俗语言的工作,连钱大昕、郝懿行这样的著名学者都参加进来,撰写了《恒言录》和《证俗文》等著作。他们经过亲自调查,记录和保存了一批当时活在群众口头的民俗语汇,为后人研究前代语言民俗的传承情况提供了第一手材料"。

著名方言学家侯精一教授根据数十年对自己家乡山西平遥方言民俗语汇的调查,撰写并先后分别在日本和国内出版的《平遥方言民俗语汇》,是迄今所见的中国当代第一部明确采用"民俗语汇"作为书名的专著。《平遥方言民俗语汇》分婚丧、游艺、饮食、交际、自然现象、时令时间、农业、植物、动物、商业、交通、工艺、房舍、器具、身体、称谓、疾病医疗、衣服穿戴、文化教育、文体、动词、方位词、代词、形容词、副词介词、量词、数词和拟声词28类(大类之下分设子类),辑录并注释了4000余条平遥方言民俗语汇。

最近有位历史学者在整理竹枝词时注意到"所见民俗语汇的复活和社会风习的重演"这一特别的民俗语言现象。文章中讲到,由于竹枝词作者往往有意回避奥雅,多注重借用民间俚言俗语抒情寄意,许多竹枝词作品因此也具有民俗语言史料的价值。读清末民初的竹枝词,可以发现一种特殊的语言现象,即与当时世势之演进、时局之动荡相呼应,社会出现了诸多新鲜的语汇。还有一种特殊的历史语言现象值得我们注意,这就是看似僵死或久已退出社会生活领域的语汇,却在长眠之后,竟然可以当时势重新适合之时再复苏醒,又一次影响社会。竹枝词文句中若干当时流行的语汇,与现今民俗语言现象竟然完全相合。例如,"饭局"这个民俗语汇,早就见于宋黄震《黄氏日钞》卷七十八的《六月三十日在城粥饭局结局榜》和《七月初一日劝勉宜黄乐安两县赈粜未可结局榜》两篇文字。清末民初竹枝词文中"饭局"则属于一个复活了的流行民俗语汇。而这些语汇在中国大陆的社会生活中实际上已经消失了数十年。清末民初竹枝词所见民俗语汇于数十年之后再度复活者,还有"片子"(名片)、"集股""红利"以及"太太""小姐"等其他实例。清末民初兰陵忧患生撰《京华百二竹枝词》中有"一从实业重商权,集股纷纷嚷破天"句,其中"集股"一语,同样也是在中国大陆销声匿迹数十年之后,随着证券市场的重新复出又重新形成了"纷纷嚷破天"的声势。类似情形,又有罗汉《汉口竹枝词》所见"红利"这个语汇,其中的第60首《水电公司》所咏:"汉皋创后倍繁华,水电今时用更奢。依旧公司无起色,不闻红利派东家。"

　　凡此可见,清末民初竹枝词透露的若干民俗语汇在休眠多年之后又得以复活的民俗语言现象,反映了不同时期的社会风貌,具有较强的社会史料价值。

5.民俗语汇研究与辨风正俗*

汉代史学家应劭曾说:"为政之要,辨风正俗,最其上也。"历代统治者在管理国家、教化百姓、稳定社会秩序的过程中,都特别重视利用民俗这种文化模式来施行教化。民俗的社会规范、教化和调控功能,决定了辨风正俗对于社会稳定、社会发展的重要性。也正因为如此,中国自先秦开始就有了"观风问俗"的传统,形成了"采风"的制度,有了记录民俗、讨论民俗的著述的传统。在这种对民俗的调查、记录和讨论中,人们就已经开始注意到语言,尤其是方言同各种民俗事象的密切联系。作为记录民俗等民间文化的载体,语言本身也是一种民俗事象。因此,很多民俗调查都把方言土语、俗语谣谚等口碑资料,作为基本的研究对象纳入了研究的范围。通过对这些方言土语、俗语谣谚的采集、整理,使之成为能够重现历史文化,尤其是民间生活原貌的重要史料,也成了民俗学研究的一个重要的方法。

民俗语言学视野的民俗语汇研究就是基于这种早期的对语言和文化进行综合考察的文化传统和先行实践以及现代语言学对"语言文化"概念的基本认同的启示下开始的。语言是民俗等民间文化的载体,作为语言诸要素中最活跃的因素——语汇,也是民俗文化语言形式折射后的焦点,它能够最大限度地反映人类社会文化镜像。民俗语汇是现代民俗语言学最基本的研究对象和研究

---

* 本节作者董丽娟。

第二章 民俗语汇:语言民俗学的重要文本

文本。

民俗学视野的民俗语汇研究发端于20世纪初日本民俗学界的"柳田国男时代"。日本明治四十二年(1909年),"日本民俗学之父"柳田国男自费出版了《后狩词记》,在这本书中,他通过深入的田野调查和细致的文献梳理,以搜集的民俗语汇为索引,整理、考订民俗事象,并加以分类解说和汇编,这本书被称为日本民俗学的第一个纪念碑。

中国学术史上这种对语言与民俗进行综合考察的传统最早可以追溯到《诗经》。《诗经·国风》可以说是最早的"民俗歌谣之诗"。而从语汇的角度,对语言与民俗进行记录、整理、研究,则要从中国第一部方言辞典——扬雄的《輶轩使者绝代语释别国方言》(简称《方言》)算起。《方言》是中国第一部汉语方言词汇比较研究的专著,主要记录的是周秦至西汉末年的民间方言语汇。应该说,中国的方言研究就是始于周秦时代的采风活动。

后世的文人士大夫在这种民俗语言观的影响下,或由于浓厚的乡土情感与故地情怀,或出于好奇,也给我们留下了一批以记录殊方异域习俗与语言为主要内容的民俗语言文化的文献,主要包括唐代以来的各种专辑、专门辞书、地方史志以及笔记杂著。这类著作"主要收集社会交往用语、人事称谓,以及与地方风俗相关联的日常生活用语,对它们进行了语源考证。编者们指出,他们要通过记录这些语言民俗事象,说明'风俗之变迁,方言之有自',让人们了解一时一地的风土人情","他们通过亲自调查,记录和保存了一批当时活在群众口头的民俗语汇,为后人研究前代语言民俗的传承情况提供了第一手材料"。[①] 如唐代颜师古的《匡谬正俗》,宋代佚名氏的《释常谈》,明代陈士元的《俚言解》,清代的《通俗编》《土风录》《恒言录》《证俗文》等。在中国汉籍民俗语汇历史文献中,这些尚未进行整理的珍稀文本占有相当的比例。2001年在讨论"中国民间文化遗产抢救工程"的抢救工作范围时,民俗语言学的创立者曲彦斌提出关于"大规模地编纂多卷本《中国民俗语汇集成》的建议和论证"。他认为,"鉴于国内迄今为止尚未对历代的民俗语汇进行过比较全面的系统梳理,而各地民俗语

---

① 钟敬文:《民俗学概论》,上海文艺出版社1998年版,第410页。

汇大多渊源有自。因而,编纂《中国民俗语汇集成》是对中国古今民俗语汇的一次大规模的、全面的系统发掘、抢救和梳理"。

在今天的学术视野下,民俗语汇珍稀文献的整理、刊布与研究是我们对这些文献进行深度开发与利用的有效切入点,也是这些珍稀文献为我们今天的社会生活服务的有效途径。从前人的有关民俗语汇、民俗事象的记录、讨论、评述中获得有益的启示。对历代民俗语汇的研究,可以帮助我们了解历史上某个时期风俗景象、普通大众的日常生活状态,使我们对前人的生活有更感性的认识,成为我们了解地方和时代文化记忆的文本和窗口;同时,通过从历代民俗语汇中搜集资料,对资料进行考订、比较,也可以使我们看到某种民俗事象或民俗文化在历史社会中的产生、变化与演进的历史。这里既包括了对某种民俗事象通时和断代的探究与叙述,从理论上说,民俗语汇是可以帮助我们认识民俗事象的历史与文化的传统、辨风正俗的重要史料,民俗语汇是民俗研究的"富矿",它反映了各个时期各地的风土人情、伦理道德和价值取向,是国民心态和国情的现实反映。

5.1 民俗语汇反映地域的风土人情、社会心态

方言学家侯精一教授根据自己多年对家乡山西平遥方言民俗语汇的调查,出版了《平遥方言民俗语汇》。这是中国当代迄今所见的第一部以"民俗语汇"作为书名的方言词典性质的专著。

类似的研究还有很多,如《从河东方言看山西晋南的民俗文化》,从语言的构成要素语音、语义、字形三方面对"双关"构成的民俗现象加以分析,就河东方言对晋南民俗的影响进行了说明。[①]《从方言词语看地域文化》则是从各地方言的差异探求造成在心理、性格、风俗、生活方式、劳动方式、思想观念、价值观念、思维习惯等方面表现出不同的原因,认为"了解汉语方言的文化积淀,有助于深入解释方言词语与地域文化的关系,有助于开展方言与共同语的比较研

[①] 辛菊:《从河东方言看山西晋南的民俗文化》,《山西师范大学学报》1997年第1期。

究,从而缩短彼此之间在方言与文化方面的理解距离"①。《从西昌方言词看其饮食文化》也是从风俗影响方言、方言折射特色风俗文化角度进行论述的②。

语言是民俗的载体,方言是地域民俗的载体,民俗的地方差异与语言的地方差异有着一种内在的对应规律,通过考察各地方言即可洞悉各地风土民情,也可以考察出方言对民俗的影响。

5.2 民俗语汇反映时代的变迁

我们所生活的社会不是一成不变的,因此,制约人们行为的习俗也处于不断的变化之中,这也决定了记录这种民俗事象或因这种民俗事象而产生的民俗语汇具有"语言文化化石"的属性。有些民俗语汇因新生民俗事象而生,有些民俗语汇随着其反映的民俗事象的消亡,其词语本身也淡出历史舞台,蕴含在这些词语背后的深层社会生活和语言文化信息也逐渐不被人所了解,成为难解之谜。通过考察民俗语汇的发生、变异乃至消亡的轨迹,挖掘其负载的民俗文化信息,可以帮助我们寻找那些随时间的逝去而消亡的事件或实物民俗事象的痕迹,把断开的一段民俗历史连接起来。有人概括这种研究方法为"礼失求诸野语"③。

民俗语汇大都富于时代气息,反映了不同时期社会现实、民心所向与一时的国情。

"舅姑"在古汉语中是"公婆""岳父母"的意思。这在《礼记》《后汉书》中都有记载,它记录了"姑舅表亲婚"这样一种婚俗。旧时中国传统婚姻习俗崇尚"亲上加亲",加上在财产继承上的考虑,形成了原始族团内互婚的习俗。这种婚姻形式严重危害子孙繁衍、民族兴旺,是一种违反科学的婚俗。随着社会的发展和进步,这种血缘婚的陋俗已渐成遗迹。而现代汉语的"舅""姑"也恢复了其"母亲的兄弟"与"父亲的姐妹"的本义。"舅姑""姑舅亲"词义的演变都是词汇与习俗惯制之间内在联系之一斑。

---

① 陈建民:《从方言词语看地域文化》,《语言教学与研究》1997年第4期。
② 段英:《从西昌方言词看其饮食文化》,《广东教育学院学报》2000年第5期。
③ 林伦伦:《试论方言俗语与民俗研究之关系》,《岭南文史》1998年第4期。

"大锅饭"是中国政治经济学史上一个不可回避的专门语汇。有学者从探究民俗语源的角度,对"大锅饭"这个具有特定时代特征的民俗语汇进行了分析,认为它是中国千百年来沿袭而成的一种经济民俗及饮食民俗形态。①

再如国庆、建国、援朝之类的具有鲜明时代特征的名字,则是某个时期社会现实对人们的命名习俗的影响的结果。可以说每个民俗语汇都有着深刻的时代烙印,是那个时代的身份证。从一定意义上说,民俗语汇可以视为探察一时民心国情的分析仪。

因此,开展民俗语汇的调查、整理和研究,应该成为民俗调查和地方舆情考察的基本方法和手段之一,它对于制定社会发展战略、辨风正俗具有现实的指导意义。而且,对民俗语汇历时的考察,不仅有助于风俗史的研究,也可为当代社会的发展起到"史鉴"的作用。

思考题:
1. 简要说明柳田国男时代日本民俗学的民俗语汇研究的学术背景是什么。
2. 简单说说民俗语汇的概念、主要品类。举例说明直接出自民俗事象的民俗语汇。
3. 简单说说民俗语汇和俗语的区别。
4. 中国学术史上的民俗语汇研究有哪些?请简要论述。
5. 现阶段的民俗语汇研究有何现实意义?谈谈你的看法。

---

① 曲彦斌:《民俗语言学发凡》,《民俗语言学》,辽宁教育出版社1989年版。

第三章　社会生活中的言语习俗说略

社会生活的多姿多彩,造就了丰富多彩的语言民俗和语言实践过程中各种各样的言语习俗。这些语言民俗和言语习俗弥散性存在于社会生活的各个层面,其发生、发展与流变的过程,构成了社会生活史的基本轨迹。

1. 姓名等人生礼俗与语言民俗

古往今来芸芸众生的世俗生活之中,上自帝王权贵,下至平民百姓,几乎无不要经受人生礼俗的洗礼。诸如诞生礼仪(含取名、寿诞等),从怀孕、分娩到育儿,十二生肖与"星座"、成年仪式、嫁娶婚俗、丧葬,等等,名目繁多甚至是烦琐的种种习俗礼仪,这是人人都要有所经历的民俗。

《荀子·正名》云:"名无固宜,约之以命。约定俗成谓之宜,异于约则谓之不宜。"且以姓名、取名为例。

姓名,即人的姓氏名字,是最重要的称谓之一。萌生于原始部落时期的姓氏,是所出生家族的代号。中国古代男子称氏,女人称姓,是氏族社会的产物。从母系氏族社会转为父系氏族社会后,姓则改从男,氏为女用,古婚俗,氏同姓不同婚姻可通,姓同氏不同婚姻不可通。秦汉以后,姓、氏合二为一。明代学者顾炎武考证认为,从汉代司马迁著《史记》起,始将姓、氏混在一起。

汉族称谓语俗将姓氏与名字结合为一体,成为代表某一具体个人的称谓符号:姓名。尽管姓名仍带有血缘关系的痕迹,但"名"成为"姓名"中更重要的构成部分。一般说,姓是继承性质的,是标志宗族群体的符号。古今虽有改姓之例,却大都不能不带有继承、沿袭的性质。至于名字则不然,尽管有着相应的取名用字习俗惯制的制约,却相对具有较大的选择性、任意性。旧时取双字名的模式多为"姓氏+行辈字+名",例如山东蓬莱北王绪村一支曲姓家族,现仍流传的行辈用字歌诀是:"春岁克(秉)守,顺(凌)和(厚)大有,天开文运,福禄荣久。"至今孔、孟等姓氏的行辈用字仍十分典型,天南海北,尚可清晰分别辈分。

汉语中,除名字外,还有别号、小名、学名、诨名、谥号等多种称谓语俗。别号,又叫别字,旧时于名和字而外另取的称号,两字、三字或三字以上不等,亦不像字与名那样具有字义上的联系,称呼别号比称字讳名的尊敬程度还要高,有的一个人有号多种,例如北宋文学家欧阳修,字永叔,号醉翁,又号六一居士;苏轼,字子瞻,号东坡居士。小名,即乳名、小字,俗谓奶名。取小名是人生仪礼中的一项重要礼俗。旧俗取乳名十分郑重,有的地方由生父携带糖、饼之类请村中长者、族中有威望者取名,名字要与长辈亲属的名字避讳,通常多取吉字做名,如贵儿、祥儿、小龙、虎仔,但在民间更多的取"贱"名,或带有符咒意味的名,以求免灾,容易抚育。如"小狗子""猫仔""小牛"及"锁柱""拴柱"等。

取名,要讲究名字的质量。

以《随园诗话》《子不语》等著称于世的清代大学问家袁枚说:"人之所以异于禽兽者,以其好名也。"注重名声、名气、名誉,是人的一种美德。不过,无论英名、美名、芳名、威名还是名士、名流,首先都必须有其自身的名字,否则人群无以分别个体的人,名誉也就没有了着落。因而,中国人历来很讲究取名。屈原《离骚》开篇第三句话便津津乐道:"父亲仔细揣度我的生辰,赐给我的是美好名字,名正则,字灵均。"

世人讲究取名之道,不只在于它是相互区别的一种简单符号,更重要的还是一种标志文明程度的文化现象。依《礼记》所记,古代一般习惯是"幼名,冠字",即人初生三个月取名,男子至20岁弱冠成人、女子15岁许嫁行笄礼时另于名外取字,故有"名字"之说。而且,生前称名,死后之名称讳,对尊长之名亦讳直呼,相互间亦称字而讳名以示尊讳。有些民族取名,采取父子连名、母子连名或舅甥连名的形式。此外,还有乳名、别名、号,乃至笔名、艺名等,这些均属有关取名、用名的习俗惯制,是一种文化制度。名字蕴含着社会、家庭及个人的文化背景和心理,主要表现为取名的出典、寓意和感情色彩等方面。为此,历代都曾总结归纳了一些取名的方法和程式。《左传》上说,鲁国的大夫申繻总结的五种取名方法是有信、有义、有象、有假、有类,即参照人的生理特征、天赋意气、身体形貌、假借品物名称或亲缘情形来取名。当鲁桓公姬允的太子出生时,请申繻去取名。鉴于太子出生的时日、地点与桓公偶然相同,于是这位后来的鲁庄公的姓名就叫了姬同。此外,申繻还提出有六项取名禁忌规则,这就是不以国、官、山川、隐疾、畜牲和器币之名命名。他说,若不注意这些,难免带来用名的麻烦。例如,因晋僖侯名司徒,宋武公名司空,均属以官为名,帝王之名"神圣"不可更易,于是便只好将这两个官职改称为中军和司城。汉语汉字是取用不尽的取名资源,无论何时何种方式,关键皆在于赋予特定的寓意。胡适为二男一女取名的用意,都是对人的纪念。长男名为祖望、思祖,是纪念去世不久的老祖母;次子思杜,是纪念他的老师美国哲学家杜威;女儿素斐,是纪念好友莎菲即陈衡哲。而且,胡适子侄辈排行用字本是"恩",但因避讳祖父世恩的名讳而改成了字形相近的"思"。注重名字是特别的文化符号,取个富有文化内涵而又有意义的名字,于己、于人、于社会都有意义,切忌轻率随意。

老子道,"无名万物之始,有名万物之母"。取名是为了人与人之间的区别,很难设想世人皆无名字的状况下的社会是个什么样子。法律保护公民的姓名权不受侵犯,因为它是人在社会生活中的一种主要标志。命名者都极愿为被命名人取个吉祥如意、寓意深刻、呼之上口的好名字,于是在此心理作用下出现了不同历史文化背景中的趋同重名现象。早在南北朝时,南朝梁元帝萧绎就编出了一部中国历史上最早的《古今同姓名录》。清代汪辉祖编的《九史同姓名略》,从《旧唐书》至《明史》九种史书中辑录出同姓名人物29000多个。至民初,彭作桢编的《古今同姓名大辞典》,已收录从上古至1936年403个姓氏的同姓名1600个、56700人。据近年的统计,北京市曾一度同时有13000多人名叫刘淑珍,10100多人名叫王淑珍,10000多人名叫张淑英,8000多人名叫王淑英。在上海,仅1968年至1971年,就有3397个新生儿取名叫王伟,仅1971年11月21日这天就诞生33名。至于不同历史年代取名"援朝""文革""卫东""永红""要武"之类的,就更难以详尽统计了。历史上一些望族编制本族谱系行辈用字,就在于避免谱系内各行辈的混乱和重名问题。例如,曲阜孔子家族谱系由乾隆皇帝确认的"希言公彦承,宏闻贞尚衍,兴毓传继广,昭宪庆繁祥,令德维重佑,钦绍念显扬",以及1920年经孔氏第76代衍圣公孔令贻后续的"建道敦安定,懋修肇益常,裕文焕景瑞,永锡世绪昌"。但是,这还未能从根本上解决一个泱泱大国众生重名的问题。此外,赶时髦取洋名、怪名,也是时下一种值得关注的潮流。重名给社会生活秩序带来混乱,往往给个人也造成许多不应有的麻烦、苦恼、纠纷;洋名、怪名呢,也因有伤大雅而污染社会风尚。如何规范取名,确实有必要纳入科学研究视野。政府亦当制定相应法规。否则,长期下去麻烦更大。

纵观古今取名的一个明显的误区,是神秘化和带有迷信色彩。宋代文学家欧阳修有个孩子乳名僧哥,和尚问他:你并不重佛为何还给孩子取这么个名儿?他答道:"平常人家的小儿,为了好养育,往往用狗、羊、马之类贱物为名。"这个故事尽管是用来嘲弄和尚的,为儿童取贱名却是古今各地民间流传甚广的风俗。不过,成年后的正式名字极少如此,大都是十分庄重、讲究的。古人迷信中的语言巫术包括了姓名巫术。神魔小说《封神演义》中人物张桂芳,即是被描写成具有"呼名落马"巫术的将领。当他同黄飞虎交战不到15个回合时,大叫一声:"黄飞虎不下马更待何时?"黄飞虎果然身不由己地落下马来。张桂芳并再次用此呼名术使赶来救援的周纪也落马被擒,姜子牙只好挂出免战牌。然而,此术却对哪吒无效。据书中说:"凡精血成胎者,有三魂七魄,被桂芳叫一声,魂魄不居一体,散在各方,自然落马;哪吒乃莲花化身,浑身俱是莲花,哪里有三魂七魄,故引此不得叫下(风火)轮来。"凡此,其实不过是古代呼名招魂巫术迷信的遗风。元杂剧《桃花女破法嫁周公》中描写鹈桃花女教村妇石婆婆用马勺敲三下门槛并呼叫儿子石留住之名,使其已化为僵尸的儿子复活,仍属这类呼名招魂迷信的演绎。古犹太教徒相信把妖怪"沙布里里"的名字叫得越简短越能降低其魔力,以此来阻止魔法,亦属这种呼名巫术迷信。旧时迷信,请算命术士据五行取名以避命中的缺与克,如今一些江湖骗术还以此为基础外加所谓气功取名。明知是无稽之谈、无聊的迷信,但还不断有人情愿被愚弄,以求心里安宁,名之曰"宁肯信其有,不可信其无"。甚至,还有的听信巫婆神汉愚弄而改名避灾,寄名祛邪,令人啼笑皆非。于是,一些以巫术迷信取名、姓名算命为内容的所谓"民俗奇书"之类,便堂而皇之地涌上街头书摊乃至高雅的店堂。如此20世纪仍在泛滥的字名迷信,其愚昧实在同现代文明相悖!

深化姓名学研究,普及相关科学知识,不只当代十分必要,对子孙后代也极为有益。因为,一代一代的芸芸众生都要时刻伴随有不同的姓名符号,现代文明需要科学对姓名符号的规范,姓名符号也要成为一种文明的标志。讲求名字品位,提高名字质量。

2.亲属称谓语俗与亲属关系

　　称谓语俗是一种约定俗成的传承的符号系统。以汉语为主体的中华民族称谓习俗,是一个内涵和层次非常丰富的结构体系,亦即中华民族称谓习俗的一般结构系统。它主要包括亲属称谓和类亲属称谓语俗。亲属称谓,包括父系称谓、母系称谓和姻系称谓。类亲属称谓或言拟亲属称谓,主要为社交称谓和非亲属称谓,非亲属称谓含姓名、人称、职事以及仿亲属称谓。此外,还有语用活动中形成的语境称谓,如敬称、谦称、昵称、谑称、贬称、讳语、婉称等。

　　亲属称谓是建立在亲属关系、以血缘联系基础上的亲属之间相互称呼的名称、叫法。它是以本人为轴心(或谓中心)的确定亲属与本人关系的标志,是由历代婚姻关系所构成的男女双方亲族关系的排列次序结构而成的。

　　亲属称谓语俗反映着几千年的传统文化观念。亲属称谓的坐标是个纵横交错相互交织的网络。在这些以血缘关系为基础的称谓语俗四周,辐射、附着了直系以外的非血亲、旁系、庶出等亲属、类亲属称谓。家族规模越大,经济、政治地位越显赫,亲属称谓语俗的社会作用也越显著。这一点,在《红楼梦》这部著名小说中表现得很典型、很深刻。

　　清人梁章钜的洋洋三十二卷巨著《称谓录》,全书各卷开列的内容分别为:卷一,为父;卷二,为母;卷三,为父党、母党;卷四,为兄弟;卷五,为夫、妻、妾;卷六,为子、女、孙;卷七,为夫党、妻党;卷八,为姊妹、姊妹党、子女孙党暨姻亲,并附师友;卷九和卷十,为天子并天子父母,以下至皇子、孙;卷十一,为宗室、公主、驸马、外戚、太监;卷十二,为师傅、保上、书房暨封爵、宗人府、内阁;卷十三,为军机处、翰林院、詹事府;卷十四,为都察院;卷十五,为部官并吏部、户都、仓场;卷十六,为礼部、兵部、刑部;卷十七,为工部、理藩院、通政司并大理太帝;卷十八,为太仆、光禄、国子、鸿胪并顺天府、钦天监;卷十九,为太医院、内务府、上马四院、武备院、銮仪卫;卷二十,为领侍卫内大臣、八旗都统、步军统领、九门提督、前锋统领、护军统领;卷二十一,为外省文员督抚以下暨河务、漕务、盐务各官;卷二十二,为知府至佐杂;卷二十三,为钦差官、大将军暨驻防将军都统并绿营提镇;卷二十四,为学政官暨大小试官以及甲第各出身;卷二十五,为官眷、绅幕、仆婢;卷二十六,为书役兵勇;卷二十七,为技艺各项;卷二十八,为工商各项;卷二十九,为厨舆各项并琴棋书画、歌射拳赌;卷三十,为匪类并优妓;卷三十一,为九流三教并三姑六婆;卷三十二,为各种杂称。

综观各卷所载,大体分为三类内容:第一类是亲属称谓,卷一至卷八;第二类是皇室、职官称谓,卷九至卷二十六,计 18 卷;第三类是民间诸行百艺、三教九流称谓,卷二十七至卷三十二,计 6 卷。后两类均属非亲属称谓。

3.绰号等社会称谓语俗与社会关系

类亲属称谓,或谓拟亲属称谓,主要为社交称谓和非亲属称谓,许多出自仿拟亲属关系的称谓。非亲属称谓、社交称谓和职事称谓,统属于社会称谓。

仿拟亲属关系的社交称谓,诸如街坊邻里之间所谓的"大叔""大妈""大姐""大哥",以及"阿姨""月嫂""的哥",等等。其特点是,仿拟亲情,拉近相互关系。

职事称谓,是社会成员之间根据各自从事的职业以及不同职务、职衔相互称呼的语俗。职事称谓是比较典型的非亲属称谓,是脱离了家庭、血统关系的社交称谓。《称谓录》除卷一至卷八为亲属称谓外,其余卷九至卷三十二计24卷所载之皇室、职官、民间诸行百艺、三教九流等,均可视为职事称谓。其中,皇族称谓是兼有亲属称谓和非亲属称谓双重属性的称谓礼制。

出自职事称谓的社交称谓,亦可用以表示对人的尊敬。例如,"师傅"这个由职事称谓演化而来的,如今已经泛化了的社会称谓。据考证[①]:

"师傅"一词,早在战国时期就出现了,而且从一开始就是用来指老师的。《穀梁传》昭公十九年有这样的说法:"羁贯成童,不就师傅,父之罪也。"这句话的意思是说年已8岁的儿童,如果不进学从师,那是父亲的罪

---

① 徐梓:《"师傅"与"师父"》,《中国教师》2007年第11期。

过。《三字经》所说的"子不教,父之过",说的就是这一意思。

战国时期称老师为师傅,还有另外一条材料可以佐证。根据《战国策》的记载,在吕不韦的操纵下,在赵国做人质的秦公子异人终于回到了秦国。秦王令异人试诵诗书,异人推辞说:"少弃捐在外,尝无师傅所教学,不习于诵。"这里师傅与教学关联,显然指的是老师。

秦汉以后,师傅由泛指从事教学工作的老师,演变为专指帝王(包括帝和王)的老师。师傅的这一意义,来源于太师和太傅的合称。《史记·吴王濞列传》:"吴太子师傅皆楚人。"由一个"皆"字,可见"师"和"傅"是并列关系。《史记》中9处11次出现的"师傅",都是这一意思。这时的"师傅",总是和"宫廷""东宫""储君""太子""皇子"等字眼联系在一起。从西汉到南宋,这是师傅最通常的所指,明清时期,依然保留了这一意义。

显然是因为"师傅"的地位太尊、声望太高,所谓的"身为师傅,贵极人臣",这一称呼因此具有一定的排他性。从西汉到南宋,"师傅"的含义几乎为帝王之师这一特定的所指独占,很少例外。从南宋开始,"师傅"的所指逐渐下移,平民百姓的老师也可以蒙受此称。如朱熹既用师傅来称呼帝王之师,也用来称呼一般的授业者。至于用师傅来称呼工、商、戏剧等行业中传授技艺的人,则是清代中后期以后的事情。

至为滑稽可笑的是由于发生了史无前例的"文化大革命","工人阶级领导一切"演化为"工人师傅占领一切阵地","工人师傅"的"师傅"二字身价陡然上升。于是乎尊称对方为"师傅",成了一种时尚的称谓语俗。时至今日,遗风犹存。因为,一时无可适从之际的仓促面对,难免一句"师傅"顺口而出。称谓语俗往往是刻有历史和时代痕迹的,绝非一朝可以瞬间更新。

再如"小姐"这个原本寻常的社会称谓,亦印证着社会称谓语俗与世事沧桑。

近来,国内的一些媒体对"小姐"这个称呼议论纷纷,莫衷一是,使"小姐"陷入了尴尬的境地。在此且对这个古今中外都很常见的称谓语汇的源流、含义、用法,略作探究和辩证。

第三章 社会生活中的言语习俗说略

清末民初,在西方文化大量传入的社会背景下,"先生""小姐"之类的称谓曾经一时广为流行。不过,"小姐"并非外来语汇。在汉语中,"小姐"这个固有词汇至少已有数百年的历史了。说起来,汉语文化中的"小姐"称谓比英语文化中"小姐"称谓要早。在汉语史上,"小姐"的语义和用法主要有三种。其一,据考证,"小姐"是宋代以来对乐户和妓女的称谓,是一种贱称。如宋代的《夷坚志》和清代的《陔余丛考》《称谓录》《履园丛话》等几部著名笔记文献里就写道,"以小姐称乐户""吴门称妓女曰小姐"。另外,因"小姐"是一种贱称,因而也用来称呼在家庭和社会地位都很低的妾。如南宋岳珂《桯(tīng)史·汪革谣谶》中写道:当时太湖有位叫洪恭的人,"有妾曰小姐",可以为证。同时,也有的是用来称贫贱人家的女孩,如元杨文奎《儿女团圆》第三折道:"你常好似要便宜的大小姐。"其二,元代以来,又是对缙绅仕宦人家的女子或是已婚女子的常见称呼。例如元代著名剧作家王实甫笔下的《西厢记》中写道:"只生得个小姐,小字莺莺。"《西厢记》中的莺莺是一位大户人家的千金小姐。直至在《红楼梦》里仍是如此用法,其第二回写道:"二小姐乃是赦老爷姨娘所出,名迎春。三小姐政老爷庶出,名探春。四小姐乃宁府珍爷的胞妹,名惜春。"这诸多的"小姐",无不是缙绅仕宦人家的女子。而且,主要是泛称具有一定社会地位的未婚女子,显然是个尊称。其三,在元末明初戏曲中是用作已婚妇女的与夫人、妻子同义的称谓。如生活于元末明初的杂剧作家贾仲明在《金安寿》剧第一折写道:"俺小姐夹谷人氏,童家女儿,小字娇兰,娶为妻室,十年光景,甚是绸缪。"这一语义、用法,显然并无任何贬义色彩,是个尊称。也就是说,在历史上,"小姐"这个称谓用语起初曾经是个贬义的贱称,随后不久就变成了尊称,近代以来由于西方文化的影响,进一步强化了其作为尊称的用法并且流行得更加广泛,乃至不仅用指未婚女士,还用来泛称年轻的女士。也就是说,"小姐"这个称谓,经历了一个由"低贱"向"尊贵"发展的演变过程。

旧时,往往用"千金小姐"来称谓富贵人家的女儿或是大家闺秀,那"小姐"当然属于尊称了。民间传说,"千金小姐"这个称谓的由来还同历史上的伍子胥有点关系。相传,春秋时楚平王荒淫无道,听信奸佞陷害忠良,当朝宰相伍奢就遭到满门抄斩的横祸。其子伍子胥侥幸死里逃生,也只好隐名埋姓外出流浪。

俗语"伍子胥过昭关一夜白了少年头",就是缘此而出。这天,伍子胥混过昭关之后,又饥又渴地逃到江苏溧(lì)水河畔,幸遇一位在河边洗衣服的姑娘,姑娘认出了他并以饭菜相送。起初,伍子胥一见有人认出自己的真实身份,不觉大惊失色,便以为此劫难逃而万念俱灰,就想拔剑自刎。不料那姑娘却深表同情,发誓决不会告发,令伍子胥感激万分又无以报答,于是就从怀里取出一颗价值千金的家传宝珠相赠,既是表示感激之情,同时也是向那姑娘求婚的定情信物和聘礼,共同盟誓结为患难姻缘。数年之后,伍子胥逃到吴国之后已经当了宰相,怎么也找不到姑娘的下落。后来,总算找到了姑娘的母亲,方才得知,就在两人分手那一年,姑娘被楚平王选美选中,但她恪守与伍子胥的山盟海誓坚决不从,于是就刚烈地投入溧水自尽。悲痛的伍子胥便又向姑娘的老母赠上千金厚礼以示对姑娘的深切感念。故事传开,从此就有了"千金姑娘"的说法。后来,随着"小姐"称谓的出现,久而久之,"千金姑娘"也就演变成"千金小姐",意思还是一样的。而"千金小姐"之说,又格外增强了"小姐"这一尊称的尊敬色彩。

最近之所以对"小姐"这个重新流行未久的称谓议论纷纷,主要在于时下社会生活中丑恶的色情污染再次波及本来是用作尊称的"小姐"称谓。既然"小姐"这个称谓在一千多年前就已经由"低贱"变为"尊贵",已经是约定俗成的尊称,还是不要"因噎废食"的好,该叫"小姐"还是叫"小姐"。其实这也是为"小姐"这个尊称正名,还其清白。

再说一种社会称谓语俗:诨号。

作为名字变异形式的诨号,是一种特殊的社会称谓。

诨号、诨名,亦即绰号,现代口语俗称之"外号"。旧时市井常说:"没有外号不发财。"清赵翼《陔余丛考》卷三十八载:"世俗轻薄子,互相品目,辄有诨号。《吕氏春秋·简选篇》夏桀号'移大牺',谓其多力能推倒牛也,此为诨号之始。"春秋时,晋献公灭虞,虏得虞大夫百里奚,以为秦穆公陪嫁之臣。奚以为耻而逃至宛,被楚人所执。秦穆公闻其贤,以五羖羊皮赎回,后委以国政,人称"五羖大夫"。唐李义府处世奸猾,人号"笑中刀""人猫";宰相郑綮(音 qìng,一读 qǐ)为诗多诙谐语,故落格调,人称"歇后郑五";宋王珪多年任宰相只是"取旨、领旨、传旨",人送绰号"三旨相公"。一部《水浒传》,三十六天罡、一百单八将之间的称谓结构,生动地展示着中国传统的拟亲属称谓和社会称谓语俗。其称谓结构,定格了各自的身份以及相互关系。

《水浒传》中三十六天罡、一百单八将个个都有一个颇具性格特色的绰号,这些诨号有如漫画特写似的使人感到出神入化,活灵活现地描绘出了人物的各自性格、职业(生计)乃至社会地位等信息。例如第六十一回《吴用智赚玉麒麟,张顺夜闹金沙渡》中,有一首《满庭芳》词描述吴用初见卢员外卢俊义的第一印象:"目炯双瞳,眉分八字,身躯九尺如银。威风凛凛,仪表似天神。惯使一条棍棒,护身龙(这就有了一个"龙"了)绝技无伦。京城内家传清白,积祖富豪门。杀场临敌处,冲开万马,扫退千军。更忠肝贯日,壮气凌云。慷慨疏财仗义,论英名播满乾坤。卢员外双名俊义,绰号玉麒麟。"寥寥数十字,竟将一位高贵而贤达的俊杰刻画得入木三分。其中,那"玉麒麟"绰号恰恰是画龙点睛神来之笔。个中,且不论所谓的"护身龙"是个什么绝伦武艺,而与"麒麟"同属古代民间传说瑞兽的,首先就应当是龙了。

无独有偶,一部《水浒传》一百单八将的 108 个绰号之中,竟有六位直接以龙为号,两位以传说中龙的化身蛇为号,成为《水浒传》一道独特的人名绰号中的龙蛇文化风景线。按照第七十一回《忠义堂石碣受天文,梁山泊英雄排座次》之序,头一条龙当是"天闲星入云龙公孙胜"。在第十五回,"入云龙"公孙胜曾当众自我介绍道:"贫道复姓公孙,单讳一个胜字,道号一清先生。……为因学得一家道术,亦能呼风唤雨,驾雾腾云,江湖上都称贫道做入云龙。"第二条龙是"天微星九纹龙史进"。在第二回写道,史太公请来"高手匠人与他刺了这一身花绣,肩膀胸膛,总有九条龙,满县人口顺,都叫他'九纹龙'史进"。古人的文身习俗源远流长,而且还有专事为人做文身的工艺匠人行当。《水浒传》里就有数位英雄文身。史进的这个绰号,就是因其身上文了九条龙纹而得名。第三条龙是"天寿星混江龙李俊"。李俊绰号混江龙。关于其得名的来历,《水浒传》第三十六回有一首词写道:"家住浔阳江浦上,最称豪杰英雄。……能挥利剑霜锋,冲波跃浪立奇功,庐州生李俊,绰号混江龙。"至于李俊的自我介绍,亦然,"小弟姓李,名俊,祖贯庐州人氏,专在扬子江中撑船艄公为生,能识水性,人都呼小弟做混江龙李俊便是"。可知李俊是因混迹江湖而且又有极好的水上功夫。第四条龙是"地进星出洞蛟童威"。童威,绰号出洞蛟。蛟,又称"蛟龙",也是传说中的一种龙,一种无角而又十分凶猛的龙。"伏得水,驾得船"的童威,不仅水性好,而且勇猛有如出洞蛟龙,亦恰合其"威"名,故称"出洞蛟"。末尾的两条龙"地短星出林龙邹渊"和"地角星独角龙邹润",是叔侄俩。对于这两条龙,《水浒传》第四十九回描述得十分详细。这晚,有人把邹渊、邹润两人引荐给"母大虫"顾大嫂时,书中写道:"那个为头的姓邹名渊,原是莱州人氏,自小最好赌钱,闲汉出身,为人忠良慷慨,更兼一身好武艺,性气高强,不肯容人,江湖上唤他绰号出林龙。第二个好汉,名唤邹润,是他侄儿,年纪与叔叔仿佛,二人争差不多,身材长大,天生一等异相,脑后一个肉瘤,以此,人都唤他做独角龙。那邹渊往常但和人争闹,性起来,一头撞去,忽然一日,一头撞折了涧边一株松树,看得人都惊呆了。有《西江月》一首,单道他叔侄的好处:'厮打场中为首,呼卢队里称雄。天生忠直气如虹,武艺惊人出众。结寨登云台上,英明播满山东。搅海似双龙,岂作池中玩弄?'"凡此可见,"出林龙"与"独角龙",如此双龙决非等闲的一般山林豪杰。

再来说蛇。蛇是龙在世俗之中最直接的形体写照,龙是神化了的蛇的化身,因而往往龙蛇并称。在《水浒传》中,头一条蛇是"天暴星两头蛇解珍"。本为猎户的解珍、解宝兄弟都有一身惊人武艺,而且性情刚烈。第四十九回有首词写道:"世本登州猎户,生来骁勇英豪。穿山越岭健如猱,麋鹿见时惊倒。手执莲花铁镋,腰悬蒲叶尖刀。豹皮裙子虎筋绦,解氏二男少年。"说起来,所谓"两头蛇"其实还是一个头的蛇,只不过它的尾部圆钝,骤看似头晃动罢了。古人迷信认为,人若见之必死,是因其生得怪异,不解,因恐怖而生出迷信。汉代贾谊《新书·春秋》有例,说是有个叫孙叔敖的孩子,在外边看见一条两头蛇,想是此前曾听大人说过之必死,因而很害怕,就把那蛇埋掉了,但回到家仍然忧虑不安。他母亲见状就安慰说:"别担心,我听人讲,有阴德者,老天是会报之以福的。"不过,也有不信这迷信的。例如唐代刘恂在《岭表录异》中就谈道:"两头蛇,岭外多此类。……南人见之以为常,其祸安在哉?"到了"水浒"时期用两头蛇作为解珍的绰号,未必仍把它视为不祥之兆,但却是将之作为凶猛的象征。

解珍之弟解宝绰号"双尾蝎",可知这哥俩儿在江湖上是格外凶狠的一对。另一条蛇便是"地隐星白花蛇杨春"。《水浒传》第二回有诗赞颂杨春说:"腰长臂瘦力堪夸,到处刀锋乱撒花。鼎立华山真好汉,江湖名播白花蛇。"形容杨春手使一口大杆刀,挥舞起来白光闪烁有如一条白花蛇。

"龙蛇"并称,始见于《易·系辞下》,"龙蛇之蜇,以存身也"。在中国传统文化中,很多事物都有其悖论的两重性,龙、蛇亦不例外。例如,《左传·襄公二十一年》的"深山大泽,实圣龙蛇",比喻的是非常之地多生杰出人物。《史记·高祖本纪》中,更是以龙蛇隐喻刘邦和项羽,亦即唐高适诗中所咏"屠钓称侯王,龙蛇争霸王"。相反,古人又将龙蛇之年——辰年和巳年,视为凶岁,如《后汉书·郑玄传》:"五年春,梦孔子告之曰:'起,起,今年岁在辰,来年岁在巳。'既寤,知命当终。"还将龙蛇比作桀骜不驯、凶横暴虐的人。如杜甫《喜晴》"干戈虽横放,惨淡斗龙蛇"诗句,那"干戈""龙蛇"便是指历史上著名的安禄山之乱。韩愈亦有如此之喻,他在《郓州溪堂诗序》里写道:"公之始至,众未孰化,以武则慭以憾,以恩则横而肆。一以为赤子,一以为龙蛇,惫心罢精,磨以岁月,然后致之难也。"或言之,"龙蛇"作为一个历史悠久的民俗信仰符号,既是吉祥的标志,又是凶兆或凶残暴虐的象征。综观《水浒传》中的众"龙蛇",均如此。

4. 禁忌与口彩

禁忌语及相应的口彩语,即是除咒语而外的又一种源自宗教信仰的民俗语言智慧产物,是不容忽略的语言民俗。

因为语言中的禁忌而产生语言避讳现象,进而伴生了"口彩"。这是人类社会特有的一种同语言、宗教、民俗、历史、心理、美学、民族、哲学等多种社会现象有着密切联系的语言民俗现象,直接或间接地反映在语言现象或言语活动中。

《说文解字》释"噤"云:"口闭也,从口,禁声。"因忌讳而不能直言,但总要采用适当方式或说法迂回地将信息传达出去,于是产生了丰富多彩的禁忌语和口彩语,既实现了言语交际的目的,又满足不同文化背景中人们的潜宗教意识或外在的宗教习俗制约。换言之,禁忌语与口彩语是一种源于宗教意识而又力求超越其妨碍言语交际的折中式结果。相当多的口彩语,都是对某些禁忌语或犯忌事物的化解与补救。随着时间的推移和社会自身运动的规范,尽管大量的民间禁忌语仍不乏原始宗教的胎记,但同现代宗教习俗中属于戒规范畴的禁忌语之间,已出现了比较明显的分野状态,民间禁忌语已多属俗信性质。

例如"筷子",即因汉族饮食习俗而产生的独特的口彩性民俗语词。"筷"因禁忌习俗从"箸"变异而来。明陈士元《俚言解》卷二"快子"条云:"俗讳,各处有之,吴楚为甚。舟中讳'住'、讳'翻',谓'箸'为'快儿';'翻'转为'定';转'幡布'为'抹布'。又,讳'离散',谓'黎'(似当为'梨'之误)为'圆果','伞'为'竖笠'。又讳'狼藉',谓'榔头'为'兴哥'、为'响锤'、为'发槌'。今士夫亦有称'箸'为'快子'者。又《遁斋闲览》:举子落榜曰'康了'。柳冕应举多忌,谓'安乐'为'安康',忌'乐'、'落'同音也。榜出,令仆探名,报曰:'秀才康了。'世传以为笑。"此例通过对"快子"(今通作"筷子")等方言俗语的考释及引证,典型地反映了我国古代文化中一种带有迷信色彩的习俗,即禁忌。古语道"入境问俗",为什么要问俗？主要是就各地风俗习惯中有着各种各样的禁忌语言习俗而言。

与语言禁忌相关联和对应的,是"口彩"。口彩,亦作"口采",即吉言、吉语、吉利话。这是各类习俗惯制之中最为古老而又普遍存在的语言民俗。

"口彩"多以谐音取"吉",作为一种美好的追求和诚挚祝愿的寄寓载体。春节期间,家家户户都要备有一道必不可少的菜,即鱼。"鱼"者,意在谐音之"余"。人们祈愿吉祥有余,岁岁有余,因而辞旧迎新之际,"鱼"(余)尤珍贵。有些地区的风俗,宴客时不能吃鱼头、鱼尾,只可吃鱼段,既是有"余"(鱼)的象征,也表示总是有头有尾,有好的开头,也有好的结尾。有的地方宴客只许吃一面鱼肉,不可以翻过鱼身吃另一面,否则将无"余"(鱼)了。有的地方取"芋头"的"芋"与"遇"谐音,在年三十夜煮芋头汤吃,祈望"遇"(芋)到好人;亲人远行,以芋头汤饯行,也是意在遇到好人、遇到所要找的人,一切顺心如愿。至今各地仍常可见到春节倒贴"福"字的习俗,因为"到"与"倒"谐音,见者问主人:"你家福倒(到)了",正合其意,故意发问成为客人对主人的尊重、祝福。

清梁绍壬《两般秋雨庵随笔》卷七有段议论口彩的文字,言简意赅,又有例证。梁氏记云:"口采,吉语也。宋高宗自建康避入浙东,至萧山,有拜于道左者。上问为谁？对曰:'宗室赵不衰。'上大喜曰:'符兆如此,吾无忧矣。'见《挥麈后录》。赵丞相鼎当国,有荐会稽士人钱唐休者,赵适阅边报,见其名,因不悦曰:'钱唐遂休乎？'因竟弃置不用。见《鸡肋编》。中兴君相,俱沾沾乎谶语之吉凶如此,无怪近日杭人动辄须讨口采也。"所谓"讨口采",亦即求个吉利话。

梁氏所举两例均属语言巫术迷信的谶语口彩,其引证的宋高宗例为吉谶口彩,后例系表现赵丞相对被其视为不吉利谶语的嫌恶忌讳心理。两例一正一反,恰好道出了禁忌避讳与口彩的对应关系。因禁忌而产生委婉避讳,也可生成口彩,但二者未必有渊源性关系,而是一双对应的、孪生的民俗语言文化形态。

一部《易经》八八六十四卦,推来演去,根本意义在于寻求吉凶兆示,即《易·乾》所云"与鬼神合其吉凶"。《周礼·春官·大祝》载:"大祝掌六祝之辞,以事鬼神示,祈福祥,求永真。一曰顺祝,二曰年祝,三曰吉祝,四曰化祝,五曰瑞祝,六曰筴祝。"据郑玄引郑司农语释云:"顺祝,顺丰年也。年祝,求永贞也。吉祝,祈福祥也。化祝,弭灾兵也。瑞祝,逆时雨,宁风旱也。筴祝,远罪疾也。"国家如此,那么每个人大都祈望什么呢?《庄子·至乐》认为:"夫天下之所尊者,富、贵、寿、善也;所乐者,身安、厚味、美服、好色、音声也。"避凶祈吉求安是造就口彩的本源与总纲。周礼六祝、庄子"至乐"以及周易六十四卦所及,均在讨口彩之列。古往今来,世事沧桑,人事纷纭,相应于各种物质生活、精神生活需求的口彩亦丰富多彩,成为社会生活中一种习见的基本语言民俗事象。口彩犹如一部社会生活的百科全书,可以从中看出社会各层面的民俗文化心理和时代风貌。

概要论来,中国汉语文化的口彩,主要有如下数种类型。

一是语讳口彩,即以口彩替代讳语。按发生学分类法,语讳口彩又可分作避凶就吉、避恶就善、避俗就雅、避卑就尊等诸般情况。明陆容《菽园杂记》卷一载,当时吴中地区民间"舟行讳'住'、讳'翻',以'箸'为'快儿','幡布'为'抹布';又讳'恼躁',以'谢灶'为'谢欢喜'"云云,皆避凶就吉或避恶就善的语讳口彩。明陈士元《俚言解》卷二引述《遁斋闲览》所记称落榜为"康了"的幽默趣事,亦属此类语讳。各地流行的语讳口彩颇多,大多集中在疾病死亡或灾难方面。例如,江苏如东县谓成年人故去为"老了",谓尸体为"元宝",谓药为"糖包儿",谓药壶为"太平儿",谓棺材为"寿器",谓向遗体告别为"看富贵",失火谓"被禄"等。

二是喜庆口彩。在人们的社会生活中,诸如婚嫁、寿诞、岁时节日、职务升迁、商铺开张、乔迁等,均为要庆贺的喜庆事。甚至,人之老亡亦谓之"老喜丧",又有"红白喜事"之说。喜庆事尤其注重讨种种吉利口彩。婚嫁迎娶礼俗,讲究"夫妻恩爱,白头偕老""早生贵子,儿孙满堂";寿诞口彩,常见者为"福如东海,寿比南山""福寿如意"等;年节等岁时节日口彩更多,如"四季平安,百事大吉"

"吉庆有余""年年大吉""抬头见喜"等;倒贴"福"字则在于讨个"福到"的谐音口彩;职务升迁、加官晋爵,要说"福禄双全""平步青云""万事如意""鹏程万里";商铺、作坊开张,最重"发利市",以求"开市大吉";乔迁新居,乃"乔迁之喜";等等。汉语文化的独特艺术品类——楹联,融汇了不胜枚举的喜庆口彩。

三是交际口彩。宋朱熹《孟子集注》在注释《孟子·万章下》"敢问交际何心也"语云:"际,接也。交际谓人以礼仪币帛相交接也。"事实上,在社会生活中,语言是最重要的交际工具;运用口彩,是增强某些交际效果的常见手段。经验告诉人们,要办好某件事,尤其是有求于人的事,见面要多讲"拜年话"。"拜年话"就是以好言好语、吉利话取悦于人,其中多有口彩,均需见景生情、就人就事、因时因地脱口而出,又要贴切、自然。总之,喜闻口彩,是人们交际活动中极为重要的民俗心理。书信中的"时绥""俪安""冬祺""安康"等传统祝颂辞,均属交际口彩。

四是命名口彩。在此以人名、地名和物名为例。构成中国人名字及别号的要素有许多种,但就寓意取向来讲,多以托名祈祉为本,并讲求字雅音美,如吉、寿、财、福、祯、祥、祺、禄、禧之类。某兄弟四人的单名依序为"有福发财"4字,可见其寓意之明确。有的地方有取丑名为乳名的风俗,究其用意仍是祈祉求吉。《颜氏家训·风操》云:"名以正体,字以表德。"曹操,字孟德,语出《荀子》"夫是之谓德操"句;元代戏曲家高明,字则诚,取义《礼记》的"诚则明矣"句。就连梁山108位英雄好汉的江湖绰号,虽未必典雅,却也几乎都具口彩性质,如豹子头林冲、浪里白条张顺、赤发鬼刘唐、插翅虎雷横、锦毛虎燕顺等。一方所居,社会共用的地名,也讲求吉利字眼。旧时北京有些老胡同名称不甚典雅吉利,逐渐改为音近的今名。如臭皮胡同改为寿比胡同,驴市胡同改为礼士胡同,苦水井改为福绥境,干鱼胡同改为甘雨胡同,张秃子胡同改为长图治胡同,鬼门关胡同改为贵人关胡同,牛血胡同改为留学路,王寡妇斜街改为王广福斜街,宋姑娘胡同改为颂年胡同等,旧地虽已约定俗成,而改变后的新地名却更能迎合人们趋吉祈祥的民俗心理。给物命名,虽有"名正言顺"原则,但也多讲口彩。例如太平鼓、美人痣、鸳鸯剑、芙蓉糕、长生果、聚宝盆、百宝箱、四彩礼等。又如商业字号用字,有人将常用的56个字编为一段七言谣诀:"国泰民安福永昌,兴隆正利同齐祥,协益长裕全美瑞,合和元亨金顺良。惠丰成聚润发久,谦德达生洪源强,衡义万宝复大通,新春茂盛庆安康。"字字句句,皆为口彩。

五是吉祥物口彩。将某一物视为吉祥物或设定其为吉祥的象征标志,赋予相应的口彩寓意,是吉祥物口彩。这是一种非言语形式的副语言习俗形态的口彩。远古的图腾是原始的吉祥物,乔继堂《中国吉祥物》将其分作动物、植物、器物、神人、符图5种类型,吉祥物口彩亦大体如此。例如,龙是神话吉祥动物,旧时北京、山东等北方地区在夏历二月初二"龙抬头"日有所谓"引龙回"的造型口彩。明沈榜《宛署杂记·民风一》:"乡民用灰自门外委蜿布入宅厨,旋绕水缸,呼为'引龙回'。"又清修《乐陵县志》卷三:"二月朔日为中和节,唐时为金钱会,今人但以二日为春龙节,取灶灰围屋如龙蛇状,名曰'引钱龙',招福祥也。"植物吉祥物口彩,如以枣、栗子(或荔枝)谐音取义"早立子"吉言。器物者,如作为陈设的葫芦瓶,谐音取"福禄平安"之义;瓶中插有如意,即为"平安如意"。神人者,如以和合二圣形象寓"和谐美好"口彩,以女仙麻姑手捧蟠桃谓"麻姑献寿",主司姻缘的"月下老"早已成了媒妁的代称。再如符图口彩,如祥云、盘长、双喜、方胜、缠枝、八回纹等,各自都有许多吉祥言语环境,犹如口彩链。吉祥物口彩,又以见于饰物者居多。例如,端午节臂饰五彩绳以祈吉驱邪,原本出自"长命缕"习俗。宋陈元靓《岁时广记》引《岁时杂记》云:"端午百索,乃长命缕等物,遗风尚矣,时平既久,而俗习益华,其制不一。"秦汉时采齐制,帝王戴"通天冠",天子"通天",其他人是不许戴的。

六是行为口彩。以人的举动行为象征某种口彩寓意的行为口彩,也是副语言习俗形态的口彩。中国许多地区均有所谓"走百病"一类民俗。明刘侗、于奕正《帝京景物略》载:"(元夕)妇女相率宵行以消疾病,曰走百病,又曰走桥。"俗信以为可消疾祛痛保平安,故又称作"走平安路"或"踏太平"。《金陵岁时记》载:"正月十六日登城,谓之踏太平,又称走百病……此时石城、三山、聚宝、通济四门之上,锣鼓爆竹之声相续,道旁有煮豆团作红色,焙蜀黍成花,缀棘刺上,以肖没梅枝,或吹饴作榴,实柿子缀之,游人必售一枝而归。"旧时商铺开业也有许多行为口彩。旧时北京当铺开张日,小伙计挑出幌子后,先不放当客进门,而是等掌柜的在鞭炮声中用算盘敲三下柜台并朝外摇三摇,意在驱赶煞神,然后便由三位新徒充作童子上柜作象征性交易以讨"开市大吉"的口彩。一个童子捧一锭银元宝,名叫"利市元宝";一个童子抱一只瓷瓶,取义"平安吉庆";一个童子执一柄三镶如意,象征"吉祥如意"。三童子诵贺词向掌柜道喜,然后开出1、2、3号当票,便是"开张大吉"了。早些时候还有所谓"吉祥当"之举,由一人举一条白腰土黄布裤子来当二两白银,谓"金银宝库",收当后即收存作为镇库吉物。

　　七是巫术口彩。巫术口彩大都表现为厌胜、谶语和禳解几个方面的语言巫术。旧时流行以压胜钱作为饰物,钱上所铸吉语,即巫术性质的口彩。俗信以为妇女佩萱草可生男孩,即《本草经》所云:"萱,一名忘忧,一名宜男,一名歧女。"有名为"宜男钱"流行。据宋洪迈《泉志·厌胜品·男钱》载:"世谓之男钱,言佩之生男也。"卦诀、咒语、谶语之吉言,亦属巫术口彩。如敦煌文献《占卜书残卷》中"祥云卦"卦诀:"紫云聚集,来慕其身。初须忧惧,后必福臻。所求如意,所愿日新。君子得福,小人获弥。争讼得理,婚娶涉亲。病者不差,行者欢欣。家内吉庆,歌咏勤勤。福旺身健,万事胜人。"在各类民俗活动中,禳解性的巫术口彩尤多,如喜庆日不小心打碎了什物,便念几遍"岁(碎)岁(碎)平安";一旦发生火灾,则解嘲似的说"火烧旺运";等等。

　　八是数字口彩。谐音取义是造成口彩的主要形式,尤以数字口彩最为典型,兼具了语言崇拜和数字崇拜的遗风。《易·系辞传》云:"凡天地之数五十有五,此所以成变化而行鬼神也。"《楚辞·卜居》亦言:"数有所不逮,神有所不通。""算"字别体为"祘",由两"示"形构成,依《说文解字》释之,"示"乃"神事也"。数字口彩是数字巫卜与语音巫术的有机(实乃附会)结合。时下数字谐意口彩以"六"为"禄",以"八"为"发",以"九"为"久",并变化组合造出"一六八"的"一路发"口彩,又以"五一八"为"我要发",皆随意附会而来。事实上,即或不采用谐音方式,亦存在许多与数字相关的数字口彩。例如一路顺风、一帆风顺、二龙戏珠、三阳开泰、四季平安、五福捧寿、六六大顺、七彩云霞、八面威风、龙生九子、十全十美、百事大吉、千军万马、子孙万代等。

　　上述八种之外,还有生产口彩、隐语口彩等,不一而足。构成口彩文化的语言形式,字、词、句、谣、诀、歌不等,但语义都在于吉利和美,反映了世人祈吉趋利的基本民俗心理。毋庸讳言,口彩同原始宗教迷信有着千丝万缕的关系,迄今仍不失其中的迷信色彩,但作为一种调解民俗心理平衡、寄托人类本能的美好愿望的民俗语言文化形态亦有其一定的积极意义。科学正在净化和淡化口彩中的迷信和消极成分,科学意识会使传统口彩文化更切合社会的民俗心理,变得更为健康而丰富多彩。

5.网络语言民俗

5.1 "数字文明"遭遇"网络语言现象"

民俗语言是一种充满活力、生生不息、不断创新的语言文化现象。以现代高科技为支撑的计算机数字化网络的推广和普及,造就了一种以网络生活为依托、独特的现代社会生活群体——网络社会群体,即所谓的"网民""网虫"。"网虫"基于网络生活创造、使用的流行语,就是一种新的语言民俗现象。

虚拟而实存的网络生活正在剧烈地影响和改变着现实社会,这已是有目共睹的。网络"虚拟社会"与现实社会生活的互动,创造了以信息化为根本特征的全新的文明时代。

伴随着计算机网络的发展而相应产生了众多备受公众关注的热点社会问题。其中,主要是网络生活本身的秩序规范、治安和凸现于网络以外的现实社会问题。诸如网络文学、网络版权、网络道德、网络游戏乃至网络语言之类的"虚拟社会"的"内部问题",和最近格外引人注目的"网恋"、网吧与青少年"网民"等反映在网络社会"外部"的种种问题。这些,无论属于正面还是负面问题,均从另一个方面客观地展示了"数字革命"对当代社会生活的巨大震撼力与影响力。凡此种种,并非都是网络社会学所能独家面对的问题,更是所涉各个学术领域不可回避的现实课题。自互联网产生之初就凸现出来的计算机网络的语言生活与规范,便是一个需要语言学家关注并直接参与解决的重要课题。

在计算机网络的语言生活中，人类自然语言与计算机的"数字化语言"是互为表里、相互切换的"互动"关系。在社会生活中，各种社会群体和社会层面，多具有切合自身生存空间和行为特点的言语习惯和言语时尚。"数字化语言""网络语言"，只是一种用以表现、表达人类自然语言信息的下一层次的工具，一种"网民"们网络生活层面特定的言语时尚。

5.2 语言发展不能拒绝网络

据了解，国家新闻出版广电总局对于报纸、期刊上出现的文字，都有相应的规定。而对于兼具媒体性质的网络语言，目前尚未出台专门的规定。但有关部门已开始重视这个问题。

其实，规范网络语言，关键看它是否具有生命力。语言是活的、变化的，一直处于动态的发展中。近些年，网络上冒出的新词汇主要取决于它自身的生命力。如果那些充满活力的网络语言能够经得起时间的考验，约定俗成后我们应当接受。"伊妹儿"一词，大家不是已经接受了吗？"MM""美眉（妹妹；美女）"也在多种体裁的文学艺术作品中运用自如。因此，我们应当以积极的态度去对待网络语言。纵观历史，人类的每一种新文化的兴起，都会带来一些新的词汇。远的不说，就拿近些年兴起的股民专用术语"熊市""牛市"等，不是已经"深入人心"了吗？而且应用的范围也超出了股市和"股民"群体。

社会生活是创制网络语言的"基座"，网络语言以其独特的魅力业已真切、生动地走进我们的生活，并在不断地为时尚增添新的活力。两者之间的互动，也是语言发展不能拒绝网络、社会语言生活不能拒绝网络的一个要素。

5.3 关注"网络言语时尚"对外部现实社会生活的影响

网络语言与规范问题，是直接关系到数字化信息时代网络内外两个方面的语言时尚问题的命题。据报道，网络语言中一些词汇在日常生活中的应用给人们的沟通交流造成不便，此问题引起了国家语言改革工作委员会的重视，并召开关于英文字母词以及网络语言的专家研讨会，邀请语言学家、作家及节目主持人共同探讨网络语言的规范问题。最主要是网络语言"给人们的交流造成不便的问题",事实上也就是"网络言语时尚"对外部社会生活的影响问题。

"时尚"是流行风尚,其积淀下来便成为风俗习惯。数字化信息网络正在改变世界,也迅速而深刻地影响着人们的言语时尚。计算机网络的快速普及和广泛应用,其"网络语言"也正在以前所未有的渗透力、推进力改变着人们现实的语言生活。计算机网络上的流行语和有关计算机网络的社会流行语现象,就是当今中国进入数字化信息时代的一种十分现实、生动的写照。"网络语言"和有关计算机的社会流行语,作为一种当今强劲的言语时尚,其本身无疑也在有力地推进着数字化社会的进程。

5.4 客观地评价"网络语言现象"

客观、公允地评价"网络语言现象",是探析其是非优劣的重要前提。

通常所谓"网络语言现象",即指计算机网络的言语时尚,突出地表现在网络群体约定俗成并迅速流行开来的诸如网络缩略语、网络流行语以及网络副语言习俗符号等。究其性质,是经"网民"约定俗成的一种适应网络信息交流活动需要的工具。

至于一些网络缩略语、流行语在网络外部社会的流行使用,甚至成为青少年群体的言语时尚——"酷语",无可厚非。对不上网的"非网民"而言如闻"隐语行话",也不必大惊小怪。不在其间,不懂也合乎情理,如果非要懂的话,"不耻下问"就是了,很简单的事情。若说个中含有不雅的语言,哪里没有呢?网络符号中确实存在像"@%&$%&"(有关性的詈语、脏话)这般不雅的符号,那是现实社会"国骂"在网络生活中的映照,而不是网络的首创。何况,这样的符号也只能偶尔运用在网络中,日常言语交流用不上这种符号。现实生活中,诸如"踩点儿""挂彩""挂花""反水""绑票""出血""撕票""上手""大腕儿""走穴""顶风上""跳槽""眼线""扯淡""失风""避风头",这些原本"出身"于"江湖黑话"者,早已堂而皇之地登入了"大雅之堂",被吸纳为现代汉语语汇的正式成员。不仅所谓"网语"中还未见这类语言,即或是时下流行于"市井"者,诸如"菜鸟""飞鸟""大侠""灌水""伊妹儿""网虫""黑客""美眉"等,同上述相比,哪个更雅?若借用"血统论"来比喻,恐怕出自"数字文明"的这些语汇要比那些业已进入现代汉语而"出身"于"江湖黑话"者,"档次"高得多、"清白"得多,更比"疲软"之类少些"荤猜"的联想效应。

5.5 "网络语言"需要辨风正俗加以规范

一如面对任何时尚一样,对于"网络语言"这种时尚出现和存在的本身无可厚非,但也需要辨风正俗,加以规范。

"网络语言现象",不只是数字化时代的汉语语言现象。尽管它是互联网普及以来的全新课题,国外学界也已注意到了网络语言研究,如几年前美国就已经出现了专事收集和探讨所谓"电脑狂行话"的专门网站。国内学界对这一问题的关注,首先始于媒体的关注和呼吁。其后,陆续有学术论文发表,有了诸如网络语言词典和网络语言研究专著的出版,并引发一系列讨论。

从一定意义上说,网络就是语言生活的世界。在网络交际中,唯一依靠的就是包括"网络语言"在内的各种数字化语言。语言的功用被网络发挥到了极致。因而,对于新生事物"网络语言"及其影响,应该采取比较宽容的态度,即如吕叔湘先生所说的"宁滥勿缺"。"网络语言"需要规范,但规范的原则是要在消除其不规范和负面影响的同时推动其发展。单纯限制发展的规范,不是科学的规范。

规范的网络语言是社会文明的需要,需要接受社会文明的规范。网络语言生活中的种种不文明现象,是现实社会生活中不文明现象的直接反映,更是网络社会生活无序状态的写照。规范网络生活秩序的基本内容之一,就是要以网络文明和相应的制度、法律法规来规范网络的语言生活。《中华人民共和国国家通用语言文字法》作为一部关于语言文字的专项法律,也是中国境内计算机网络语言和网络言语行为的基本法律规范。

语言反映了一定的社会现象,如果一个新的语言的产生已经得到了社会的公认,而且对社会能产生积极影响,我们就不能人为地去阻止它。比如说一些大众俚语、俗话,就有很强的生命力,事实证明,这些语言对社会只有好处而没有弊端。倘若是些类似江湖黑话等不健康的语言,则应当坚决制止。

6.民间流行习语与社会时尚

民间流行习语,是一种社会言语时尚。

由于民间流行习语具有强烈的地域性、时代性,身临其境最能深刻地切实体察与之相关的时俗风尚。现实社会生活中丰富多彩的民间流行习语,深刻、生动地为人们展示出多卷轴的社会风俗画,淋漓尽致地表现着社会各种层面的众生相和民俗心理、价值取向。杨东平在《城市季风:北京和上海的文化精神》中便注意到:当代北京青年最传神的写照,莫过于"侃大山"了。老北京人之善于辞令、口才出众者,旧时谓"京油子""耍贫嘴",相声艺术的发达便是这一才能的产物。而"侃大山"一词,却是20世纪80年代中期新北京人的流行语。当时,《北京晚报》专门考证过词源,争论是"侃"还是"砍",是"山"还是"煽",各俱有理,最终约定俗成统一为"侃大山"。与旧北京的"耍贫嘴"、上海人的"吹牛皮"和四川人的"摆龙门阵"不尽相同,"侃大山"的内容似乎更侧重指时事政治之类的"大言论"。这个流行语汇首先是从青年知识分子阶层向社会传播扩散的。当时北京的一首新民谣"十亿人民九亿侃,还有一亿在发展",正是当时社会改革热、理论热的写照。大学生们戏称学生会或演讲团为"侃大山协会",简称"侃协"。在北京,能"侃"被视为一种能力,一种值得骄傲的资本。可知,北京民间流行习语语汇"侃大山"所展现的社区时尚和群体观念十分切合现实生活、时代风貌。一时间由"侃大山"又派生出许多流行语汇,如"侃爷""神侃""胡侃""侃价儿"之类,并借助多种传播媒介流行扩布至许多城乡。探究起来,早在元曲《西厢记》第二本二折[煞尾]中,已见与今义无异之"侃":"你那隔墙酬和都胡侃,证果的是今番这一简。"作为曾是元大都的北京,相去七个多世纪之后,"侃"之复出并流行得甚"火",即显示了现代民间流行习语并非皆为新创,亦有古为今用,是多语源化的。但是,尽管元大都之"侃"与今北京之"侃"存在传承的语源关系,但时俗风尚业已变异,相去甚远。

中国八大文明古都之一的北京,现代化时俗风貌亦可从其现代民间流行习语略见一斑,尤其是吸收了外来语的流行语。例如,"蜜"(女友、情人)、"扎蜜"(觅女友、追求女性)、"嗅蜜"(简谓"嗅",即"扎蜜")、"磕蜜"(亦同"扎蜜")、"追蜜"(亦同"扎蜜")、"酒蜜"(陪酒的女友)等这一流行语系列的核心"词根"之"蜜",便出自英语 miss,因追求男欢女爱之甜蜜心态而音译为"蜜"用之。至于由此衍生的"磕蜜",则又潜意识地兼容着英语 kiss 的音义。这些流行习语一经流行开来,即进入许多现代生活题材的文学作品,成为其切近现实生活的鲜活语料。试看几例:

> 爱华不知是有意还是无意,今晚上她是哪壶不开提哪壶:"酸死你,我就是三子的'蜜',看着眼气怎么着?"(吕晓明《简易楼》)

> 我和他相识有年,可至今不知道他到底从事什么职业,只知道他近年来阔起来了,扎蜜、下高级饭馆,抽名烟喝名酒,每月生活费用在千元。(杨菊芳《名烟的震荡》)

> 他们并不把歌厅视为泄欲场,却实实在在地把歌厅当作了求欢的媒介所。他们要在这里"嗅蜜"!(艳齐《京城歌厅面面观》)

> 我知道"磕蜜"是勾搭姑娘的意思,也就嬉皮笑脸地回敬了他们一句。(吕晓明《简易楼》)

> 李冬宝:"那不嘛,穿中式对襟棉袄的大背头旁边儿带俩'酒蜜'。"(电视剧《编辑部的故事》"侵权之争"集)

> 余德利找来的一个半大小子过来跟刘小红假装起腻:"这小蜜一笑跟花儿似的……这不是成心招哥哥么?"(电视剧《编辑部的故事》"我不是坏女孩"集)

甚至称军人的女朋友为"军蜜",如王朔《橡皮人》中的一句对话:"得了吧,比你那个小'军蜜'棒多了,真腴。"

"小蜜"是现代改革开放以来都市生活的一个细微事物,但却从其特定的视点印证了有着厚重守成传统的古都北京在现代化大潮冲击下业已开化、"新潮"的社会时尚。

北齐颜之推《颜氏家训·音辞》云:"南方水土和柔,其音清举而切诣,失在浮浅,其辞多鄙俗。北方山川深厚,其音沈浊而鈋钝,得其质直,其辞多古语。"又云:"古今言语,时俗不同,著述之人,楚夏各异。"从人文地理环境和时俗考察辨析言语风尚,是颜氏的高明之见。从流行习语了解各地社会时尚,亦同理。北京与沈阳同属中国地理的北方地区,然而南北相距千余里,文化传统及时俗风尚亦有分别。同是指情人、女友的当代流行习语,沈阳谓之"小妍",系由旧语"妍夫""妍妇"或"妍头"略微变化而来。两相比较,"小妍"的语言色彩和感情色彩含有鄙视意味,而"小蜜"则无此色彩。透过此语,既显见以沈阳为代表的关东人质朴爽直的人文传统,亦说明在同一时代和政治背景条件下,两地时俗风尚的差异。如今,北京的"小蜜"也流行进了沈阳市井,但仍同"小妍"同义并行或交替使用,亦是一种变化中的时俗心理反应。但是,作为一向较为开放新潮的现代大都市上海,其时下流行语中同"小蜜"意思相近的"叉模子",似乎亦不比沈阳的"小妍"雅,或为颜氏所云"失在浮浅"。

古今、南北时空有别,民间流行习语各异,反映着言语习俗和社会风尚的差别,是折射或透视一时一地时俗风尚别有情趣的科学视点。毋庸讳言的是,历代民间流行习语多有失之粗鄙庸俗的一面,乃至出现污染社会风尚的负面效应,因而是语言规范的基本内容之一,所以很少被采入规范的"雅语"。然而,亦正因其质朴、少饰、直接、出自生活,才成为借以透析时俗风俗的"传真"语料。民俗语言学家、社会学家看重这一语言文化现象的意义,首先是这一点。

思考题：

1. 汉语中，除名字外，还有哪些命名习俗？举例说明。
2. 以语言民俗学的学科知识解释一下当今社会大量重名现象产生的原因。
3. 亲属称谓语俗主要包括哪几类？
4. 以"师傅"（或"小姐"）一词为例，阐释称谓语俗的演变过程。
5. 举例说明什么是禁忌语俗，什么是口彩。
6. 如何科学对待网络语言现象？谈谈你的看法。

第四章　语言民俗与社会记忆：
民俗语言化石和民俗语源

宋代以来的笔记之中，往往见到"俗语亦有所本""俗语亦有所自"之类的记载。例如，宋人陈正敏《遁斋闲览》云："俗语有之曰：'槐花黄，举子忙。'谓槐之方花，乃进士赴举之时。而唐诗人翁承赞有诗云：'雨中妆点望中黄，勾引蝉声送夕阳；忆得当年随计吏，马蹄终日为君忙。'乃知俗语亦有所自也。"事实上，许多出自口头创作并约定俗成的俚语常言，尽管主要凭借口耳相传，甚至说"不登大雅之堂"，但仔细考辨起来，往往也会找到它的发生源头，并非无根之木、无源之水。

民俗语源，是语言民俗学和民俗语言学的一个共同的基本术语。

包括俗词源在内的民俗语源之源，在于某些语词或民俗语言赖以生衍流变的民俗形态、民俗事象或民俗要素。考溯民俗语源均有助于正确把握语义及其文化内涵,同时也是借以考察社会风俗史、生活史别有洞天的史料文本。许多语词的民俗语源往往与同一种民俗形态、民俗事象或民俗要素有关,但未必是同出一种民俗语源的词族。关键性标志,在于其语义是否生衍于同一民俗语源。

第四章　语言民俗与社会记忆:民俗语言化石和民俗语源

1.社会文化史上的民俗语言"化石"

古往今来,诸多民俗事象的称谓、名称,大都历经约定俗成和历史的积淀,成为社会文化史上的民俗语言"化石"。

且以"咬春"和"大锅饭"为例。

1.1 先看"咬春"①的称谓

清末民初有"沈阳三才子之一"之誉的缪润绂(1851—1939),在其所撰《沈阳百咏》第47首竹枝词"律转勾芒岁一新,东郊忙煞看春人;侬家别有春心在,不看迎春看断春"之后另有按语写道:"立春前一日,地方官于天齐庙前高搭彩棚,置芒神于内,兼尹京兆学使,届期前往迎春,卖痴呆者呼拥夹道焉。又,俗于立春日断萝卜,谓之断春。"何为"断春"呢?通过比勘《沈阳百咏》的不同版本,方得其解,原来就是民俗事象"咬春"。前引所据版本,是民国11年(1922年)壬戌二月,著者"自序于含光堂"的最后一个整理订本。卷首刊有"潜园重订"《沈阳百咏》"壬戌春印"字样。然而,在光绪四年(1878年)刻本(署"钓寒渔人太素生撰")版本中,"不看迎春看断春"以及按语中的"俗于立春日断萝卜,谓之断春"之"断春",原本均作"咬春"。至于作者或整理者何以将早年版本中的

---

① 曲彦斌:《"咬春""断春"与"断春"——从对〈中国风俗辞典〉一个因讹而设立的词条的更正谈起》,《文化学刊》2008年第3期。

"咬春"改作"龂春",有何理据,已难考知,只有留待方家解读。但是,其诗中所述民俗事象,确实是"咬春"习俗。

常言道"一年之计在于春",春天是生命与希望的象征。因而,作为二十四节气的"立春",尽管在时序上正处于春季节日活动频繁、密集的时段,仍然格外被人们看重,丝毫也不敢马虎。全国各地,几乎都有名目繁多的"打春"节令习俗。其中,流行比较广泛的,则是"咬春"习俗。

杜甫《立春》诗有"春日春盘细生菜……菜传纤手送青丝"之句,虽未见直接写入"咬春"字样,却实在就是"咬春",并可证明唐代已有此俗。明万历年间太监刘若愚(1541—?),在所著《酌中志·饮食好尚纪略》中记述道:"立春之前一日,顺天府于东直门外'迎春',凡勋戚、内臣、达官、武士,赴春场跑马,以较优劣。至次日立春之时,无贵贱皆嚼萝卜,名曰'咬春'。互相请宴,吃春饼和菜。以绵塞耳,取其聪也。"清代阳羡词派领袖陈维崧《陈检讨集》载:"立春日啖春饼,叫做'咬春'。"富察敦崇《燕京岁时记》亦言:"打春即立春,是日富家多食春饼,妇女等多买萝卜而食之,曰咬春。"清吴伟业《琵琶行》诗里也写道:"穿宫近诗拜长秋,咬春燕九陪燕游。"再如《山西通志·翼城县》:"立春嚼萝卜数片,名曰咬春,取荐幸也。春盘春饼,繁华之乡间亦有之。"此外,清康熙年间编纂的《天津卫志》、乾隆年间编纂的《天津县志》以及光绪年间的《天津府志》,有一个完全一样的记载:"立春食萝卜,谓之'咬春'。先一日,迎芒神,设宴啖春饼。"稍晚一些的《重修林县志》载称,河南林州有迎春、鞭春、咬春的习俗,"立春前一日,县官率属具威仪鼓乐,迎春于东郊,耕籍田,鞭土牛,具五辛盘,食春饼。颁送芒神、土牛画像,曰迎春。远近观者如堵。民国后礼废。民间于是日食薄饼、萝卜丝谓之咬春"。凡此可知"咬春"习俗非但流行广泛,而且源远流长。

或许是由于历史文献记载北方地区"咬春"的内容较多,现在的许多论述都说咬春是北方习俗,其实不然。据周密《武林旧事》记载,南宋时宫廷里也十分注重"咬春"活动,而且还非常考究,如"(春卷)翠缕红丝,金鸡玉燕,备极精巧,每盆值万钱"。再如明末清初的著名文学家费密之孙费轩,曾在扬州住过一段时日,感到当地借助吃萝卜来"咬春"的民俗十分有趣,于是写进了他的一首《梦香词》:"扬州好,记取应年时,伏火醇醪红似蜜,咬春萝卜紫于梨。端是费相思。"可见,"咬春"又称"吃春盘""吃春饼""吃春卷"等,是全国各地广泛流行的一种春季岁时节日民俗。

"春卷儿"实为"春盘儿"的变异,是"春饼"与"春盘儿"的"合二而一"。例如绍兴人吃的"春卷儿",往往喜欢用冬笋、雪里蕻、肉丝、豆腐干、黑木耳以及金针菜等作馅,用春卷皮卷上吃,或油炸之后再吃。如果喜爱吃甜食,则另以细砂糖、花生酥等甜料作馅,油炸吃。显然,那"春卷儿"的面皮儿,亦即"春饼"的替代物或象征。

《汉语大词典》等有些工具书,在解释这个习俗时,往往都注明"旧时"之类字样,其实未免有点"画蛇添足"。因为,这个习俗至今仍广泛流行于很多地方。这一点,还是《中国风俗辞典》的"咬春"条说得客观、得体——"民间至今尚有此俗"。

无论"斷春"还是"咬春",也无论"春卷儿""春盘儿"还是"春饼",作为一种"立春"时节的节令食俗,它的特定民俗含义,主要还是在于"迎新",在于驱邪纳吉。《四民月令》谈道"立春日食生菜……取迎新之意";李时珍的《本草纲目·五辛菜》也认为,"元旦立春以葱、蒜、韭、蓼、芥等辛嫩之菜,杂合食之,取迎新之义,谓之'五辛盘'"。这同东汉应劭《风俗通义》记载的吃所谓"五辛菜"俗信意义是一样的。所谓"五辛盘",就是在盘中盛上葱、姜、蒜、韭菜、萝卜等五种带有辛辣味的蔬菜,俗信以为春初吃了这五种能够"发五脏气"的"五辛菜"就可以"祛除瘟气",让生命借助春天的气势生机勃勃。而且,"五辛"又谐音"五新",链接着喜迎新春的美好口彩。

1.2 再说"大锅饭"的民俗语源

当代中国经济体制改革的具体实施,大都是以"打破铁饭碗""破除大锅饭"入手的,由此显然可以判定"大锅饭""铁饭碗"这两个民俗语汇所代表的民俗形态为陋俗之属。然而,这两个民俗语汇尽管是出自现代汉语口语,但它们所代表的习俗却源远流长,而且并非从来就为陋俗。

一般说来,"铁饭碗"是对终身职业或有稳定可靠经济收入的职业的比喻;"大锅饭"则指不论各人贡献大小或有无贡献均可理所当然地分享一份利益,都出自比喻式构词方法。若考其文献语源,尚未见于诸子百家、经史子集等汉语古文献中,现代汉语辞书较早将之收为词条的当为《现代汉语词典》等。像这类民俗语言的语汇,都存在考溯语源的问题。

"大锅饭"这个民俗语汇从其形成起即不是字面所反映的"用大锅所烧的饭"的意思,而是比喻性语义。谚语有"大锅饭,小锅菜""大锅费水,小锅费米"之说,而"大锅饭"主要是汉族经济习俗以及与之关系比较密切的居住、饮食习俗、家族制度等民间文化的历史遗存。从原始社会起,家庭即以火为中心,至今世界上仍有许多民族或地区以灶或烟来计算户数,家庭的构筑是人类文化的缩影。常识告诉我们,多立一个锅灶即多费一把火。在中华民族漫长的封建社会中,由于生产力低下及生产资料私有制的制约,以及传统宗族观念和制度的关系,以直系血统关系的三世、四世乃至五世同堂的大家庭,成为维护生产资料集中使用和私有财产积累的典型血族经济单位。在最高辈分家长的统治下,几代老小聚居生息,相互依存,共食大锅饭菜则积淀为传统的经济、饮居习俗形态。若不能从这个大家庭中多分出一份财产、一份生产资料,只好共食大锅饭,仰食、依附于家长。过去的几千年里,正是"大锅饭"这一习俗形态成为维系着中华民族(主要是汉族)生息繁衍的基本制度。"大锅饭"历史如此悠久,虽然已于当代转化为陋俗,但要真正打破,不仅要从制度上采取相应措施,而且亦须帮助人们从民间文化的深层结构上考察其变化的历史必然性,增强人们的心理承受能力。与此联系较为密切的"铁饭碗"也属此类情况。以碗进餐之俗在中国民族文明史上历史颇久,基于文献记载多可帮助我们考察其民俗语源。饮食之碗,古文献中写作"䀉""椀"等不一,如《方言》卷四"盂,宋、楚、魏、卫之间或谓之䀉。䀉,谓之盂,或谓之铫锐。䀉谓之㰝,盂谓之柯"。三国时曹植《曹子建集》卷三有《车渠椀赋》,如云"惟斯椀之所生,于凉风之没滨"。汉时许慎《说文解字》释"䀉"为"小盂",释"盂"为"饭器"。历代制碗材料有陶(泥)、石、木、铜、铁、金、银、玉、瓷等多种,今则以瓷为主。民间将职业或技能喻称饭碗,不只有象征牢靠的"铁饭碗",尚有象征富有的"金饭碗"之说;相对"铁饭碗"又创制出"泥饭碗"之说,偶然用来指易打破和失去。从"铁饭碗"之出自饮食习俗这一民俗语源,亦反映着人们对历来谋生求食之艰辛的感叹,渴求一劳永逸的牢靠生计这一民俗心理正是这个语汇的深层意思。在社会生活安定的情况下,要"除掉铁饭碗",在于改革旧制以除弊端,激发人们的竞争求进意识,正是社会进步所必须之举。与此情况相似的再如"茶话会",由当代颇为流行的聚会新制所形成的一个语汇,据文献所载可考知其语源及其俗本身远非当代方有。宋代朱彧《萍洲可谈》卷一载:"太学生每路有茶会,轮日于讲堂集茶,无不毕至者,因以询乡里消息。"宋方岳《秋崖小稿钞·入局》诗有句:"茶花略无尘土杂,荷香剩有水风兼。"均言聚会一处品茶清谈。甚至僧人亦因袭此俗,以寺院中击鼓召集众僧饮茶谓"茶鼓",虽不称"茶会",事却相通。如宋林和靖《西湖春日》诗中句:"春烟寺院敲茶鼓,夕照楼台卓酒旗。"陈造《江湖长翁诗钞·县西》亦载:"茶鼓适敲灵鹫院,夕阳欲压赭圻城。"此外寺院作斋会时富户以茶汤助缘供应称"茶汤会"。宋吴自牧《梦粱录》卷一九《社会》:"更有城东城北善有道者,建茶汤会,遇诸山寺建会设斋,又神圣诞日,助缘设茶汤供众。"这虽与当代"茶话会"相去较远,然亦不失为其民俗语源的另一背景。

2.民俗语源解读

俗词源学所注重的民间传说口碑资料,即民俗语言文化的一种形态,亦属民俗的一种传承形式。民俗语源以语词或民俗语言赖以生衍流变的民俗形态、民俗事象或民俗要素为本,因而它也包容了俗词源,并扩大了探求语源的视野和史证范畴。无论有无直接的文献佐证,考溯民俗语源均有助于正确把握语义及其文化内涵。同时,也从一定程度上使一些考据摆脱因文献匮乏而孤立推断的困境。

许多语词的民俗语源往往与同一种民俗形态、民俗事象或民俗要素有关,但未必是同出一种民俗语源的词族。其关键性标志,在于其语义是否生衍于同一民俗语源。

民俗语源,是语言民俗学和民俗语言学的一个共同的基本术语。

从民俗形态、民俗事象或民俗要素来追溯语源,考释其语义生衍流变和所关联的文化内涵、文化背景,是一种具有比较广泛应用前景的民俗语言学方法,其结果即民俗语源。

可见,"咬春"和"大锅饭"都是中国社会文化史上的民俗语言"化石"。同时,其所赖以生成的民俗事象,即其民俗语源。民俗语源尤其是社会文化史上的最重要的民俗语言"化石"。遍布各类社会生活中的民俗语源,即为社会文化史链条上的关键词群。

在现代语言学理论中,词源学是历史比较语言学的一部分,是研究词的形式、意义来源的分支学科。

根据音近义通原理推求词源、考释词义,是汉语的一种传统词源学方法。例如《易·说卦》:"乾,健也。"又如《孟子·滕文公上》:"设为庠序学校以教之。庠者养也,校者教也,序者射也。夏曰校,殷曰序,周曰庠,学则三代共之,皆所以明人伦也。"如此以音同或音近词来训释词义由来的方法,亦即训诂学所说的"声训"。汉末刘熙所著《释名》,就是运用声训方法的第一部古代词源学专著。

中国古代训诂学家曾注意到某些语词词源同民俗的联系,如东汉扬雄为"令人君坐帷幕之中,知绝遐异俗之语"而考八方风雅著《方言》(见《答刘歆书》)。宋朱质《方言跋》说道:"殊俗之语,莫不推寻其故,而旁通其义。"然而,尚未形成明确的"民俗语源"概念。

传统词源学方法,以文字资料为本,凭字词音形义推究语源。古人做诗词文章,多讲究用典,注重遣词用字要有所本、有其来历。这种崇雅尚古观念,致使推求民间俗语语源亦索本于前人经典文字。清钱大昭《迩言》自序中说:"夏谚、周谚,引于经传;齐鄙语引于《吕览》,邹鲁谚引于《汉书》。则浅近之言,亦圣贤所不废乎?夫今古一耳,古人所言,今人谓之古语;在古人自视,未尝不以为今语也。笔之于书,遂为故实。若然,则今人所为俗语,安知不为几千百年后之故实乎!"于是,他便"类次俗语、俗事之见于经史子集者,为《迩言》六卷,于以见一话一言,亦不可无所根据焉","务使里巷中只语片解,俱合于古"。唐宋及明清文人笔记杂著中,多有辑录经典文献使用俗语例证,通谓之"俗语有本",亦即俗语语源。这种以见诸古人文字为语源或出处的主导倾向,不仅贯穿于中国俗语学史,亦是传统词源学的基本方法,即偏重书证文献中的语源。

3.民俗语源与词源学：以"措大"的民俗语源为例

有些语词的语源却是难以单凭史料及音形义演变规律考究清楚的。例如一些地名的由来，因为历经流衍，用字亦多变异不定，或为俗字，这便使传统词源学难以按常规方法考其语源。

有的语词也是这样。例如旧时俗谓贫寒失意的读书人为"措大"或"穷措大"，唐李商隐《义山杂纂》中已有"穷措大唤妓女"（必不来）的记录。据唐李匡乂《资暇集》卷下云："代称士流为醋大，言其峭醋而冠四人之首；一说衣冠俨然，黎庶望之，有不可犯之色，犯必有验，比于醋而更验，故谓之焉。或云：往有士人，贫居新郑之郊，以驴负醋，巡邑而卖，复落魄不调，邑人指其醋驮而号之。新郑多衣冠所居，因总被斯号。亦云：郑有醋沟，士流多居。其州沟之东，尤多甲族，以甲乙叙之，故曰醋大。愚以为四说皆非也。醋，宜作'措'，正言其能举措大事而已。"当时及后世多写作"措大"，如宋曾慥《类说》卷四十引唐张鷟《朝野佥载》："江陵号衣冠薮泽，人言琵琶多于饭甑，措大多于鲫鱼。"又如宋吴曾《能改斋漫录·议论》："太祖曰：'安得宰相如桑维翰者，与之谋乎？'普对曰：'使维翰在，陛下亦不用，盖维翰爱钱。'太祖曰：'苟用其长，亦当护其短。措大眼孔小，赐与十万贯，则塞破屋子矣。'"

李匡乂将"醋大"正为"措大"，以之"正言其能举措大事"，一字之易，未免有失牵强，同其所指读书人的贫寒失意穷酸相的语义并无内在联系。在唐代仍不乏照作"醋大"之例，而且对其语源别有解说。唐高彦休《阙史·吐突承璀地毛》:"醋大知之久矣。"有注云:"中官谓南班,无贵贱皆呼醋大。"又唐苏鹗《苏氏演义》卷上:"醋大者,或有抬肩拱臂,攒眉蹙目,以为姿态,如人食酸醋之貌,故谓之醋大。大者,广也,长也。篆文'大'字,像人之形。"两者皆以"醋"为本字,释源亦不离此字。语言付诸文字,考溯语源则当究其本字。鉴于汉字多具表音、表义功能,或一字往往一义,因而同源字事实上便是同源词。因而,正其本字是考其语源的重要环节和方法,可谓"正本清源"。以"醋大"谓穷酸相,关键词在于"酸"字,"酸"义缘"醋"而出。在其偏正结构中,"醋大"之"大"虽含广、长之义,篆文中又"象人之形",实系如"船老大"之"大"那样的尊称语素,只不过于此反其"尊长"之义而用,被赋予了轻贱的语义色彩。"醋大",犹谓"穷酸家伙",但限以读书人为对象。"无贵贱皆呼醋大",系因"酸大"本指穷酸、贫贱。一概称之,便"无贵贱"之别了。

显然,"措大"本为"醋大"。"醋"之所以衍为音近形似的"措"而假借之,则系民俗心理使然。民间忌言"醋"字,在于往往使人联想到"吃醋"或"酸寒",令人尴尬或不悦,乃至径言醋为"忌讳"。宋代市语谓醋为"醯物""苦□"(原即空字),行院中谓之为"哮老",亦属此类。至于"醋大"之所以用来指读书人贫寒失意的酸寒相,便如苏鹗所说"如人食酸醋之貌"。

李匡乂《资暇集》所举有关"醋大"来源的四种说法,虽其尽予否定,倒是属于词源学所谓的"俗词源"范畴。"俗词源",又称"流俗词源"或"通俗词源",是一种以联想或民间传说推定的词源。现代语言学多视俗词源为"错误的猜想",或者认为"对于语言的作用不大,但它却为民间文学和民俗学提供了丰富的素材,是民间文学和民俗学研究的重要内容之一"。诚如传统词源学方法亦不乏牵强附会那样,《释名》的声训便多出主观推断,若非孤立静止地考察语源的话,俗词源学既有其不合理的一面,亦不乏固有的科学意义。在把语言视为一种特殊的社会文化现象的民俗语言学看来,俗词源也是考究民俗语源的重要线索和素材。

扬雄《方言》卷一中说道:"旧书雅记故俗语,不失其方,而后人不知,故为之作释。"钱大昭《迩言》自序中也说:"今人所为俗语,安知不为几千百年后之故实乎?"然而,由于崇雅避俗观念的作用和习而不察的关系,便不免给单凭文字记录来考求"俗语"的语义源流造成困难。事实上,单凭有限的直接书证进行考察,亦只能获得孤立或静态的结论。关于"措大"的语源考释,便说明这个问题。单就"措大"孤立而言,同书生失意的穷酸相并无直接关系,而有关"醋大"的传说对于考其语源无疑具有颇富价值的启示;"醋"衍为"措",便显示着民俗心理要素的作用。这种"俗词源学"(folk etymology)方法,同运用史实资料和依据音形义演变规律探求语源的普通词源学相比,区别在于它是以民间口碑资料作为考究语源的出发点,含有独特的民俗语言美学价值。

列维-斯特劳斯曾以"结构"观念贯通语言与民俗;爱德华·萨丕尔亦曾提出"语言也不脱离文化而存在,就是说,不脱离社会流行下来的、决定我们生活面貌的风俗和信仰的总体"而存在;当代亦有些语言学者明确将语言视为文化的组成部分和支柱。凡此,均体现了文化人类学"语言文化"概念的科学内涵。从这一基点出发,民俗语言学的"民俗语源学",正在为语言学的词源乃至社会学、历史学、宗教学、民俗学等科学领域全方位地考释词源词义提供了一种新方法和新视点。

4.民俗语源与词族（一）：以"锦标"词系为例

　　许多语词的民俗语源往往与同一种民俗形态、民俗事象或民俗要素有关，但未必是同出一种民俗语源的词族。关键性标志，在于其语义是否生衍于同一民俗语源。例如，"大锅饭"的语义衍生于家族聚居同食的传统民俗，"铁饭碗"的语义则衍生于职事民俗。因而，它们不属同源词族。相反，"醋大"却同"吃醋""拈酸吃醋""争风吃醋""吃寡醋""醋海""醋意""醋劲""醋坛子""醋心""醋相"等，构成同一民俗语源的词族。这是因为，其语义生衍及文化内涵均源自"醋"所蕴含的嫉妒、穷酸这一民俗心理而产生的民俗语义。

　　同样，"锦标"与"保镖"就字面而言似乎是风马牛不相及的两个语词，但一旦考清其民俗语源，发现两者不仅属于共同民俗语源的同一词族，而且还是一个同源词众多的大词族。

　　为此，我们先看一下"锦标"及与之相关联的语词。除另行著明者外，释文均见《现代汉语词典》1978年12月第一版，或1989年4月出版的《现代汉语词典补编》(含补义)。

　　　锦标　授给竞赛中优胜者的奖品，如锦旗、银盾、银杯等。
　　　锦标赛　获胜的团体或个人取得锦标的体育运动比赛，如国际乒乓球锦标赛。
　　　锦旗　用彩色绸缎制成的旗子，授给竞赛或生产劳动中的优胜者，或．

者送给团体或个人,表示敬意、谢意等。

招标 旧时兴建工程或进行大宗商品交易时,公布标准和条件,提出价格,招人承包或承买叫作招标。

投标 旧时承包建筑工程或承买大宗商品时,承包人或买主按照招标公告的标准和条件提出价格,填具标单,叫作投标。

夺标 夺取锦标,特指夺取冠军。【补义】承包人或买主所投的标被招标者选中。

中标 投标得中。(见《现代汉语词典补编》)

显然,"锦旗""招标""投标""夺标"等语义的生衍,均同"锦标"和"锦标赛"直接相关,或谓由其派生而来,是同源词。事实上,考其民俗语源,这一词族乃出自中国古代的竞舟夺标游艺民俗。

竞舟游艺民俗由来已久,早在南朝梁宗懔《荆楚岁时记》中记端午节时已提到"是日,竞渡"。对此,隋杜公瞻注云:"五月五日竞渡,俗为屈原投汨罗日,伤其死,故并命舟楫以拯之。"清翟灏《通俗编》卷三一"龙船"条引注《荆楚岁时记》时亦道:"竞渡惟以迅疾争胜。"关于竞舟游艺民俗,学界尚有争议,一种意见认为早在屈原投江之前业已形成,以此纪念这位爱国诗人是后来插入的民俗意义。即或从屈原投江算起,这一民俗亦有2300多年的历史了。不过,有关竞舟争夺锦标的记载,大量见于唐宋以来的史料。其中,清人翟灏便依据文献断定此俗的形成早于屈原时代。且看其《通俗编》卷三一"龙船"条所议:"《述异记》云'吴王夫差作天池,池中造龙舟,日与西施为水戏',此事尚出屈原前。《晋书·夏统传》'会上巳,士女骈填(阗),贾充问统能随水戏乎',则其戏演于上巳。《武林旧事》言'西湖探春者,至禁烟为最盛,龙舟十余,彩旗叠鼓,交午曼衍,粲如织锦',而述端午之盛,不言龙舟,见其时犹但于三月为之也。"可见,所言有据。

唐元稹《竞舟》诗云:"楚俗不爱力,费力为竞舟。买舟俟一竞,竞敛贫者赇。年年四五月,茧实麦小秋。积水堰堤坏,拔秧蒲稗稠。此时集丁壮,习竞南亩头。朝饮村社酒,暮椎邻舍牛。祭船如祭祖,习竞如习雠。连延数十日,作业不

第四章 语言民俗与社会记忆:民俗语言化石和民俗语源

复忧。君侯馈良吉,会客陈膳羞。画鹢四来合,大竞长江流。建标明取舍,胜负死生求。一时欢呼罢,三月农事休。"诗中感叹竞舟影响农事,足见当时此俗颇盛。其中所谓"建标明取舍"之"标",即所树立的用作获胜奖励的锦标,亦即白居易《和春深》诗第十五首中所说的"齐桡争渡处,一匹锦标斜"。刘禹锡亦有《竞渡曲》记云:"沅江五月平堤流,邑人相将浮彩舟。灵均何年歌已矣,哀谣振楫从此起。杨桴击节雷阗阗,乱流齐进声轰然。蛟龙得雨鬐鬣动,蝾蚭饮河形影联。刺史临流褰翠帱,揭竿命爵分雄雌。先鸣余勇争鼓舞,未至衔枚颜色沮。百胜本自有前期,一飞由来无定所。风俗如狂重此时,纵观云委江之湄。彩旗夹岸照鲛室,罗袜凌波呈水嬉。曲终人散空愁暮,招屈亭前水东注。"其中"揭竿命爵分雌雄",便指树立锦标并悬赏鼓励竞舟争雄。其"竿",亦即"标竿",宋人笔记中述之甚明。

南宋虚堂智愚《虚堂和尚语录》卷九禅录中有云:"向道是龙刚不信,果然夺得锦标归。"其中的"夺锦标",便为竞舟夺标,此语乃唐人卢肇及第后观龙舟竞渡所赋诗句。事见五代王定保《唐摭言》和宋计有功《唐诗纪事》。《唐摭言》卷三《慈恩寺题名游赏赋咏杂记》载:"卢肇,袁州宜春人,与颇赴举,同日遵路,郡牧于离亭饯颇而已。……明年,肇状元及第而归,刺史以下接之,大惭恚。会延肇看竞渡,于席上赋诗曰:向道是龙刚不信,果然夺得锦标归。"这里"夺锦标"一语双关,既指竞舟夺标得胜,亦用以隐喻卢肇状元及第,后世便又以"夺标"喻称考中状元。

五代时,竞舟夺标又有"打标"之称。清人俞樾《打标》诗中吟道:"我读《江南录》,竞渡曰打标。借以习水战,不唱迎神谣。"诗中的《江南录》,即宋龙衮所著《江南野录》,是书云:"嗣主许诸郡民竞渡。每端午,较其殿最。胜者加以银碗,谓之打标。"宋马令《南唐书·后主书》亦载:"保大中(李璟保大年间),许郡县村社竞渡,每岁端午,官给彩缎,俾两两较其迟速,胜者加以银碗,谓之打标。"就此,翟灏《通俗编》卷三一"打标"条按语认为,"此亦竞渡但争迅疾之证"。同时,亦可知,此间夺标获胜除可获锦旗外,尚有银碗等奖品。也就是说,所谓"锦标"不止指锦旗,尚含作为获胜奖励的其他奖品,夺标亦在于争取这些标志争雄得胜荣耀的诸奖品。

至宋代,又出现了与此相关的"付标""标竿""标赏""争标""得标"等,均见诸有关史料文字。宋叶适《水心文集》卷六《永嘉端午行》诗中云:"行春桥东崌岩北,大舫移家住无隙。立瓶若罗银价踊,冰衫雪袴胭脂勒。使君劝客亲付标,两朋予夺悬分毫。起身齐看船势侧,桡安不动涛头高。古来峥水斗胜负,湖边常赢岂其数?岸腾波沸相随流,回庙长歌谢神助。"孟元老《东京梦华录》卷七《驾幸临水殿观争标锡宴》:"驾先幸池之临水殿,锡宴群臣。殿前出水棚,排立仪卫。近殿水中,横列四彩舟……又以旗招之,则诸船皆列五殿之东西,对水殿排成行列,则有小舟一军校执一竿,上挂以锦彩银碗之类,谓之'标竿',插在近殿水中。又见旗招之,则两行舟鸣鼓而进,捷者得标,则山呼拜舞。并虎头船之类,各三次争标而止。"吴自牧《梦粱录》卷一《八日祠山圣诞》载:"初八日,西湖画舫尽开,苏堤游人,来往如蚁。其日,龙舟六只,戏于湖中。其舟俱装十太尉、七圣、二郎神、神鬼、快行、锦体浪子、黄胖,杂以鲜色旗伞、花篮、闹竿、鼓吹之类。其余皆簪大花,卷脚帽子,红绿戏衫,执棹行舟,戏游波中。帅守出城,往一清堂弹压。其龙舟俱呈参州府,令立标竿于湖中,挂其锦彩、银碗、官楮,犒龙舟,快捷者赏之。有一小节级,披黄衫,顶青巾,带大花,插孔雀尾,乘小舟抵湖堂,横节杖,声诺,取指挥,次以舟回,朝诸龙以小彩旗招之,诸舟俱鸣锣击鼓,分两势划棹旋转,而远远排列成行,在以小彩旗引之,龙舟并进者二,又以旗招之,其龙舟远列成行,而先进者得捷取标赏,声喏而退,余者以钱酒支犒也。"周密《武林旧事》卷三《西湖游幸》:"龙舟十余,彩旗叠鼓,交午曼衍,粲如织锦。内有曾经宣唤者,则锦衣花帽,以自别于众。京尹为立赏格,竞渡争标。内珰贵客,赏犒无算。"耐得翁《都城纪胜·舟船》:"西湖春中,浙江秋中,皆有龙舟争标,轻捷可观,有金明池之遗风。"又汪元量《西湖旧梦》诗称:"帝城官妓出湖边,尽做军装斗画船。夺得锦标权遗喜,金银关会赏婵娟。"可知南宋之际已有女性参加竞舟争夺锦标。高斯得《西湖竞渡游人有蹂践之厄》诗亦尽述竞舟夺标盛况,其中写道:"杭州城西二月八,湖上处处笙歌发。行都士女出如云,骅骝塞路车联辖。龙舟竞渡数千艘,红旗绿棹纷相戛。有似昆明水战时,石鲸秋风动鳞甲。抽钗脱钏解佩环,匝岸游人争赏设。平章家住葛山下,丽服明妆四罗列。唤船催入里湖来,金钱百万标竿揭。倾湖坌至人相登,万众崩腾遭踏杀。"

元代之后,竞舟夺标仍然风行。宋末元初的黄公绍曾作有《端午竞渡棹歌十首》,其第七首写道:"棹如飞,棹如飞,水中万鼓起潜螭。最是玉莲堂上好,跃来夺锦看吴儿。""夺锦"者,即竞舟争夺锦标。元张宪《端午词》亦写道:"五色灵钱傍午烧,彩胜绿,万镒黄金一日销。"可知获得锦标之后,有时再行相互争夺。

及至明清,竞舟夺标风依旧颇盛。明李东阳《竞渡谣》中写道:"湖南人家重端午,大船小船竞官渡。彩旗花鼓坐两头,齐唱船歌过江去,丛牙乱桨疾若飞,跳波溅浪湿人衣。须臾欢声动地起,人人争道得标归。年年得标好门户,舟人相惊复相妒。两舟睥睨疾若仇,戕肌碎首不自谋。严呵力禁不得定,不然相传得瘟病。家家买得巫在船,船船斗捷巫得钱。"清嘉庆二十二年(1817年)增刻本《长沙县志》卷十六载:"五月,端午……坊市造龙舟,竞渡夺标,俗以为禳灾,实吊屈原之遗意也。屡示禁止,此风以息。"是知其间竞舟夺标民俗活动除纪念屈原外,特别突出了去瘟禳灾的意义,这一点亦是巫术信仰古风之遗存。而且,此间又有"抢标"一说与"夺标"同义并行,如李斗《扬州画舫录》卷十一载:"龙船自五月朔至十八日为一市。……龙舟执戈竞斗,谓之'抢标'。又有以士瓶实钱果为标者、以猪胞实钱果使浮水面为标者,舟中人飞身泅水抢之。"显然,"抢标"亦即"夺标",其中的"抢"与"夺"为同义词素。

综上可见,唐以来"逮标""锦标""夺标""打标""付标""标竿""标赏""争标""得标""夺锦""抢标"等诸语词,均源于传统竞舟游艺民俗,并以"锦标"之"标"或"锦"这一语素构成同源词系统。以唐人卢肇状元及第后观竞舟赋诗为典故,后世用"夺标"喻称考中状元,仍未脱离其所出的民俗语源。现代所说的"招标""夺标",乃至"中标",均由此语源衍生而出,轨迹明显。"中标"表面上令人联想到的是射箭射中"标的",但其"标"这一词素并无靶、的之类意义,而是作为锦旗、奖品这一意义转生而成。也就是说,它们仍属"锦标"词系。

5.民俗语源与词族（二）：以"保镖"词系为例

"保镖"，或作"保镳"，通常是指"旧时有武艺的人受雇护送财物或保护雇主人身安全"，以及"从事保镖之事者"。

由于镖师(保镖业从业武士)有许多善用飞镖，"镖"或"镳"亦指这种便携的兵器，加之武侠文学作品中镖师又大都是使飞镖的好手，于是世人便产生一种印象：保镖的当然要精通镖术，"保镖"这个名目便由此而来。其实，完全是一种误解，或无意识的附会。

据清末北京八大镖局之一的会友镖局著名镖师李尧臣(1876—1973)《保镖生活》一文说："一般都知道，有些镖行的人能使飞镖。"因此有人以为镖局的得名，就是因为使用飞镖的缘故，这实在是一种误会。所谓保镖是指护送的财物、银两，所以装着财货、银两的车辆就叫镖车；财货银两被贼劫去，就叫丢了镖。镖局的镖旗、镖号，都是因此命名。至于飞镖，不过是一种武器罢了。镖行的人未见得人人能使飞镖。那么，"镖局""保镖"究竟从何得名呢？只有搞清其语源方可解开此谜。

台湾刘师古著《闲话金瓶梅》中谈道："中国史上有保镖一行饭吃，是由于清初山西人有了'票号'汇兑行业之后。票号又是顾亭林、傅青主等人发起的反清复明之秘密组织。因此才有武林高手的保镖，负责运送银两务。……故是，如《金瓶梅》中所称的'标行'，是'镖局'的另一通称。"读之，显然所说自相矛盾。试问，若《金瓶梅》中的"标行"系"镖局"的"另一通称"，那么又何以保镖一行因

第四章　语言民俗与社会记忆:民俗语言化石和民俗语源

清初以来票号运送银两汇兑业务而生呢？明万历前即已存在的事物反倒以清季事物为源头,本末倒置了。假设镖行源于为票号保镖,世人倒亦可猜测其命名由来或可同"镖"字所含的"票"字有关了,就如镖师善用飞镖所附会的那样。

事实上,"标行"并非"镖局"的另一通称,而是其正字的本来称谓。也就是说,保镖之"镖"本为"标"字,镖局之"局"是清季才用于这一行业的经营组织称谓。迄今所知中国镖行并非形成于清季为票号保镖,其主要文字资料的根据亦正是《金瓶梅》中关于西门庆开设"标行"的记述。请看如下三例:

① 员外道:"你们却不晓的,西门大官家里豪富泼天,金银广布,身居右班左职。现在蔡太师门下做个干儿子,就是内相、朝官,那个大与他心腹往来。家里开着两个绫缎铺,如今又要开个标行,进的利钱也委的无数。……"（第 55 回）

② 话说西门庆那日陪吴大舅、应伯爵等饮酒中间,因问韩道国:"客伙中标船几时起身？咱好收拾打包。"韩道国道:"昨日有人来会,也只在二十四日开船。"（第 66 回）

③ 这文嫂方说道:"县门前西门大老爹,如今见在提刑院做掌刑千户,家中放官吏债,开四五处铺面:缎子铺、生药铺、绸绢铺、绒线铺,外边江湖又走标船,扬州兴贩盐引,东平府上纳香蜡,伙计主管约有数十。……"（第 69 回）

审之明万历年间所刊《金瓶梅词话》,以及清代张竹坡以《新刻绣像批评金瓶梅》为底本加以改易、评论而刊的《皋鹤堂批评第一奇书金瓶梅》,其"标行""标船"之"标"均不作"镖",却悉属后来写作"镖行""镖船"的同义语。

至清朝,有关镖行事物,虽"标""镖"间用,但仍以用"标"字为常见。如吴炽昌《客窗闲话·难女》:"余舅金氏,以大海之洋行业,自置洋船五,在东西洋贸易。每船必有标客,以御盗贼。甲子春,船将开行,大宴标客,招优演剧,甚盛设也。标客自然首座,傲睨一切。"袁牧《新齐谐·董金瓯》:"吾父某亦为人保标,路逢僧耳,与角斗,不胜而死。"清黄轩祖《游梁琐记·王天冲》亦有"拨干仆标队卫之"之语。又如梁启超《中国地理大势说》："燕齐之交,其剽悍之风犹存。至今响马标客,犹椎埋侠子之遗。"同时,亦有写作"镖"者,如高士奇《天禄识余·马头镖客》、文康《儿女英雄传》第32回中的"走镖这一行"。

值得指出的是,清朝有关镖行事物"标"与"镖"间用的情况,竟然在一部佚名氏手写本《江湖走镖隐语行话谱》中,得以集中反映。该书凡十一处用"走镖",有五处写作"标"字,如"齐云获愿,祁明走标,徐忠访友"等,或作"走镖者,英雄也"等同义混用。

民国初年以来迄至当今,"保标"之类举凡标行事物的"标"字,几乎通作"镖"字,并以此为规范流行开来。于是,便为人们考释"保镖"语源和索解镖行源流与命名由来设下扑朔迷离的雾翳,成了一个连镖师自身亦不曾解开的历史之谜。

汉语史上,由于种种因素产生的以音同、音近字代本字的通假字现象颇多。以"镖"代"标",即属同音假借。在以"镖"借代"标"的600多年历史过程中,清代处于本字与假借字混杂间用的过渡阶段。就通常所知,一个假借字历经约300年的时间才约定俗成被确定为后世的通用正字,并使后人几乎认定作本字,是不少的。根据通假字的衍变生成规律,以"保镖"代"保标"这一语言事实的本身,便是其本字为"标"的一种逆向佐证。究其成因,当然即上述误以为镖行、保镖得名于镖师善用飞镖的附会和讹传,从而掩盖了其语源本出自古代竞舟夺标这种游艺民俗的历史本来面目。

"保标(镖)"一语的生成,系相对竞舟活动的"夺标"而言。宋曾巩《南湖行》诗云："夺标得隽唯恐迟,雷轰电激使人迷。"说明至宋代业已有双音词形式的"夺标",并正式进入文字记录,此前虽已形成这种语义,但所见文字者多为"夺……锦标"或"夺……标"之类语式。"夺标"一词的出现,便为诸如"保标"等语词的生成提供了可以对应联系的对象条件。以阴阳共存并衍生万物的辩证思想为核心的对立统一意识,是中国传统思维观念的主导意识,即如《易·系辞上》所说"一阴一阳之谓道"。根据阴阳、上下、大小、多少、反正、胜负等无穷的事物对应逻辑,同"夺标"相对应的自然是"保标"了。

在前述有关竞舟活动的史料中可以发现,历代夺标争雄相当激烈,乃至"习竞如习雠""胜负死生求"(元稹诗),常有"东船夺得西船标"(张宪诗)、"舟人相惊复相妒"或"两舟睥睨疾若仇,戕肌碎首不自谋"、"严呵力禁不得定"(李东阳诗)之类相妒仇斗之事发生。至于设水上浮标由"舟中人飞身泅水抢之"者,又难免发生纠纷殴斗。得标之后,在离开赛场之前尚须保标。因而,尽管有关文字史料未见"保标"字样,却是客观存在于竞舟夺标活动中的必然事实。这一点,是"保标"一词生成直接民俗语源所在。

一如唐卢肇状元及第之后观竞舟夺标赋诗为典,兼用"夺标"隐喻及第或投标得中等义,镖行将其护卫对象隐喻为"锦标"或"标",也是直接源自竞舟过程中相对"夺标"而言的"保标"行为。保镖作为一种社会职事现象,是相对和为防御有人劫掠夺镖而产生的。从符号学视点而言,保镖业及其诸名目正是以竞舟夺标、保标诸事象为隐喻衍生而来,其民俗活动是符号的能指成分,保镖职事则是符号的所指成分。

竞舟夺标民俗活动产生了与之相关的一系同源词族,保镖职事行为亦产生有与当行活动相关的一系同源词族,这两系同源词族各自符号语义的内在联系上,十分清楚地显示着其本来属于共同民俗语源这一事实。例如:

(1)标 竞舟民俗指用以奖励、犒赏获胜者的锦旗和奖品及相应的荣誉;镖行用指受雇护卫的对象,如人、财、物资等。

(2)旗 本指竞舟民俗的锦标;镖行用指镖局门首或镖车、镖船及中途宿地悬插的写有镖局字号的旗帜标志。

(3)号 本指竞舟活动中擂鼓呼喊助威兼统一水手行动的号子。镖行走镖途中喊镖号,除兼具扬威及镖旗功能外,亦是一种内部联络暗号,即如《江湖走镖隐语行话谱》所载:"走镖者遇事先要开口,先喊小号'哈武'二字。在店内,收更时叫起,喊'哈武'二字,一齐都起来了。喊'哈武我',全都起来了。拾东西装车,喊'哈武,各管其手了,哈武我'。车不动,回头看,别丢下东西,喊'扫堂了,哈武哈武我'。上车喊'哈武,请客上车押辕子,哈武我'。……出店走了,喊'哈武,跟帮一溜溜了,哈哈武我'。"喊镖号又谓"喊趟子"。

(4)标船 本指竞舟民俗夺标者驾驶的船只,如龙舟、彩舟等;镖行用指装载所护卫的人、财、物资的运输船只。

(5)标车　本指标船;镖行用指陆路装载所护卫的人、财、物资的运输车辆。

(6)标客、标师　本指竞舟民俗的夺标者,也是获胜得标后的保标者;镖行用指当行从业者,即保镖的武士。

(7)标头　本指竞舟民俗的舵手、老大或水手头领;镖行用指镖师中的头领,俗称"大伙计"。

(8)标队　本指竞舟民俗的夺标船队;镖行用指陆路护运人、财、物资的一行人等。

(9)走标　本指竞舟民俗的夺标;镖行用指行程保镖。

(10)失标、丢标　本指竞舟民俗的夺标未成或得标后被别方抢走,如"东船夺了西船标";镖行用指所护卫的人、财、物资被人劫去。

(11)抢标、劫标　本指竞舟民俗的夺标或失标;镖行用指劫掠镖师所护卫的人、财、物资。

(12)标行　本指竞舟民俗夺标活动;镖行用指当行职事及其经营组织,例如镖局。

从竞舟民俗到保镖职业活动,均以"夺标"与"保标"的对抗性行为为核心。上述两系词族的对应语义的生成轨迹,亦不外如此。其生成、对应的前提,即同源于竞舟夺标游艺民俗。一如有些通假字仍在沿用,"保镖"之"镖"虽非本来正字,但既已约定俗成通行开来,并不妨碍正常的言语交际,当然也就没有必要将其硬行改正以求规范。试图强制性纠正已为社会广泛认同的事物,除特别必要外往往徒劳无益,事实上也很难实行。不过,通过考释索解其民俗语源,不但可在词源上正本清源,而且还有助于弄清事物的本来面目,进而正确把握其语义和文化内涵,具有重要的科学意义。

科学实践表明,民俗语源学方法不只适用于民俗语言及其相关现象,也不只限于缺乏直接的语源文献史料可据的语词,而且并非如流俗词源学那样只注重民间传说。所以其视野宽阔、资料丰富而具有广泛的应用价值,从而成为语言学、民俗学等许多相关科学领域所共享的一种科学方法。这也是语言民俗学和民俗语言学因其学科性质(如多缘性)所决定的一种应有贡献。

6.俚词俗语的民俗语源

以李商隐《义山杂纂》、王君玉(王铚)《杂纂续》和苏轼《二续》为代表的"杂纂体",是纂辑历代民间俚谚俗语的民俗语言体例。《文献通考》引巽严李氏曰:"用诸酒杯流行之际,可谓善谑。其言虽不雅驯,然所诃诮多种俗病。闻者或足以为戒,不但为笑也。"南宋陈振孙《直斋书录解题》将其入子部小说家类,云:"唐李商隐义山撰,俚俗常谈鄙事,可资戏笑,以类相从。今世所称杀风景,盖出于此。又有别本稍多,皆后人附益。"鲁迅《中国小说史略》也认为,"(《义山杂纂》)……书皆集俚俗常谈鄙事,以类相从,虽止于琐缀,而颇亦穿世务之幽隐,盖不特聊资笑噱而已"。鲁迅先生特别注意到,"方言土语里,很有些意味深长的话,我们那里叫'炼话',用起来是很有意思的,恰如文言的用古典,听者也觉得趣味津津。各就各处的方言,将语法和词汇,更加提炼,使它们发达上去的,就是专化。这文学,是很有益处的,它可以做得比仅用泛泛的话头的文章更加有意思"(《且介亭杂文·门外文谈》)。其"很有些意味深长的话""炼话",亦即民俗语言艺术。民间乃至文人雅士,一向有着使用俚谚俗语这些民俗语言的语言民俗。俚谚俗语等民俗语言,大都有其特定的民俗语源。有的出自相关民俗事象,有的后面跟着民间传说或掌故。这些民俗事象、民间传说或掌故,多属民俗语源。

这里,且以"二百五"、"冷板凳"与"走过场"、"跳槽"与"走穴"为例,考察俚词俗语的民俗语源。

6.1 "二百五"探源

所谓"二百五",通常的意思是指人傻里傻气,痴呆、不聪明、不中用,或者是指仅仅略懂一二的"半瓶儿醋"。显然,这是一个含有贬义色彩的常用俗语。

"二百五"本来不过是一个普通的数目字,那么又如何会被赋予这些寓意呢?如果从其由来说起,还真十分有趣。别看这三个数字很简单,细究其来源竟然多达数种。

第一种说法是,"二百五"来源于旧时的钱币制度。按此说法,所谓"二百五"就是250两银子的略语。按旧时的钱币制度,500两为"一封",250两也就是"半封"。因而,"二百五"也可谓"半封","半封"又与俗语"半疯"谐音。民间所谓的"半疯儿",也就是痴傻的意思。田汉在《卢沟桥》剧第三幕有个"二百五"与"半疯"两个同义俗语并用的例子。剧中写道:"也正因为如此,她就更像个半疯,到处咋咋呼呼、疯疯痴痴地耍二百五,好像天下只有她最革命、最积极。"

第二种说法,认为"二百五"之说与牌九的玩法有关。牌九里有4个点的牌叫"二板",有6个点的牌叫"幺五",这两张牌的点加在一起是10点,行话叫作"二板五",又别称"毙十",是谁都可以吃掉的一张倒霉牌。于是,人们就用"二板五"来形容那些成事不足者。久而久之,又因为谐音的关系以讹传讹,叫成了"二百五"。

第三种说法,认为原本是"二五耦(ǒu)"的讹传。据《左传·庄公二十八年》记载,春秋时,晋献公的侍妾骊姬阴谋为自己的儿子奚齐篡取王位,勾结晋献公的嬖(bì)臣梁五和东关五,企图恃宠弄权、拥兵作乱,借以谋害太子及献公的其他几个儿子以达目的。结果,东窗事发,梁五自刎,东关五被杀,骊姬也落得个投水而亡的可耻下场。对此,朝野上下都把他们称作"二五耦",意思是三个狼狈为奸不得善终的蠢货。其中,"耦"的本义指两个人并行耕耘,在这里则是隐喻三男女合谋作乱。"二五耦"讹作"二百五",隐喻蠢货。

第四种说法,相传出自战国齐王之口。说是齐王闻听六国拜相的纵横家苏秦遭人暗算被杀,十分震惊、恼怒,决意替他报仇。于是采取反间计,假意要重赏杀害苏秦者,悬赏千两黄金诱寻凶手。结果,立即就有四个咬定自己是杀苏秦功臣的凶手前来领赏。怒不可遏的齐王问道:"千两黄金你们四人怎么分呢?"四人异口同声答道:"每人二百五。"齐王将脸一翻怒声喝道:"来人哪,把这四个'二百五'推出去斩了!"自此,隐喻可恶蠢货的"二百五"就传开了。

第五种说法,《谈征》卷下《言部·二百五》说:"今人以材料不足者谓之二百五,其说亦有由。《后山诗话》:昔之黠者,滑稽以玩世,曰:彭祖八百岁而死,其妇哭之恸。其邻里共解之曰:'人生八十不可得,而翁八百矣,尚可尤。'妇谢曰:'汝辈自不谕尔。八百死矣,九百犹在也。'盖世以痴为九百,谓其精神不足也。二百五之说,即九百之意。"认为"今人以才料不足者,谓之二百五"。

此外,还有的考证认为,"二百五"之说源自"阿堵物",与旧时制钱有关,亦可自圆其说①。

历代有关俗语"二百五"由来的几种说法,都有一个共同之处,都是围绕痴傻愚蠢这个寓意展开的,都含有贬义色彩。所以,平时使用这个俗语的时候,务必小心谨慎,千万注意被比喻的对象和事情是否准确、合适,一定要三思而用;否则,很容易伤害他人的自尊心或人格,尽管是一句戏谑性的寻常俗语,也还是切切不可粗心大意,当为儿戏。

6.2 出自传统戏曲行业习俗的俗语"冷板凳"与"走过场"

"冷板凳"与"走过场",是两个来源于传统戏曲演艺行业习俗的俗语。

先说"冷板凳"。清代著名的世情小说《醒世姻缘传》第一回中有一段话说:"况有一班女戏常远包在家中,投充来清唱龙阳。"现代小说《胡琴的风波》里也写道:"我就走到后台叫演员们给大家清唱一下,谁知他们都不愿意清唱。"这里所谓的"清唱",就是我们平常所说的那种无须演员化妆和众多乐器伴奏的演唱。而"清唱",正是明代民间俗语所说的"冷板凳"。明代戏曲家魏良辅在《曲律》中记载:"清唱,俗语谓之冷板凳,不比戏场借锣鼓之势。"显然,当时之所以把"清唱"说成"冷板凳",就在于演出时没有更多的声势,演出场子里面那

---

① 杨琳:《"二百五"与"不管三七二十一"》,《寻根》2001年第1期。

些乐器演奏者的座位都是空着的,相对有乐器伴奏的热烈气氛未免显得清冷,因而就被形象地说成"冷板凳"了。在当今的现实生活里,通常用"坐冷板凳"来比喻处于清闲冷落的境地,或是受到冷遇。现代著名作家周立波在小说《山那边人家》中写道:"我与其坐冷板凳,听那牛郎中空口说白话,不如趁空来看看我们社里的红薯种,看烂了没有。"这里的用法,当然是指前一个比喻,即处于清闲冷落的境地。至于后一种比喻用法,早在明代戏曲中就已经出现了。例如《渔樵闲话》剧第二折里写道:"不如此者,纵有经天纬地济世奇才且丢冷板凳上坐地。"清代著名戏曲家李渔在《怜香伴·毡集》中也是这样用的:"下官自从选了穷教官,坐了这条冷板凳,终日熬姜呷醋。"又如李六如在长篇小说《六十年代的变迁》的第一卷中写道:"在座的杨王鹏是同湘军的王隆中一路来的,然而这一群,除蒋翊武和蔡大辅以外,没有人理睬他,任听他瞪着两只眼珠坐冷板凳。"在学术界,至今广为流传着一副关于"坐冷板凳"的对联,上联是"板凳要坐十年冷",下联是"文章不写一句空"。大意是说,做学问要耐得住寂寞,只有这样才能积累深厚的功底,下笔写文章时也就不会满纸空话无所根据了。说起来,这副对联还有个来由。史学大师范文澜先生,不仅自己一生治学持之以恒,十分刻苦,还经常勉励年轻的学者。他说:"做学问不是简单的事情,要下苦功,慢慢地来。"要肯于"坐冷板凳",而且"一坐就需十年",也就是要有持之以恒的精神才能有所成就。同时,范先生还教导年轻学者写文章要言之有据,不能发空议论。他还发表了一篇题为"反对放空炮"的文章,在历史学界产生了很大的影响。后来,南京大学韩儒林教授在一次同范文澜先生就治学问题进行长谈之后,把范先生的一贯治学精神概括为上述对联的十四个字向学生们宣讲。从此,这副关于冷板凳的对联就在学术界广为流传开来,成为鼓励几代学人的著名的座右铭。而且,这也是"冷板凳"这个贬义俗语的一种正面的褒义用法的一个范例。

再说"走过场"。所谓"走过场",通常是比喻做事情例行公事似的敷衍了事,或是只注重形式而不顾实际效果地做表面文章。

那么,"走过场"这个用语的本义又指的是什么呢?说起来也十分简单,这个俗语本来是传统戏曲行业使用的一个行业用语,是指戏曲演出时"跑龙套"角色出场后很快又从另一侧下了场,其表演形式主要就是在舞台上经过一下的简短表演。相传乾隆皇帝巡游盘山时,曾经在山上一边观赏戏班子演戏,一边与随行的大臣们吟诗赋对。其中有副对联"三五人可作千军万马,六七步如行四海九州",十分形象地概括了传统戏曲"走过场"这种艺术表演形式。由于这种表演过程中角色大都没有唱腔或对白,也没有更多的具体情节,只是象征性地做个样子而已,人们就把它借作"做事情例行公事似的敷衍了事,或是只注重形式而不顾实际效果地做表面文章"的比喻,十分形象,也很浅显易懂。例如赵树理在《十里店》这出剧的第一场中写道:"那不过是走过场!哪一回你也不同意,结果还不是哪一回都放了吗?"在现实生活中,除了特定需要,"走过场"都是一种极不负责任的形式主义做法。反对形式主义,就包括了反对走过场。此外,类似出自传统戏曲艺术的俗语还有"跑龙套""花架子"等。

6.3 源自市井生活的俚语"跳槽"与"走穴"

20世纪80年代以来,"跳槽"与"走穴"是中国社会生活中使用频率较高、经常在新闻媒体上出现的两个词语。这是两个常常褒贬不一的常用词。

先说"跳槽"。"跳槽",从字面上看,可以认为原本是从牛、马等大牲畜换个槽子吃草料生发而来。作家陈登科在《我的老师》这篇文章中,就是这种取义和用法。文章写道:"打日本,捉汉奸,驴打滚,马跳槽,鸡子下蛋,鸭子游水,反正都是嘴边话,说什么就写什么。"在旧时江湖社会群体的行话里,"跳槽"既是嫖客另行挑换妓女的隐语,也指改换生计行当或从业的单位,与今天的用法比较接近。不过,明代学者杨慎认为,这个俗语出自魏明帝对女色喜新厌旧的历史典故。他在《升庵诗话》中记述说,魏明帝刚刚称王的时候,曾经纳虞氏为妃子;等到他正式登基继位时,就宠爱起毛氏而废了虞氏;再后来,又因郭夫人得宠,赐死了毛氏。因此,在元代的传奇作品中都把魏明帝见异思迁的行为叫作"跳槽"。显然,这是因马跳槽吃草现象而生发的一种隐喻,是用马不断变换槽子吃草来比喻魏明帝在女色面前喜新厌旧、见异思迁的行为。现代,"跳槽"这个词,通常有两个意思。一是指变换恋爱对象或离婚。更多的则是指变换工作或者行当。作家艾芜在《人生哲学的一课》中,就是这样的用法,他写道:"但说到三年才得满师，就令我有点作难了。然而，一转念：不要紧，住三四个月或者一年半载就跳槽吧。"在现代社会文明中，在遵守有关法律和社会道德规范的前提下，任何变换恋爱对象或是离婚的"跳槽"做法，都是正当的、无可非议的。至于工作选择方面的"跳槽"，应当说是一种择业的自主权，是择业的自由，也是市场经济条件下人才流动的必然产物。世界上许多国家的企业或用人机构，在招聘、选择专门人才时，大都把应聘人曾经"跳槽"的次数作为一个基本的考察条件。"跳槽"的次数越多，也从另一个方面说明了你的工作能力。看来，有能力者经常跳槽，也是自身能力的一种展示方式，未必不是好事。

再说"走穴"。关于"走穴"，《人民日报》1989年4月5日的一篇文艺生活新闻里，已经说得十分清楚明白。报道说："这样的文艺晚会都对外标明一个或几个主办单位。实际上，晚会大多是由某几个人组织的。人们把这样的文艺演出称为'走穴'，把'走穴'的组织者或经纪人称为'穴头'。"1989年4月24日的《新民晚报》也有一篇类似内容的报道："今天一些影星、舞星、歌星，包括节目主持星等等群星，也到下面'走穴'，也可能站在'野台子'上热闹一番。然而，人们不无惊讶地发现，他们的光彩往往被过重的市侩气熏黑了。"其实，如今所谓的"走穴"，原本是旧时代江湖艺人的行话，意思是变换卖艺活动的地方。旧时，类似的行话还有"开穴"，是指外出旅行或谋生。旧时北京、天津等北方地区的江湖艺人又把"走穴"叫作"走马穴"，意思差不多。例如，著名评书艺术家连阔如在《江湖丛谈》中说："江湖人管今天在东，明天在西，不考长地方，满处乱跑的流动性质的生意，调侃儿叫作走马穴。"显然，"走穴""开穴"和"走马穴"的意思，主要是指不断变换演出活动的场所。至于为什么叫"穴"，学界的解释不一。一种说法认为，这是对出自古代生活方式"穴居"的引喻，所以又引申出"穴群"这个词，意思是指聚众盘踞，梁启超在《生计学学说沿革小史》这部书的第十章中谈道："可见当时蒙干涉之余害，武人教师，穴群唯蠹，无状滋甚。"旧时艺人组团到各地演出，也是一种"穴群"活动的形式。可见，这样说自有其一定的道理。另一种说法认为，"走穴"的"穴"，应当写作"趐摸"的"趐"。因为，这个"趐"字含有来回走、盘旋或绕圈等意思。例如清人小说《姑妄言》卷五写姚泽民想道："八人我已得六，那两个可肯放过他？须得设一网打尽之计方妙。时常在秋院中去走趸。"到底应当用哪个字,还是以约定俗成为好。既然前一个说法能自圆其说,有一定道理,大家又都这样用习惯了,就写作"走穴"是了。20世纪80年代初,人们对演艺界传统的"走穴"现象的重新出现议论纷纷,褒贬不一。其实,演艺界的走穴是艺术的市场化行为,是在市场经济条件下繁荣文化艺术的一种必然渠道,无可厚非。不过,社会所允许并鼓励的是遵纪守法、规范化的"走穴"活动。

从上面的论述可见,"跳槽"与"走穴"之所以成为人们褒贬不一的两个词,首先,在于它们的"出身"似乎都很"低贱",原本都是旧时下层社会的行话;其次,在现实社会生活中这两个词所标志的行为、活动,往往因为有失规范而受到舆论的谴责。所以,随着市场经济的发展和对"跳槽"与"走穴"活动及行为的不断规范,这两个词的贬义色彩或用法,必将逐渐淡化,最终获得社会的认同。

思考题:

1. 简要论述"大锅饭"的民俗语源是什么。
2. 以"措大"为例,说明民俗语源学和传统词源学有何异同。
3. 以"锦标""保镖"词系为例,论述二者的民俗语源。
4. 试论"二百五""冷板凳""走过场""跳槽""走穴"等词的民俗语源。

第五章 民间隐语行话：
别有洞天的语言民俗

笼统地把民间隐语行话泛称为"黑话"是一种可笑的偏见和误解。

隐语行话，又称"秘密语""隐语""行话""市语""切口""春点""锦语""市语""杂话"或"黑话"等，是一些社会集团或群体出于维护内部利益、协调内部人际关系的需要，而创制、使用的一种用于内部言语或非言语交际的，以遁词隐义或谲譬指事为特征的封闭性、半封闭性符号体系，是一种特定的民俗语言现象，是古今中外许多社会群体习用的一种语言民俗。世界上各种语言几乎都无例外地存在使用民间秘密语的历史或现实。不同时代、不同群体的民间秘密语，不免印有时代和群体的文化痕迹，乃至政治、经济的烙印。

每当涉及隐语行话时，人们往往首先把它同匪盗、娼、赌、贩毒、走私等犯罪活动联系起来,把这种民俗语言现象通称为"黑话",既不科学也不符合语言事实。事实上,除了黑社会群体,许多社会群体都存在使用隐语行话的习俗惯制。由于宗教、禁忌乃至游艺的需要而使用隐语行话,自古就是许多民族所共有的民俗,只不过其语言及表现的形式各有不同罢了。

古往今来,许多传统行业的技艺大都是口耳相传。由于这些技艺关系着世代的生计利害,甚至立下了"传男不传女"的不成文规矩。其"口耳相传",大都是用当行隐语行话进行传承的。如粤剧行业、昆曲行业和相声等众多的传统戏曲、曲艺艺术群体的隐语行话,吉林采参业的隐语行话,湖北木瓦工的隐语行话,浙江龙泉、庆元等地的"菇民"中流行的"菇山话",福建永安豆腐行业的隐语行话,山西理发行业的隐语行话,河北乐亭皮影艺人的隐语行话,澳门博彩业的隐语行话,乃至当今各地古董古玩业的隐语行话,可谓各有各的当行隐语行话,又各有各的特点。隐语行话是这些行业技艺乃至绝技传承的最重要的工具、最基本的信息载体。再如,宋代蹴鞠兴盛,至今留存一部辑录了130多条当时蹴鞠行当的隐语行话的《蹴鞠谱·圆社锦语》。至当代,宋代的这些蹴鞠隐语虽然已不在足球运动员和球迷中继续流行使用,但它成为中国是足球运动发源地的一项重要"语言化石"的佐证。

各种地域性的隐语行话更具乡土文化特征,载负着丰富的乡土文化内涵。例如,山西夏县东浒的"延话"(隐语行话),潮汕的反切语,东莞的"三字顶",福建建瓯的"鸟语",福州的"切脚语",广西灌阳的"二字语",藤县的三种倒语,广东揭西棉湖的三种秘密语,广宁的山语与"黑话",贵州榕江的反语,陕西西安的反语,湖北襄阳的襄阳捻语,安徽淮河流域的民间反切语等,无不载负着丰富的乡土文化内涵和许多历史文献所忽略了的、重要的、其他载体也难以载负的文化信息。

教育部、国家语委发布的《中国语言生活状况报告(2009)》第二部分"专题篇"的研究报告《社会生活中的民间隐语》显示,在现实社会生活中,隐语行话在众多社会群体的语言生活中仍然十分活跃,而且是其生存或谋求生存所必需的、构成其日常生活的一种语言习俗。

1. 神秘而多姿多彩的市井隐语行话

神秘而多姿多彩的隐语行话

赶时髦,几乎是人类共有的一种民俗心理现象。不仅服饰、发型经常变幻时髦潮流,就连言谈话语也不时泛起时髦的涟漪。

时下,将演艺界、工商业的成功者或实力人物称作"大腕",便是人们的一种时兴语言,并大有泛用于其他职业行当名流的趋向。说起"大腕",令人钦羡;被称为"大腕"者,难免自得。孰知,这"大腕"之说竟本是被世俗称作"黑话"的旧时江湖隐语行话中的一个词语。

"大腕",又写作"大万",本字应是"大蔓"。"蔓"在江湖社会中用指姓氏,是把姓氏所标志的宗族隐喻为枝蔓。旧时江湖上有种规矩,相逢时要用隐语行话盘道和报蔓。例如,某甲说:"三天不问名,四天不问姓,头一天让兄弟甩甩迎头!"意思便是请对方"报蔓"。当某乙答称"迎风顶水蔓"时,某甲即知对方姓于,忙称"于相府"。其中,"迎风""迎头"指来者,"相府"是江湖中人的相互尊称;"顶水蔓"即于姓,于由"鱼"谐音转出。诸"蔓"均如其隐称,如赵姓为"灯笼蔓",钱姓为"现水蔓",孙姓为"跟斗蔓",李姓为"抄手蔓",周姓为"匡吉蔓",吴姓为"口天蔓",郑姓为"四方蔓",王姓为"虎头蔓",胡姓为"古月蔓",陈姓为"千斤蔓",等等。当某人在江湖生意中产生了较大影响,有了一定的知名度,于是便成为"响蔓""大蔓"。因此,"有蔓没蔓"也就是有没有名气的隐称,是旧时江湖中人"立住蔓"与否,亦即是否成名的习惯标志。

事实上,像"大腕"这样从"黑话"变成"白话"并"时髦"一时,并非如今的偶然性孤例。现代汉语及北方方言中所谓"挂彩""顶硬""踩盘子""绑票""打食儿""花舌子""扯淡"等,原本即隐语行话。例如"扯淡",远在明代南京风月场中流传的《金陵六院市语》中便说"扯淡则胡说之辞",至今仍然沿用其语其义。

几年前,有人在谈纯洁语言与治理社会时认为:"在旧中国黑社会中通行的黑话,也因犯罪团伙的活动猖獗而泛滥起来……因此,要纯洁我们的语言,必须从治理社会入手。只有我们现实生活中的丑恶现象消除了,反映这些现象的词语才能清除。"(《光明日报》1990 年 8 月 16 日)这种忧虑是现实的,有目共睹。但是,从科学的视点而论,隐语行话却不仅是黑社会所独有的"语言"形态,而是人类社会一种传承不息的民间文化或是说亚文化现象。即如 20 世纪 60 年代初语言学家高名凯在《语言论》中所说:"有人认为在社会主义国家里,隐语是不可能存在的。他们之所以这样主张,一方面是因为他们误以为隐语总是不好的东西,它是'偷儿的语言';一方面是因为他们以为在社会主义国家里,凡事无需偷偷摸摸地做。其实,正如我们所说的,'隐语'这个术语的来源(jargon)尽管是'偷儿的语言',它的现实含义却只是带有秘密性的社团方言。隐语之是否存在,要看'秘密行事'是否必要,不是看有没有偷儿存在。就是没有任何一个偷儿,也可以有隐语。"

根植于深厚的中国文化土壤的汉语隐语行话,有着悠久的历史、错综的源头和多姿多彩的形态。因而,富有神秘色彩的隐语行话,无疑会为人们提供一个透视中华传统文化丰富内涵和历史轨迹的、别有情趣和洞天的视野。

世上许多事物,人们都知道是很久以前就有了的,但仔细推究其来源,不免茫然难索。历来关于隐语行话的叫法很多,诸如市语、方语、切口、俏话、锦语、黑话、暗语之类,江湖社会另有"春典"或"唇典"之说。据说,称之为"唇典",是因为使用隐语行话是嘴上的功夫。一般说,汉语的隐语行话,主要来源于隐约其辞的谜语式语言游戏和因禁忌避讳语俗而产生的市井隐语。多种文化形态错综孕育了隐语行话,因而很难说它直接滥觞于哪种单一源头。

具体说来,汉语的隐语行话有语词、话语、谣诀、反切和副语言习俗五种基本形态,每种又分别有其各自的源流轨迹。

《左传·哀公十三年》中说,吴申叔曾乞粮于公孙有山,但碍于军粮不得出手的军规而不便明言,于是隐称求援"庚癸"。依传统说法,庚属西方,主谷,显然指粮;癸属北方,主水,当然也就指水了。这样随机性语词替代式的隐辞,已同后世由群体约定俗成的隐语行话十分相近。

唐明皇癖好戏曲音乐,不仅大兴梨园教坊,据传还亲自示范授艺、登台串演,因而被后世梨园奉祀为行业祖师。然而,皇帝毕竟是皇帝,伶人们整日生活在宫中,虽属殊宠,却时刻都存在伴君如伴虎之感,唯恐一言不慎触怒圣颜招来杀身灭族之祸。于是,当时伶人之间私下交谈便使用隐语行话,如称皇帝为"崖公"、欢喜为"蚬斗",每天侍奉于至尊左右为"长入"等,以此作为相互关照和自卫的一种手段。《唐语林·政事》所记"今日崖公甚蚬斗,欲为弟奏请,沉吟未敢",正是如此情形。"崖公""蚬斗""长入",便是我们今天在历史文献中所见到的最早的隐语行话例证。

春秋时,鲁国大夫臧文仲出使齐国,不料遭到拘禁扣押。原来,齐国当时正加紧备战,准备攻袭鲁国。情况十万火急,怎么办呢?身不由己的臧文仲急中生智,暗地里差人火速送回一封信。鲁公展信读之,只见上面写道:"敛小器,投诸台。食猎犬,组羊裘。琴之合,甚思之。臧我羊,羊有母。食我以同鱼,冠缨不足带有余。"读而不解其意。臧母见信,即明其意,不禁大哭。原来,这是一封话语体的隐语信,大意是说:"我被押在牢中,发乱不得梳,饥饿不得食。齐国已将城外的百姓集结到城里,正在犒飨,装备军兵作出战准备。此时很思念妻子,请其好好赡养母亲。"如此一封隐语短信,传达了十万火急的战争情报。后世的隐语行话,在各类秘密社会群体中多用于见面盘问对答场合,主要在于验证对方身份。小说《林海雪原》以及由此改编而成的影视剧《智取威虎山》中,侦察英雄杨子荣在匪巢威虎厅经受匪帮盘问的对答,便是人所熟知的一段典型隐语行话。

蘑菇,溜那路?什么价?(什么人?哪里去?)

想杀来啥,想吃奶就来了妈妈,想娘家的人,小孩他舅舅来啦。(找同行来了。)

野鸡闷头钻,哪能上天王山?(因为你不是正牌的。)

地上有的是米,唔呀有根底。(老子是正牌的,老牌的。)

拜见过啊么啦?(你从小拜谁为师?)

他房上没有瓦,非否非,否非否。(不到正堂不能说,徒不言师讳。)

……………

汉魏时,"风人体"隐语民谣颇为流行。《后汉书·五行志》收录的一首以析字隐辞方式诅咒董卓的民谣,即属此类:"千里草,何青青;十日卜,不得生。"以此类为源头的谣诀形态隐语行话,具有上口、易诵、便记等特点,如天地会《通用问答辞》中的一段:"查我名来问我姓,家居住在木杨城。松柏林中同士子,金娘改我唤洪英。"有的,还由双方共对一个完整谣诀。如问:"你是谁?"答:"我是我。"再对:"压着腕子。"接答:"闭着火。"这是旧时土匪夜间相逢所用的盘道黑话。

利用汉字反切拼音原理创造而成的各种反切隐语,独具汉语文化特色,古今都十分流行。据调查,至今在辽东地区及江淮流域仍有一些人在说。1990年在辽宁千山举办的首届中国民间秘密语行话研究专题学术研讨会上,一位身为"切口世家"传人的教授的经历及研究成果,曾引起学界的特别注意。把隐语行话泛称为"切口",便是缘自反切秘密语。

反切秘密语流行面广,种类又因群体或地域而多有差异,因而,关于其来源也就说法不一了。很多地方都流传着有关"徽宗语",亦即一种影响较广的反切隐语的民间传说。有的说,宋徽宗时,人们对朝政不满,用此来秘密组织起义;有的说,这是岳飞遇难之际,人们多方设法营救所使用的一种秘密语;有的说,北宋沦陷之后,人们为避金兵耳目则以此议论朝政;也有的传说,这是宋徽宗耽于酒色用以同宫女调情所用隐语;等等。

其实,远在汉魏时代的民间童谣里,就已经流行这种"切口"了。如《三国志·诸葛恪传》所记童谣:"诸葛恪,芦苇单衣篾钩落,于何相求?成子阁!""成子阁"的反语,是"石子冈"。可见,这种富有民族风格的反切形态隐语行话源远流长。

"切口"的流行,也使一些常见的切语固定下来,作为语料吸收到汉语常用语中来,在一定程度上丰富了民族语言。例如"窟窿"一词,便是"孔"的切语。

除上述以口耳相传为媒介的隐语行话外,再即副语言习俗形态的非言语的隐语行话。副语言习俗中的隐语行话,主要运用各种身势情态、标志和特殊音响来传达特定的语言信息。旧时走江湖的途中相遇,施礼后,一位先伸出手掌,卷起无名指和小指于掌心,其余三指伸开;对方一见即也伸出掌来,微卷拇指和食指,伸开其余三指;然后,双方便同时出掌,食指、拇指叉开,卷起余指;于是,双方便知彼此同为江湖客了。原来,三种手势分别代表"天、地、人",是江湖上的一种表明信仰的暗号。旧时各种商贩习用一种"捏七叉八"之类"袖里吞金"指码隐语讨价还价,迄今仍未绝迹,足见其实用性很强。至今在沈阳这样大都市的旧货、文物市场的摊位上,只要留意,还不时可见买卖双方交易时用这种形式议价。不过,大都不是年轻人。

就语言学来说,隐语行话可谓对人类语言的一种反动。然而,这种反动却是人们出自社会生活切实需要而创造出的言语艺术,是一种独具特色的民间文化品类。通过透析古今多姿多彩的隐语行话,以其特别的视角认识与之相关的社会事物、文化现象,无论对历史或现实,均不失其独特的意义。

2. 关于"隐语行话"

2.1 隐语行话的名称、性质与类型

汉语隐语行话的源流,主要为三个方面,即由禁忌、避讳而形成的市井隐语,由回避人知而形成的秘密性隐语和语言游戏类隐语。依形态可分为五种类型,即语词形态、话语形态、谣诀形态、副语言习俗形态和以反切语为主体的利用语音变化创制的隐语行话。隐语行话不是独立的语言,而是语言的一种社会变体,是世界上各种语言大都存在的一种特殊的民俗语言文化现象和言语习俗。

2.2 作为一种语言文化现象的隐语行话

一旦涉及隐语行话时,人们往往首先把它同匪盗、娼、赌、贩毒、走私等反社会的犯罪活动联系起来,未免失之武断,以偏概全。事实上,除黑社会群体外,许多社会群体都存在使用隐语行话的习俗惯制。由于宗教、禁忌乃至游艺的需要而使用隐语行话,自古就是许多民族所共有的民俗,只不过其语言及表现的形式各有不同罢了。"根据现有资料记载,人类语言中的主要大语种,都明显地存在着它们自己的隐语。如果从人类社会实际的言语交际着眼,可以这样说,任何民族语言中都或多或少地存在具有本民族历史文化特色的隐语,任何社

会、任何时代都或多或少地存在着传承、创造、使用隐语的文化现象。"①

单纯从语言学和犯罪学的观点来认识民间隐语行话现象,未免过于狭隘,难以全面而准确地把握其本质以及其生成、流变机制。

2.3 隐语行话的研究状况

在《中国语文》关于"社会方言"的讨论50年之后,《文化学刊》2007年第1期"文化视点",以"多元文化视野中的隐语行话——接续半个世纪前的一场学术论争"为题,集中刊发了《应予关注的"另类濒危语言":民间隐语行话》《杂技行话与吴桥社会生活》和《论犯罪隐语常识在警务工作中的特殊作用》三篇专题论文。同时,作为背景资料,还同时编发了1957年《中国语文》关于"社会方言"的讨论的有关论点,高名凯《语言论》关于"社会方言"的性质、种类及前途的论述,曲彦斌《中国民间隐语行话》关于隐语行话的"性质与正名"的论述等三篇参考文献。

以"行话、黑话、隐语、秘密语"为关键词,通过对"中国知网"的中国期刊全文数据库、中国博士学位论文全文数据库、中国优秀硕士学位论文全文数据库、中国重要报纸全文数据库和中国重要会议论文全文数据库2007年至2008年两年文献标题的检索得见,总计33篇。这个数字,比1987年至1992年6月间发表的同类专题论文20余篇多出10余篇。

这些专题研究,既反映了隐语行话在现实社会生活中的持续作用,也展现了学界对这种语言现象的关注。

---

① 郝志伦:《汉语隐语论纲》第2页,巴蜀书社2001年版。

3.隐语行话与现实社会生活

3.1 新闻媒体关注到隐语行话现象

有些隐语行话业已"堂而皇之"地进入了主流媒体,甚至出现于主流媒体的一级标题之中。关注社会生活中的隐语行话现象,也进入了新闻媒体的视野。媒体的关注,反映了社会的关注。

《成都晚报》2008 年 7 月 27 日星期日第 17 版《成都周末》副刊发表了一篇署名孟隋、题为"暗语的复活"的文章。文章指出,近几年暗语(按:亦即隐语行话)有日趋复活的迹象,每个圈子都有这种暗语,甚至在新的圈子中被重新创造和推广。具体的生活在圈子化、术语化的同时,娱乐圈的题材也热衷于表现这种暗语、黑话。正统文学中有专门研究湖南地方语言的《马桥词典》(韩少功);当前流行的文艺作品中,电视剧《闯关东》就热衷于表现黑话的魅力,而《鬼吹灯》则有热衷于编造暗语的狂热。《闯关东》对土匪(黑话称胡子)的描写可谓逼真之极,对胡子的术语也表述得非常到位。《鬼吹灯》中黑话、套语非常多,进入《鬼吹灯》就是进入了一个黑话体系。《鬼吹灯》写得那么精彩,有那么广大的粉丝团,与其有一套鲜活的暗语体系有一定的关系。盗墓是一项神秘而隐蔽的活动,又十分重视语言的"吉利",所以肯定少不了黑话、套语,作者的高明和博学之处表现在他对这套行话非常熟悉。当前社会流行暗语,当前的流行作品中对暗语的热衷也是颇有基础的。作者认为,暗语在多种因素的促成下,很有可能会变成一种流行语言。文章发表后,得到迅速广泛流传。《经济晚报》、香港《文汇报》、中国国学网、凤凰网等多家媒体作了转载。

人民网 2007 年 7 月 5 日《〈罗马远征〉玩家扮盗贼,惊现黑话切口》一文注意到,网游《丝路传说·罗马远征》中出现了专业级黑话。这些黑话很多可能是玩家自创,其内容无处可考。以封闭的方式沟通,根本无须掩人耳目。也许玩家发明这些切口,正是全情投入到"丝路"中的一种表现,而且已经成了习惯。由于玩家经常在《罗马远征》中从事虚拟的抢劫活动,为了避人耳目,演化出一套各个服务器通用的行话。据观察主要词语有:金线、银线:"线"这个字在切口中表示"路"。金线指的是长安、敦煌、和田之间的跑商线路,银线则指君士坦丁堡和萨马尔汗这条欧洲线路。黑字、白字:"黑"通"合",指强盗、盗贼。在《罗马远征》部分服务器中,玩家用这些字眼分别代表大唐和罗马的盗贼。海青、铁蔓、银片、花挺、洋弦等:这些指的是武器名,依次为大刀、枪、小刀、匕首、弩等。武器的切口最为花样繁多,涵盖了大唐和罗马的所有武器。类似的黑话切口还有很多,而切口本身又名"唇典",很有江湖气息。据了解,除了《罗马远征》,其他一些网游中也有类似的切口,但以《罗马远征》居多,因为其具有完整全面的跑商和抢劫机制。盗贼们称商人玩家为"羊羔",商队为"羊群",保镖为"独狼";称准备动手抢劫的物品为"货",而"货"又分红货、黑货、散货,以及"流、月、汪、则、中"五个等级。

3.2 新闻媒体对"切口"(徽宗语)的关注

2007 年以来,一些地方媒体都相继发表或转载了有关发现民间存在"切口"(徽宗语)类型的隐语行话的社会新闻,甚至进行一系列的跟踪报道,对这种隐语行话现象给予了特别的关注。

□2007 年 3 月 6 日,林州新闻网转载了县报登载的《马军池流传神秘语言》,在社会上引起一定的关注。合涧镇东北部十余里处,有一个不大的村子——马军池。即使在土生土长的合涧人看来,马军池也只是一个普普通通的村子,平凡得毫无特色。然而,让许多人想不到的是,在这个村子里,至今还流传着一种独特的语言,村民们称之为"跇(音)语"。据村上懂得该语言的靳才法老人介绍,这种语言的独特之处,在于把每个汉字都分成两个音节来读,比如在跐(音)语中,中华,"中"被读作"zhuai gong","华"被读作"huai gua";人民,"人"被读作"rai geng","民"被读作"mie jing"。再如林州,"林"被读作"lie ling","州"被读作"zhai gou"……

这种语言到底始于何时,又因何为马军池所"独有"?村上年纪较大的侯福新老人也只能回忆起一个残缺不全的故事。清朝光绪年间,马军池村里有一个村民叫小银,小银当时因吸大烟被官府抓到狱里,在狱里与一个盲人一同服刑。相处日久,从盲人处学会这种语言,后来就流传到了村子里。

□2007年4月10日《大河报》发表张志立题为"林州紧急抢救神秘'襆语'"的报道,同时配发"老师正教学生学这种语言"的照片。报道说,在林州流传着一种神秘的语言——"襆语"。有人说是民间艺人之间的行话,有人说是宋徽宗在狱中使用的暗语。据当地人说,20世纪五六十年代,"襆语"曾流行于当地,之所以有此称呼是因为说的人很少,会说这样话的人就显得很"襆"。如今随着时代的变迁,已经很少有人会说这种语言了。为保护先祖留下的语言文化,林州市民间文化遗产抢救工程领导小组办公室对该种语言的起源、形成、保护展开系统的抢救工作。

□2007年9月1日,《青岛晚报》继转载《老翁会说怪语言,70年无人能懂》消息之后,再次发表了题为"八旬老翁会讲'怪语' 专家称是稀有保护语言"的报道。报道说,该报接待了一位83岁的老人,老人说自己也会说这种话。记者就此事向教育部语言文字应用管理司咨询,专家表示,这是稀有语言,应受保护。

□2008年5月21日《北京晨报》报道说,密云古北口镇流传着一种古老的语言形式——露八分。这种语言据说源自明清时期,既可以在生活中使用,同时又是一种诙谐的文字游戏。然而现在,全镇只有十几位老人还在使用,这种深含文化韵味的语言已陷入即将失传的境地。"露八分",就是把一个四字成语或短语隐去最后一个字,那隐去的字才是真正想表达的意思,是所谓四个字说出三个,省略一个,露出了八分。

□2008年5月26日《北京晚报》刊载了《北京密云古镇发现独特语言"露

八分"》,这种"露八分"堪与女书相媲美,全国独一无二。"露八分"到底是不是商贾语言的一种衍生物呢？是什么时期开始流传的？有待专家学者进一步考证。

□2008年8月19日《北京晨报》报道说,今年75岁的陈老先生会说一种无人能懂的、念一个字发两个音的"怪语言"。可他自己却说不清这种语言的来历。

□2008年8月21日《北京晨报》报道说,8月20日该报刊登《老汉说"天语" 70年没人懂》后,引起了热烈反响。有40多位全国各地的读者致电或致信,甚至有读者打来越洋电话,为"天语"的来源做出种种解释。这些解释分别为"童年游戏"说、"江湖行话"说、"徽宗语"说、"地下工作者暗语"说、"香港女中S语言"说。记者带着疑问求助专家,居然也得到了3种不同的答案：一是"属于一种江湖行话",二是"解放前私塾学校的老师课余教孩子的拼音游戏",三是从"反切"衍生出来的一种小范围语言。

上述情况其实是一种民俗语言现象,是汉语隐语的一种,也可以称为民间秘密语。至于读者所给出的5种说法,"主要用途还是游戏,有时也用作行话,但不是黑话。另外,徽宗语跟这些还是有区别的,它是另一种汉语隐语。说到作为地下工作者的语言,其实只是临时借用,地下工作也用过方言当交流语言。至于香港女中的S语言,其实是另外一种游戏语"。这种话曾如此大范围流传过,是需要保护留存的。这是一种民俗文化,即使没有实际使用意义,也有民俗研究的价值,不能让它消逝。当然,也用不着扩大。

3.3 市井生活中使用的隐语行话

3.3.1 一些隐语行话进入了社会流行语

近年来,"大腕(蔓)儿""走穴(宭)""托儿""腥"之类旧时的隐语行话陆续进入社会流行语。《北京现代流行语》《上海话流行语辞典》两部篇幅并不大的当代流行语专书和《北京土语词典》,分别都选录几十条这类语汇。《上海话流行语辞典》的前言指出,"80年代,流行语出现很多,原先的隐语、俚语,在各个社会阶层都使用得很普遍",如旧时的乞丐切口"孵豆芽"(取暖)等。《北京现代流行语》前言指出,"黑话、行话"之类,"局外人不懂,乍一听到会有陌生感、新鲜感,求知欲促使人们去究其所以然,所以,黑话和行话使用一段时间后会逐渐为外部了解,进而流行开来,成为流行语"。例如,把人民币单位称作"分""张儿""棵""吨""方"等。徐世荣也谈到,《北京土语词典》之所以收录"黑话",是因为社会土语"主要为行业语,其次是'黑话'——江湖隐秘语",所以"编入少量,聊备一格"。

事实上,现代汉语中的"踩点儿""挂彩""挂花""反水""绑票""出血""撕票""上手""顶风上""跳槽""眼线""扯淡""失风""避风头",等等,原本无不是隐语行话。

有研究者谈到,黑社会的成员之间说话常用黑话,开始是保密的,后来流传到社会上,成为风行一时的新鲜语汇,后来大多沉淀为一般的俗语。当这些暗语泄露到圈子以外,因有其神秘感而为好奇、喜欢刺激的人们所乐用,就成为流行语。新时期也有一些很流行的黑话。20世纪80年代,北京青少年使用的一些流里流气的词语,如"放血""废了""做了""灭了"等就是来自黑社会里的流氓团伙使用的黑话。这些词都表示"打人、整治人"之类的意思:"放血"指用刀捅人,使之流血;"废了"指将人打成残废;"做了"开始指将人暗杀,后来也指暗中做手脚整垮别人;"灭了"指打服或整垮对方,灭掉对方的威风。表示出事后被抓进公安局,用"折(zhe,阴平)进去""折(she,阳平)了",或者用"进局子"。第二次被抓进公安局叫"二进宫"。还有"底儿潮",指有犯罪前科。这些词语本是流氓团伙内部使用的黑话,后来爱打架斗殴或作风流气的一般青少年也使用,新奇性与这些词仍带有黑话色彩有关。类似的是来自切汇黑话的一些流行语:"雷子"指警察;"油子"指有换汇经验,不容易受骗的主顾;"面瓜"指缺乏警觉性、呆笨怯懦、容易被骗钱的主顾;"美子"是美元,"港纸"是港币,"老日"是日元;少给主顾钱叫把钱给"下了",下的办法是"抽张",抽张被发觉叫"醒了",醒了之后急眼、发作起来(也指违法者一哄而散、炸窝)叫"炸了"。有些特殊行业也有暗语,其中某些词语也进入流行语,如个体户表示人民币数量的说法:1元叫"一分",10元叫"一张",100元叫"一棵"或"一个数",1000元叫"一吨"或"一堆儿",10000元叫"一方"。上述这种现象,至今依然,而且还将继续下去。

3.3.2 民间收藏隐语行话

民间收藏因对象不同而各有专门的具体行当行话用语,同时也存在许多收藏行当相通的隐语行话。例如:

拿分:指古玩商人收购的古玩商品,能获得较高的利润。也指"快货儿"。

输:指亏本。这正反映出古玩商人的经营具有很大的赌博性。买一件古玩,到手后卖不出去,或者要赔本亏损,都叫"输"。古玩商人怕输,还怕丢人现眼,输钱不落好手。

臭:顾名思义,指腐烂、人人讨厌的东西。不过,臭是有过程的,指本来是"香饽饽"的东西,却放陈了,或者日久卖不出去,偏偏让许多古玩商贩拿出去过手,变成任人皆知,谁也不想买的货色(因为从购买心理讲,凡是经过多人之手而无人购买的东西,都认为是有毛病或有问题,从而犹豫不决,不想购买),恰恰此时卖主绷不住了,越卖价格越低,也就越没人买了。这就是古玩商人把东西卖臭了。所以,古玩商人在做生意时都喜欢对"没见过天儿"的古玩伸手。

活拿:一名古玩商人从另一名古玩商人手里拿走一件商品,当时不付款,这叫"活拿"。活拿的规矩是价位讲好了,只能多卖钱,不能少卖,即必须保底。言必有信。价位比买断要高,一般说,不再给活拿的人付手续费或跑道费,但活拿的人可以在低价上加价,叫"戴帽儿",多卖归活拿的人,原货主不问。

提:古玩商人对帮助自己卖货的人提出一成(百分之十)作为酬劳金,叫"提一点",另有规定的不算。通常说提,就是一成。对导游、翻译,可另行规定。古玩商人对这一做法不能装傻。不然帮你卖货的人就没有积极性了。

跑道儿:购买或出售古玩行为的中间人,有的是与买卖相熟的亲友,有的是专门的经纪人,不出资不合伙,只从中奔走,说成一笔交易。实际为经纪人,拉纤的。

抄后路:生意本来是有人从中介绍的,但买主和卖主都抛开中间人,自行与对方直接交易(以便事后不提中介费),也防止"戴帽"。这是丧失职业道德的行为。

打眼:指判断有误,买了假货。古玩商人的经营全靠眼力,而眼力遭受打击,只有坏事。

漏儿:古玩商人购买古玩时,卖主不懂,好东西未被重视,行市也不明,因而古玩商人捡了便宜。买东西的人说叫"捡漏儿",卖东西的人说是卖漏了。

身份:即古玩物件的品位。不是指人,而是指物。如瓶子与盘子比,古瓶当然比盘子身份高。有点像品相中的"品"。

皮壳:指古玩在历史长河中所受熏染呈现出外表上的历史痕迹。竹、木、漆、雕、青铜作品上,好像包上了一层油皮,这种油皮就叫"皮壳儿"。皮壳是历史积淀的产物。

卖相:指古玩不真或身份不高,但比较完整,显得古老或精致,在卖出时显得"爱人儿",易受买主欢迎,叫"有卖相"。相反,古玩虽真,但有残污或看上去不精致,则不受买家欢迎,即无卖相。

掌眼:购买古玩时,请高明的人替自己掌握一下尺度,以免在鉴定上有什么闪失。对于代替自己把握眼力的人,叫作"请某某先生来掌眼"。

绷:古玩商人真心想买或卖时,因某一方还要考虑,故意不买或不卖,准备放长线实现自己的交易计划,叫"绷着买"或"绷着卖"。

方:"万"字加一点为"方",指人民币万元。

吊:古代制钱一千枚为一吊,现指千元。

一张:"张"不是货币数量,而是钞票载体的数量单位。此词甚妙,因可随货币的升值与贬值而浮动。20世纪80年代一张指十元;20世纪90年代已指百元。

美子:美金的代称。

再如陶瓷收藏:

失亮:是指器物釉面或彩绘被硬物划破后留下的伤痕。

伤釉:指因摩擦而致釉面出现的局部损伤。

磨款:故意磨去青花、红彩等款而冒充其他年代器物。

磨底:通过把底部的原有釉面磨去来冒充其他年代的瓷器。

复烧:二次入窑烧烤。

烟熏:用香烟熏的作旧手段。

配腿:修补香炉、马、兽等瓷器腿、足的残缺。

配盖:配以不同朝代的器物盖。

炸纹:瓷器颈、肩或腹部受撞击后出现的放射鸡爪纹。

水锈:瓷器因长期受土埋、水浸而黏附在表面的灰黄、铁红或铜绿等颜色物质。

中国是发明陶瓷的文明古国,生产陶瓷的窑火延烧至今。各个朝代的陶瓷遗存数量巨大、品种众多、质地精良,是中国乃至世界各国人们收藏的重点对象。在长期的收藏活动中,出现了大量的行话隐语。外行听起来莫名其妙,内行却能准确地理解对方的含义。陶瓷收藏行话隐语一旦形成,就能对陶瓷收藏活动起到推动和保护作用。只要有市场竞争存在,有避讳心态存在,陶瓷收藏隐语就不会消失。

3.4 传统艺术行业使用的隐语行话

在古代,不仅战争中使用隐语行话,就连唐代皇帝身边的优伶、宋代蹴鞠行当的艺人,亦大量使用这种秘密语性质的"语言"。至今,在中国的许多地区、许多职业群体,仍然流行着使用隐语行话的言语习俗。在浙江龙泉、庆元等地的"菇民"中流行着特有的"菇山话",其目的一方面是保守其谋生技艺秘密,同时也在于山魈迷信中的言语禁忌。各地山民、渔民因行业信仰、行业禁忌所产生的一系列隐语行话,仍在世代传承着。尤其是一些技艺,关系着世代的生计利害,大都用当行隐语行话通过"口耳相传"的方式传承。

3.4.1 东北二人转术语行话

已经有大约 300 年文字记载历史的东北二人转,至今仍有数百个当行隐语行话词语,活跃在这个艺人群体中,是其相互交流、传授技艺的习用言语形式和行业言语习俗。

(1)艺班与场地

  包袱班:没有戏箱,一个包袱皮包几件戏装的艺班。

  铺衬班:没有好戏装的艺班。

  滚土仓:又叫滚地仓、滚地龙、滚土包,在平地上唱戏,泛指野班。没有舞台。

  三大季的班:半农半艺的艺班。

  窑:演出场地。

  火窑:屋内。

  场窑:场院。

  寒窑:冬天在外边唱。

  轮子窑:大车店。

  唱木帮:在林区为伐木工人演出。

  圈子:屯子,如王家屯叫王圈子。

  海圈子:县城。

  跳生圈:初到生地方演出。

  地:演出场所,与说书艺人说法相同。

  砸生地:到生地方演出,观众起哄。

  撂地:进城市打圆场演出。

  地皮暄:观众多、收入高的场子。

  地皮硬:观众少、收入低的场子。

  占馆子:进茶馆演出。

  穴:演出场所,与相声艺人说法相同。

走穴:到外地演出。

火穴:挣钱多的地方。

水穴:挣钱少的地方。

空穴:没挣钱白唱的地方。

打小米浆:两个艺班混合演出。

(2)艺人与行当

相府:对二人转艺人的尊称。

开山徒:头一个弟子。

关门老兄弟:最后收的一个弟子。

老合:艺人的同行。

老斗:外行。

海青腿:没有师傅自学成才的艺人。

一副架:一旦一丑。

草条:专门给艺人与观众联系演出的人。

五大调:条:指双调(二人转)、单调(数来宝)、照调(皮影)、明条(戏法)、喷调(吹鼓手)。

八大怪:指三个祥字、五个云字的数来宝艺人,合称"三祥五云",分别为打竹板、沙拉机、牛哈拉巴、小碗、小碟、高粱秆、烟袋杆、水瓢。

(3)曲目与唱词

单出头:一个人演唱,黑龙江叫"独角戏",俗称"一人转"。

双玩意儿:二人转。

条:二人转曲目统称。

块:一个节目叫一块戏。

活儿:指节目。

边曲子:有男没女的曲目,如三国段《华容道》等。

海篇:正词外后加的大量唱词。

对篇:二人转一问一答的唱词,也叫问答篇。

翻天印:指戏单。

开山码:头一出戏。

二码:第二出戏。

(4)学艺与表演

开光:学会表演技巧。

开戏门:学会戏理。

开脸:表情好。

海青腿:没师傅的艺人,自学成才者。

撸叶子:偷艺。学谁的节目,叫撸谁的叶子。

端:开导。师傅、师兄对其表演加以指点。

降:唱。

缓:好。如"降缓了",即唱好了。

卡:坏。如"卡词",是没唱好。

夯头:嗓子。

口:说口。

相:表情。丑角要口相俱佳。

五官挪位:挤眉弄眼出怪态。

铺地红:上场就受欢迎。

小零碎口:演唱时穿插的三言两语小说口。

锁住:唱完一段停住。

摘挂:把别的曲目中的唱词摘过来唱。

外挎虎:在正词中加的新词。

打边墙:忘记原词,用其他曲目的唱词补上。

大扒皮:把许多其他曲目的唱词搬过来唱。

外瓣鸡:在场上加一些"大道沿"没有的唱词,让对方接不上来而当场难堪。

摔了:忘词了。

不担活计:嗓子不好,唱不了大段子。

归道:南北艺人碰到一起,不用对词就能上台合演。

眼彩:表演苦的技巧。

叨起来唱:不用伴奏,干板演唱。

喷斗:笑场。

搅条:影响演出效果。

盘亮:长相好看。

念桌:长相难看。

(5)人称与姓氏

阳丁:男人。

阴丁:女人。

仓丁:老头儿。

仓果:老太太。

果式儿:媳妇。

空心果:寡妇。

环子丁:姑娘。

铃铛丁:小孩。

火丁:知近人。

轮子丁:车老板。

浪翅子:当官的。因古代当官的乌纱帽有两个帽翅而得名。

翅字丁:当兵的。

堵头子:业主。

富贵丁:财主。

个乙丁:不是正经人。

念语子:哑巴。

天伦子:父亲。

生身子:母亲。

蔓:姓氏。

弓长蔓:张。(以下是拆字型)

古月蔓:胡。

口天蔓:吴。

耳火蔓:耿。

丘山蔓:岳。

千里草:董。

双口蔓:吕。

有红似:白。(以下是藏字型)

一脚门:李(里)。

一刀切:段(断)。

高头大:马。

婚丧嫁:曲(娶)。

阴天反:曹(潮)。

寸草皆:吴(无)。

铁生蔓:郭(锅)。(以下是谐音型)

喇叭蔓:崔(吹)。

笼屉蔓:曾(蒸)。

灯笼蔓:赵(照)。

漂花蔓:尤(油)。

流水蔓:何(河)。

扎心蔓:滕(疼)。

狠毒蔓:丁(疔)。

圣人蔓:孔(孔圣人)。(以下是古人型)

行者蔓:孙(孙行者)。

茂公蔓:徐(徐茂公)。

咬金蔓:程(程咬金)。

叔宝蔓:秦(秦叔宝)。

铁面蔓:包(铁面包公)。

红脸蔓:关(关公)。

太公蔓:姜(姜太公)。

神医蔓:华(华佗)。

叉子蔓:牛。(以下是借用型)

山头蔓:杨(羊)。

打牙子蔓:蔡(菜)。

亮子蔓:孟(梦)。

虎头蔓:王。

孔方蔓:钱(孔方兄)。

轮子蔓:车。

(6)衣食住行等

顶子:帽子。

纱帐:衣裳。

宝仓:裤子。

捻叉子:鞋。

安根:吃饭。

搬三(山):喝酒。

搬高了:喝多了。

桃花散:高粱米饭。

稀溜子:粥。

班兵:豆子。

翻张子:烙饼。

撒龙子:面条。

漂洋子:水饺。

气雷:馒头。

滚子错:鸡蛋。

折查子:桌子。

上堆:上炕。

困龙:睡觉。

蹬轮子:坐车。

八大家:指狐狸、黄鼠狼、豆鼠子、艾虎、兔子、老鼠、蛤蟆、蛇八种动物。迷信说法,直接呼其名不吉利。

柳:一。

月:二。

汪:三。

宅:四。

中:五。

申:六。

行:七。

张:八。

艾:九。

居:十。

合:是好。

卡:是坏。

捻:是没有,也是不好。

蓝头:钱。

挡杵:拿钱。

3.4.2 吴桥杂技的隐语行话

特殊的社会历史背景促使了杂技行话的形成。吴桥杂技业内的隐语行话跟吴桥杂技艺术一样,经过多年的发展和完善,形成了一套完整、丰富的系统。杂技行话反映了吴桥人传统的思想理念,吴桥杂技行话不仅对社会生活反映得相当深入,而且反映的面也相当广泛。吴桥社会生活对吴桥杂技行话产生深刻的影响,反过来,杂技行话也对吴桥社会生活产生了一定的影响。如:

海青腿儿:原指没有师傅的杂技艺人,现在在吴桥的一些地方有时称一些未经正规训练的、没有师傅的手艺人为"海青腿儿"。

半开眼:原指对艺人一知半解,现在一些地方,人们称对事情一知半解,如:他对木匠活是"半开眼"。

撂地:原指艺人在空地上露天演出,现在进入百姓语汇,常指到某地占用场地做某事。

打地:联系演出地点,一些地方指联系地方做某事。

硬生意:指能挣得钱的玩意儿,在一些地方人们用以指硬功夫、真本事。

撬杠:被夺地、不让演出。现在一些地方用来指事情被搅黄了。如:她包的活让人"撬"了。

扯呼:溜走或逃跑,现在很多地方指某人离开或不辞而别。如:张三"扯呼"了。

温:演得不火,效果不好。现在一些地方指一些事情或人不太好。如:这人真"温"。

水穴:演出赔了。现在人们常用"水"表示不好、糟糕等。如:这事"水"了。

门里:自己人。

门外:外人。在一些地方常用,如:"门里"要互相担待(指关照)。

这些主要在吴桥本地杂技群体流传、使用的隐语行话,流传面也不一样,有的广一些,有的窄一些。一般来讲,越是杂技艺人聚堆的地方,隐语行话进入当地百姓词汇的越多。吴桥杂技行话还有一个独特之处就是它随社会生活"与时俱进",随社会生活的变化有所发展。比如:20世纪80年代以前,艺人们外出演出要开证明信,就发展出"把杂"这一新的行话词语;去外地演出有时需要县里批准,就出现了"圈上把杂"(县里开信)这一词语。此外新的行话词语还有"转心子"(手表)、"夯子"(公章)、"叶子"(证明信)、"土冷子"(民兵)等,近一二十年来随生活的变化又产生了"掰铃子"(打电话)、"驾灵子"(开车)等语汇,说明吴桥杂技行话至今仍活跃,在艺人交际中还发挥作用。当然,这也从一个侧面反映了吴桥杂技事业的传承发展。

3.5 互联网语言生活中的隐语行话

"网络语言现象"是人类文化史"遭遇"的一个前所未有的"数字文明"问题,是一个具有文化史意义的社会新问题。"数字化语言""网络语言"是一种用以表现、表达人类自然语言信息的下一层次的工具,一种"网民"们网络生活层面特定的言语时尚。从世纪之交至今,"网络语言现象"一直是学界和公众共同的关注热点。甚至有人不切实际地频频疾呼:网络黑话何其多!事实上,还是应予理性面对。

于是,网络流传出不无揶揄色彩的顺口溜:

  见面不叫见面,叫——聚会
  有钱佬不叫有钱佬,叫——VIP
  提意见不叫提意见,叫——拍砖
  支持不叫支持,叫——顶
  吃不叫吃,叫——撮
  羡慕不叫羡慕,叫——流口水
  跳舞不叫跳舞,叫——蹦的
  东西不叫东西,叫——东东
  别人请吃饭不叫请吃饭,叫——饭局

第五章 民间隐语行话:别有洞天的语言民俗

兴奋不叫兴奋,叫——high

特兴奋不叫特兴奋,叫——至 high

有本事不叫有本事,叫——有料

倒霉不叫倒霉,叫——衰

单身女人不叫单身女人,叫——小资

单身男人不叫单身男人,叫——钻石王老五

蟑螂不叫蟑螂,叫——小强

被无数蚊子咬了不叫被无数蚊子咬了,叫——新蚊连啵

好看不叫好看,叫——养眼

网上丑女不叫丑女,叫——恐龙

网上丑男不叫丑男,叫——青蛙

网上高手不叫高手,叫——大虾

网上新手不叫新手,叫——菜鸟

看帖不叫看帖,叫——瞧瞧去

"我"不叫"我",叫——偶

不错不叫不错,叫——8 错

去死不叫去死,叫——74

亲亲你,叫——771

抱抱你,叫——881

气死我了,叫——7456

喜欢不叫喜欢,叫——稀饭

祝你快乐不叫祝你快乐,叫——猪你快乐

就是不叫就是,叫——94

是啊不叫是啊,叫——42

不要不叫不要,叫——表

统一:刷墙、扫楼的同义词。也就是整个版面都是你的回复,一种被谴责的行为。

××××ing:××××进行中,正在××××。比如"上网 ing"。

133

PP:照片,但如果是说打 PP,那就是 kick your ass(打屁股)的意思了。

kick your ass:打你屁股。

BT:变态。和浮云的其他版块相比,水版是个 BT 出没的地方,扁他(她、它)。

SL:色狼。浮云的特点是,狼多 MM 也多。

JJWW:叽叽歪歪,指人说话的样子。

SJB:神经病。

PMP:拍马屁。

MPJ:马屁精。

kick:扁。

slap:打耳光。

KH:葵花,就是练葵花宝典的高手。浮云某高手已练至化境,人皆不呼其名,而直呼 KH。

社会生活是创制网络语言的"基座",网络语言以其独特的魅力业已真切、生动地走进我们的生活,并在不断地为时尚增添着新的活力。两者之间的互动,也是语言发展不能拒绝网络、社会语言生活不能拒绝网络的一个根本要素。如果那些充满活力的网络语言能够经得起时间的考验,约定俗成后就应当接受,诸如"伊妹儿""MM""美眉(妹妹、美女)"之类,业已在多种体裁的文学艺术作品中运用自如。因此,应以积极的态度去对待网络语言。计算机网络上的流行语和有关计算机网络的社会流行语现象,就是当今中国进入数字化信息时代的一种十分现实、生动的写照。反之,"网络语言"和有关计算机的社会流行语,作为一种当今强劲的语言时尚,其本身无疑也在有力地推动着数字化社会的进程。现实语言生活存在隐语行话现象,网络语言自不例外。网络符号中确实存在像"@%&$%&"(有关性的詈语、脏话)这般不雅的符号,那是现实社会"国骂"在网络生活中的翻版,绝非网络首创。这类符号只能偶尔在网络中运用,日常言语交流中派不上用场。在现实生活中,"踩点儿""挂彩""反水""绑票""出血""撕票""上手""大腕儿""走穴""顶风上""跳槽""眼线""扯淡""失风"

"避风头"这些原本"出身"于"江湖黑话"者,早已堂而皇之地登入"大雅之堂",被吸纳为现代汉语语汇的正式成员。不仅所谓"网语"中还未见这类语言,即或与时下流入"市井"的诸如"菜鸟""飞鸟""大侠""灌水""伊妹儿""网虫""黑客""美眉"等相比,恐怕出自"数字文明"的这些语汇要比那些业已进入现代汉语而"出身"于"江湖黑话"者,"档次"高得多、"清白"得多,更比"疲软""坚挺"之类少些"荤猜"联想效应。

人们一时把网络用语视为隐语行话乃至"黑话",显然是因对其缺少了解。即如保险业行话、股市行话,对业内人士而言,是一种约定俗成的语汇系统,一种言语习俗;但在业外人士听来,如堕云雾之中莫名其妙。对于不同的群体和话语环境来讲,是否"隐语行话"则是相对而言。即如有学者研究认为的,网络用语和隐语都是一种建立在自然语言基础之上的人工语言,严格来说都是一种特殊的社会方言,有固定的使用场合,有适用的使用群体。应该给予网络用语和隐语以更多的宽容,只要其能够满足群体内部的使用需求,不必过分苛求规范化,因为它们毕竟不属于共同语。

3.6 经济生活中使用的隐语行话

市场经济生活涉及具体领域繁多,这里仅以在中国并非古老的传统行业,但在改革开放之后重新活跃于中国经济舞台的保险业、股市和彩票业流行的隐语行话为例。

3.6.1 保险业行话

保险业是改革开放后复苏、发展迅速的行业。当前业界流通着一些"圈内人"常用、具有特定含义而非"术语"性质的词语,即保险业行话。当代保险业行话汇释,词条涉及营销、管理、经营理念等方面,折射出行业发展的时代性和民族性,反映出我国保险业复兴时期既活跃而又在某些方面规范不足的状况。保险界自称的行话有三种含义:一是保险术语;二是业界常说的格言式语句;三是口语化的,具有特定含义,圈内人心领神会,圈外人不明其义或不甚了了的业内词语。具体语例如:

陌拜:"陌生拜访"的简称,不预约,直接上门拜访陌生人推销保险,专业名称为"直冲式拜访"。

陌拷:打电话向陌生客户推销保险,"拷"是 call 的音译。

卡拜:用富有创意的公关、营销卡片与客户沟通,推销保险产品。

扫楼、洗楼、扫街:保险推销员到居民楼或街道挨家挨户推销保险。

展业:拓展业务,指推销保险。

拉保:拉保险生意。我国面向私人的保险业务近20年才普遍兴起,民众保险意识不强,推销保险业务颇费口舌,而一些保险推销员为做成生意,想方设法,颇有生拉硬拽的味道,故推销保险业内称"拉保"。

抢单:抢夺保险业务。客户买保险以签保单标志业务成交,争夺客户,瓜分保险市场为"抢单",以"单"代生意,属借代造词。

促单:保险推销环节之一,在客户动了购买保险念头又尚未最后决定前实施相关策略,促使客户做出购买决定。

返点:保险公司给保险代理人的提成或回扣。"点"指提成的百分点,按保监会规定,保险公司给保险代理的"返点"不能超过8%。

孤儿保单、孤儿单:没有业务员跟踪服务的保单。客户购买保险后,通常保险公司有一位业务员跟踪提供服务,由于各种原因,原业务员不再受理该业务,而保险公司又没有及时做出变更,致使保户得不到相应的服务,这种处于无人服务状态中的保单,叫"孤儿保单"或"孤儿单"。属比喻造词。

做缘故:保险推销术之一。以亲朋好友、邻里乡亲、同学同事等具有一定亲近关系的人为业务拓展对象,依靠各种人际关系推销保险。"缘故"为"有关系的人"的代称。

转介绍:推销保险的方法之一,即通过现有的客户介绍发展新的客户。

拧毛巾:原用于企业经营,比喻像拧毛巾一样降低成本消耗。保险业行话"拧毛巾"指业务员在自己的亲戚朋友等熟悉的人中推销保险,直到所有的社会关系一网打尽。属比喻造词。

放鸽子:有三义:其一,指约会双方一方未能践约,履约方称被"放鸽子",被"放鸽子"的多是保险业务员。其二,指业务员与保户串通,虚报损失费,从中吃取超出实际的赔付额,损害保险公司利益。其三,指一种管理方式,业务员独立开拓业务,保险公司以销售提成的方式实行宽松的管理。

3.6.2 股市行话

股市是国民经济的晴雨表,股市行话随着股市行业的繁荣发展,电视、报刊等大众传媒的推动,已经日益为社会其他领域的人们所接受,有部分股市行话已经超出了专业领域,而用于日常交际中或为社会其他行业转用,逐渐成为一种社会用语。从语言学的角度,对股市行话这一部分特殊词汇进行分析和研究,将有利于对它们的规范和使用,并能从更深层次了解它们的社会文化意义。如有"套牢""反弹""低吸""高抛""收购""个股""追涨""年线""短多""骗钱""滞胀""摘牌""基金""竞价""打底"等股市行话。在构词上,采用一般构词法与特殊构词法相结合。例如,主谓式:盘整、仓重、绩优、走势疲软、买力薄弱等;联合式:吸纳、涨升、抬拉、大涨小回、上扬下挫等;动宾式:解套、建仓、拉底、抢跑道、坐轿子等;偏正式:仓位、旺市、新高、市场面、潜力股等;动补式:套牢、走稳、踏空、摸高、追涨等。

特殊构词法核心字和系族的构成,即利用已有的语素和构词法进行类推,可以大量地创造股市新词。这些股市词语以一个字为核心,与不同的字组合,周边的每一个字都可以形成同样的辐射性网络,从而构成一个系族。如以"股"为中心的股本、股票、股份、股评、股金、强势股、亏损股、潜力股、绩优股等,以"盘"为中心的开盘、收盘、整盘、停盘、崩盘、抛盘、盘挡、盘坚、盘跌、盘整等,以"仓"为中心的建仓、持仓、转仓、斩仓、满仓、补仓、空仓、轻仓、重仓等,以"手"为中心的买手、卖手、现手、总手、空手、做手等,以"面"为核心的盘面、股面、个股面、宏观面、资金面、消息面、政策面等。每一个系族中都含有共同的核心语素,而且所组成的词不管是语义关系还是语法结构都相同或基本相同。如果用"模标"来指该核心语素,用"模槽"来指可变语素,那么模标加模槽就构成了一个能产词的"词语模"。在这个词语模的基础上,以核心语素为中心,可以有前空型,例如"股""面"等;后空型,例如"股""盘"等。一个语素如果能以模标的地位得到确认,就大大增强了它的构词能力。

再如股市行话的语义特征。首先,股市词语往往短促有力,充满力度。例如表示动作性的词语有炒、抬、冲、追、杀、抛、崩、斩等,这些单个出现的动词一般以元音发音,饱满有力,语义上具有短暂、快速、有力量的特征,在股市行话中频频出现,可以说明股市交易的快、猛、狠,凸现炒股的大悲大喜、大起大落。其次,股市词语形象生动,贴近生活。例如双音节的动词套牢、踏空、摸高等,可以通过动补式结构将动作形象化、拟人化。还有表示情状、类型特征的词语,如暴跌、疲软、消化、撤退、抢跑道、坐轿子、垃圾股、绩优股等,也具有拟人化的效果,与生活用语紧密联系。这充分说明了股市经济已经与越来越多的市民发生联系,股票的涨升起落关系到千家万户的利益,牵动着无数人的心。

3.6.3 彩票业行话

自1987年发行第一张"中国社会福利有奖募捐券"到目前,全国发行的彩票主要有福利彩票和体育彩票两种。20多年来,在"彩民"之中已经形成并流传使用着一个直接与两种彩票博彩相关的隐语行话系统,有的媒体还做了辑录。例如:

重叠码:也叫重复号,与上期开出的中奖号码相同的号码。

边码:也叫邻号,与上期开出的中奖号码加减余1的号码。

斜连码:与历期中奖号码构成斜连形状的号码,斜连码必须由三期以上的各一个号码构成。

对望码:上下数期直观上呈现一定的规律(等量、递减、递增、倍增、倍减)出现的号码。

三角码:3个号码呈现三角形的号码。

弧形码:呈现有序的几何图形出现的号码。

空门码:与历期尤其近5期中奖号码没有任何联系的号码。

关系码:指与历期尤其是最近5期的中奖号码有联系的号码,一般重叠码、边码、斜连码、三角码、对望码、弧形码均归入关系码行列。

连号:即相连号,中奖号码按顺序相连。

同位码:也叫同尾球,是指一组中奖号码中尾数相同的号码,如 11、21、31 是同位码,5、15、25 也是同位码,一般每组中奖号码里都有 1—2 对同位码出现。

个位数:按不重复计算中奖号码中个位数出现的次数。如中奖号码为 1、15、21、36、37、21、22,则个位数为 5 个。

总值:各个中奖号码数值之和。

均数:指各个中奖号码的平均值。

极差:也称全距,指基本中奖号码中最大的号码和最小的号码之间的差。

遗漏:指开奖号码中没有出现的号码。

热号:指近期尤其在近 10 期内出现频繁、表现活跃的号码。

冷号:刚好与热号表现相反,出现频率比较低甚至没有出现的号码。

区间:指把所有备选号码分成若干个小组。如 15 选 5 可分为 1—5、6—10、11—15 三个区间。

跳号:隔期出现的号码。

3.7 涉嫌犯罪群体中使用的隐语行话

金玉学教授等撰写的《论犯罪隐语常识在警务工作中的特殊作用》认为,所谓犯罪隐语,是隐语行话重要的组成部分,是指犯罪分子以隐蔽为目的,在犯罪群体领域内成员之间相互交流过程中所使用的特殊的具有隐讳性的语言,是违法犯罪人员预谋犯罪、实施犯罪的重要工具,其中蕴含着犯罪的性质、内容、罪犯身份等诸方面的信息。如果人民警察能够破译、识别隐语的内容,对于打击犯罪、迅速破案无疑具有重要意义。

王卉的《广州地区犯罪隐语现状浅析》及其与冯冠强合撰的《广州地区犯罪隐语特点分析》,通过以个别访谈法、问卷法在广州市公安局十多个相关部门和番禺监狱等单位搜集的 738 例广州地区犯罪隐语的分析,发现广州地区犯罪隐语伴随治安形势的变化呈现个别类型的案件隐语发展很快,已成体系,有些案件的隐语已大幅萎缩的现象,现有隐语则存在一词多义、异名同指现象较多、方言色彩浓郁、量词表达不一、隐语指代划分细致等特点。

吴东升在《当代中国邪教秘密语探析》中提出,邪教秘密语是邪教活动中值得密切关注的现象,也是解读邪教内幕的一个非常重要的视角。该文依据丰富的第一手资料,对当代中国邪教秘密语的生成、类型、特征和功能进行了探索性的分析和研究。期望通过对这个问题的探讨,更加充分地认识和理解当代中国邪教群体亚文化的内涵,以及邪教滋长蔓延的长期性和复杂性。

3.8 其他方面使用的隐语行话

当前娱乐场所、娱乐业的隐语行话,在社会生活中处于边缘,但因其语汇更新较快而又处于十分活跃的状态。叶建明在《当前娱乐场所隐语的特点》中提出,娱乐场所已成为当代隐语传播的重要场合。娱乐场所隐语,具有隐语语源的综合化、隐语形态的复杂化、隐语功能的多样化、隐语传播的半封闭化等特点。

当今社会,娱乐业发展迅猛,娱乐场所(包括娱乐城、酒店、酒吧、歌舞厅、夜总会等)成为各色人等聚集的地方,也成为违法犯罪分子聚集活动的重要场合,诸如卖淫嫖娼、赌博、毒品交易、走私、黑社会性质组织犯罪等均具其独特的交流方式和生活习俗,他们往往选择在娱乐场所公开活动,但又要用独特的隐语来隐藏身份、识别同类,进行秘密交易。各色人等在娱乐场所的交流中逐渐形成娱乐场所独特的隐语文化现象。娱乐场所成为各种隐语滋生、蔓延、使用最为充分广泛的重要场合。当代中国社会的隐语在娱乐场所表现得更具复杂化、多样化,呈现出与传统隐语、与更为严密封闭的黑社会隐语、与其他行业领域隐语不同的特点。以下从隐语的语源、隐语的形态、隐语的功能、隐语的传播四个方面考察娱乐场所所出现的隐语共性、娱乐场所隐语与其他隐语的区别,以期引起学者们对这一领域的关注。娱乐场所隐语既具有一般隐语的共性,具有诡异性、歪曲性和封闭性的特点,又因其特殊的媒介、特殊的人群,而具有其相对特殊性。表现为语源综合化、形态复杂化、功能上戏谑游戏性、传播上半封闭性。隐语问题是公安机关发现违法犯罪线索、进行语言识别和言语鉴定所应关

第五章 民间隐语行话:别有洞天的语言民俗

注的领域,而在实际工作中也是一个不易解决的难题。娱乐场所是各色人等娱乐消费的场所,也往往是各种违法犯罪群体进行秘密交易的场所,广泛收集娱乐场所的隐语,深入研究其特征,及时掌握最新的隐语动态,顺藤摸瓜,研究其活动规律,无疑有助于我们预测违法犯罪新动向,深入了解违法犯罪新特点,并可为当代流行文化研究提供新的切入点。

如在一些色情交易的娱乐场所,"点台"指要"小姐","盘子"指被骗的顾客,"秀舞"指小姐在包厢内跳艳舞给客人看,"代支"指服务费,"砌"指性行为,"街钟"指出场费,"台钟"指坐台费,"出街"指带出场。通过隐语对话,嫖客可以判断某一个娱乐场所是否提供性服务、提供哪些项目的性服务、价格多少、安全度如何等,而性服务提供者也可以据此判断对方的真实意图、性取向是什么、是否是常客等,从而做出不同的反应。

4.问题与思考

4.1 隐语行话是一种应予积极抢救和保护的语言文化遗产

古今中外使用隐语行话的社会群体,主要是生存条件比较恶劣或很困难的群体,是社会的非主流群体、"弱势群体"和所谓的"边缘群体"。正因如此,这种语言现象也是一种"弱势语言现象"。弱势群体的弱势语言,一旦处于濒危的临界点,也就非常容易消亡。

有田野访谈调查报告指出,山西省雁北地区民间音乐遗留丰富,在其俗门鼓乐班社中,流传着两种"黑话":一为过去盲艺人所使用的"黑瞽语",一为古代"乐户"所留下的"乐户家话"。两种行业"秘密语"都有着各自的创造方式。其中,"黑瞽语"是从事物的形象特征或动作特征做出名称变更,取事物的同义词或近义词替代,以及通过"拆字"取义;"乐户家话"则使用中国古代音韵学中的反切法构字构词,即过去江湖中流行的所谓"切口"。并且,就雁北的方言来说,也有许多语词本身是以反切法构词。作者提出,近十几年来,随着国内外学者对这一地区民间音乐遗留的注意,上述与之相伴生的俗门鼓乐班社的两种行业"秘密语",得到程度不同的发掘与研究,但就总体情况来看,仍显不足,甚至与整个文化遗留不成比例,希望学者能对此做出更为深刻和全面的研究。

"菇民"群体的独特"语言"——"山寮白"亟待抢救和保护。据前往采访的记者报道:菇民们在菇山讲的又是"山寮白",我几乎听不懂。终于熬到午饭后,老人才和我讲起"山寮白"的由来。也不知从何时起,龙、庆、景三地菇民为了保护传统技艺不外传,约定俗成在菇民中间使用一种独特的菇山话,叫"山寮白",它没有文字,只有读音——是龙、庆、景三地交界处的地方土语,而且是用隐语来表述,比如:弯形的柴刀叫"弯";斧头因平正而称"板";老虎叫"白额";鹿麂类动物称"四足";野猪为"乌背";老鼠对菇业生产危害最大,故被视为"狼";做饭叫"烧寮";烧火叫"饶";等等。因为"山寮白"在老家平常是不许用的,因此有时连菇民区的妇女也听不懂这种语言。又据报道,早在几百年前,丽水龙泉等地便有了大批依靠种菇生活的人们。"枫树落叶,夫妻分别;枫树抽芽,丈夫回家。"流传在当地的这句俗语,便生动反映了菇民们这种候鸟般的生活。近日出现在人们视野里的龙泉龙南乡杨山头村一座数百年历史的老房子,便是菇民生活的见证。龙泉青瓷博物馆书记钟琦说,这是典型的依据浙南菇民传统生活习惯演化出来的民居结构。踏进这座老房子,就等于跨进了古老菇民鲜为人知的世界。直到现在,这座老房子仍然发挥着作用,居住在那儿的菇民们,男劳力远赴外省深山老林种香菇,留下看家守园的则是老弱妇幼。丽水的龙泉、庆元、景宁一带是中国香菇栽培的发源地。杨山头村正位于三地交界处,村子里几乎所有人都世代以外出种香菇为生。杨山头村有幢老屋叫余家大屋,房主都姓余。房子最初建造时间已无人清楚,最后一次重修是在乾隆年间。余家大屋面积不大,却被均匀地分成了42户,大屋里有28条弄、2个天井、1个中堂。屋里的弄特别小,一个稍胖的成年人都很难顺利通过。这里每户人家的面积很小,户型一样,一楼除了厨房、卧室,还有一间用于会客和吃饭。楼上一间卧室,一间储物间,每间面积不到10平方米,大部分房间光线都很暗。之所以将这么多户人家聚在一起,而且房子里的布局像迷宫,弄堂还很狭窄,主要是为了防盗。因为,菇民们世代都过着半年在家干农活、半年深山居菇寮的生活。菇民们外出种香菇后,只有老弱妇幼留在家里看家守园,相互间方便联系照应。今年77岁的余马生就出生在余家大屋里,他儿子、孙子也曾生活在这里。老余说,除了屋顶的瓦片和部分板壁换过,这么多年来,老屋没变过。在过去,龙、庆、景三县菇民将种香菇视为谋生特技,规定不准将技术外传,在家庭内亦规定"传媳不传女"。一旦有谁将技术外泄,必将遭到菇民们的严厉惩处。为了防止技术外泄,菇民们一上菇场就用另外一种语言交谈。这种语言叫"山寮白",是一种纯行业语言,除菇民外,其他人包括亲戚朋友也听不懂。如今,大屋里的人纷纷外出经商、打工谋生,如今住在这里的只有十几户。菇民们传统的生活方式正渐渐消失,而"山寮白"也几乎没什么人会说了。

在辽宁社会科学院、中国刑事警察学院、中国民俗语言学会等单位联合主办的第三届"语言与民俗"国际学术研讨会上,与会学者从不同角度,对于抢救研究濒危民俗语言现象、抢救研究濒危民族语言在当代中国社会的价值和意义进行了阐述。在对吴桥杂技和陶瓷收藏等方面隐语行话长期存在的社会原因进行科学分析的同时,也指出还有许多群体民间隐语行话处于濒危状态。作为一种特殊的民俗语言文化现象,对于隐语行话的种种误解,是其濒危的首要因素;其次,随着一些使用隐语行话群体的消失,其所使用的隐语行话也随之消亡;再就是,隐语行话也会随着某些其所依附的"濒危语言"的消亡而消亡。隐语行话属于社会文化深层结构之中的一种更为特别的民俗语言文化现象,是考察研究中国社会文化、语言文化别具一格的独特视角。因而,在呼吁全社会注意保护、抢救濒危语言的同时,亦当不要忽略关注另一种十分细微的、一向为世人所误解难以正视的"另类濒危语言"品类——民间隐语行话。而且,少数民族濒危语言的抢救,同样存在对其隐语行话的抢救问题。

中国民间隐语行话资源每时每刻都在消亡和流失。汉语是世界上使用人口最多的一种语言,因而汉语民间秘密语非但历史悠久,也是世界上诸类语言现象中最大的一系。对于已经处于"高濒危状态"的各类民间隐语行话,亟待采取有效措施进行抢救性发掘整理。

4.2 区别良莠,辨风正俗,科学认识隐语行话

区别良莠,辨风正俗,首先从学术视野和知识层面破除主流文化层面对民间隐语行话的误解,科学认识隐语行话的性质和文化价值。这是抢救、保护民间隐语行话以及规范使用的基本前提。

多学科视点的研究,显示了学术界和社会有关方面对这一微观科学领域的关注与需要。正如有的专家所言,隐语行话既很有专门性,又颇有外部联系的

广泛性,是历史学、语言学、社会学、文学、民间文艺学、民俗学、考据学、文化学以及公安司法的预审学、语言识别、言语鉴定科学乃至自然科学等多种学科科研教学和实际应用部门所共同关注的领域,并且也是海外中国学(汉学)研究关注而不易解决的课题。应认识到,民间秘密语是相对地域方言而言的又一语言社会变体,一种亚文化群体的语言代码,一种非主流文化现象,一种属于非主流语言文化的特定民俗语言现象,一个非常值得探讨而又十分有趣的重要分支领域。

各民族语言的隐语行话更具民族文化特征。例如,据近年来已经开始初步进入学者们视野的蒙古族传统医学典籍《甘露八支秘诀窍》的隐语,布依语的反语,僜人使用的隐语,佤语的反语,湘西苗语中的隐婉话,以及燕子口苗语中的反切语,等等。可以说,隐语行话是考察、保存和利用这些少数民族文化的重要文本,也是透视其民族思想意识的重要窗口。少数民族语言的民俗语汇和隐语行话,由于其"母语"本身就往往是使用人口比较少的"弱势语言",一向更少受关注,因而,更是其中的"重中之重",处于"高濒危"的状态。少数民族语言,由于其使用人口相对较少,有的已经处于濒危态势,更何况其中一向不为人所注重的隐语行话呢!所以,在关注、抢救作为"另类濒危语言"民俗语汇和隐语行话时,尤其不要忽略了各民族语言中的这类特别濒危语言现象。

包括一些往往涉嫌社会犯罪群体在内的亚文化边缘性群体,大都使用着隐语行话。对他们而言,隐语行话往往是一种涉嫌犯罪行为以及自我保护的内部言语交际工具。据了解,在全国二百多所大中专公安司法院校中,迄今只有为数甚少的隐语行话专家。至于为刑事侦查和言语识别、鉴定所需的隐语行话专业人才,更是寥寥无几。在澳门,博彩业隐语行话不仅是其行业技艺传承的主要载体,同时也是揭示、印证业内犯罪乃至当地黑社会犯罪的重要手段。

4.3 正确引导与规范,维护祖国的语言健康发展

有媒体报道,在"炒股热潮"中,许多不谙世事的未成年人,对沉迷股市的父母、老师的炒股言行和举动耳濡目染,不经意间在校园里掀起一股热学"股言股语"的热潮,比如,要零花钱叫"补仓",成绩差称"探底",买东西是"投资",家长控制零花钱叫"割肉","股言股语"出口成章。因而,提醒所有参与炒股的家长

和老师:在股市"热闹"的情况下,切莫赢了股票而输了孩子。与此同时,学界也注意到,股市行话的发展与流行是社会物质生产的多样性与人们生活丰富性的一种折射。股市行话的迅速流行对社会文化产生了深远的影响,股市词语的意义被泛化和扩大,在整个社会语言中得到反映,不仅是经济领域,还逐渐渗透到其他语言现象中。体育报道套用股市行话,楼盘分析使用了股市行话。婚姻恋爱、日常生活也与股市行话扯上了关系。比如:年轻人择偶要有个"心理价位";刚谈朋友叫作"探行情";订婚叫"入市";结婚叫"成交";两人世界由热转冷叫"盘整";结婚后双方感情不好叫"踏空";有了孩子叫"扩容";婚后感情平淡,无可奈何地凑合叫"套牢";终于离了,叫"解套";两口子婚姻彻底散伙不可挽回叫"崩盘"。如此等等,诙谐幽默且生动形象。

应注意正确引导,以语言文字法为依据,规范隐语行话的使用。尽量减少一些隐语行话进入公众交际活动,尤其需要注意避免一些与社会犯罪相关的具有"黑话"色彩的隐语行话的"泛化",维护祖国的语言纯洁、健康发展。

思考题:

1. 隐语行话的特征有哪些?
2. 隐语行话的五种基本形态是什么?
3. 举例说明隐语行话和社会共同语的关系。
4. 试论隐语行话研究的现实意义。如何科学对待和规范这种语言民俗?

第六章　市井语言习俗例说

　　市井社会三教九流、五行八作,各有其特定的语言习俗。各种语言习俗无不与当行行事密切关联,各有鲜明的行当特征。

　　这里,仅列举数种,以示市井语言习俗的丰富多彩。

1. 俗语雅趣

在汉语文献里,"俗语"一词始见于司马迁《史记·滑稽列传》所附褚少孙补写的《西门豹治邺》文中:"民人俗语曰:'即不为河伯娶妇,水来漂没,溺其人民'云。"在此,"俗语"指的是民间流传的说法。至东汉刘向《说苑·贵德》和班固《汉书·路温舒传》引述路温舒写给汉宣帝信中的话:"故俗语云:'画地作狱,议不可入;刻木为吏,期不可对。'此皆疾吏之风,悲痛之辞也。"在此,"俗语"则是指今日民间口语中流行的通俗、形象的定型语。不过,由于概念比较模糊、宽泛,同时也用指方言土语。如北魏郦道元《水经注·濡水》:"濡水……西北入难河。'濡''难'声相近,狄俗语讹耳。"唐刘知幾《史通·杂说中》亦云:"所以晋楚方言,齐鲁俗语,六经诸子载之多矣。"这种情况,西方语言中也是如此。如美学家朱光潜在《但丁的"论俗语"》一文里写到:"他(但丁)所谓俗语,就是与教会所用的官方语言(拉丁)相对立的各国人民大众所用的地方语言。"

鲁迅《且介亭杂文·门外文谈》中谈道:"方言土语里,很有些意味深长的话,我们那里叫'炼话',用起来是很有意思的,恰如文言的用古典,听者也觉得趣味津津";"年深日久之后,语文更加一致,和'炼话'一样好,比'古典'还要活的东西,也渐渐的形成,文学就更加精采了。"鲁迅先生所说的"炼话",即俗语。宋欧阳修在他的《归田录》中写道:"俚谚云:赵老送灯台,一去更不来。不知是何等语?虽士大夫亦往往道之。"足见这一俗语在当时流行之广,至今民间仍然流传着"赵巧送灯台,一去不回来"的说法。而且,与之相关还有一个颇富教育意义的神话传说。

相传,木匠的祖师鲁班有位心灵手巧的高徒名叫赵巧,只是此人太骄傲、好虚荣,多次遭到师傅训斥,甚至差点被赶出门去。一次,东海龙王要做寿,鲁班感谢龙王曾借给自己《龙宫图》,就精心雕制了一盏玲珑剔透的灯台,并在里面镶了一颗大夜明珠,准备送给龙王作贺礼。可是,由于手头工程紧张,鲁班一时脱不开身,不能亲自前往东海贺寿,只好物色一位善于言辞和交际的人去送灯台。赵巧闻讯后,三番五次请求代师傅走一趟,加上夫人也帮着说话,鲁班就答应了他。临行前,鲁班一再叮嘱赵巧,一定要把礼物亲手献给东海龙王,祝寿后就立即回来;并且,要时时随身携带另一盏装有避水神珠的灯台,不可大意。不料,赵巧一到龙宫,就被那里的富丽堂皇、笙歌美女搅乱了心。而且,当他仔细看着那即将献上的精美灯台时,又突然萌发了贪心,竟将不是寿礼的随身携带的另一盏灯台送给了东海龙王。就是这一念之差,铸成了千古遗恨,留给后人一条警世常言。当他怀中藏着寿礼灯台跨出龙宫时,由于灯台里镶的是夜明珠而不是避水神珠,大海的波涛立时无情地将他吞噬了。自此以后,"赵巧送灯台,一去不回来"这个俗语便在民间流传开了,劝诫人们为人要忠厚老实,否则将会留下人生悲剧。尽管人们现在大都把这个俗语用作表示"一去不回"的民俗语言材料,但其语义色彩中仍凝聚着这一传说的主题。

俗语是一种滋生于民俗文化深厚土壤的民俗语言形态,其在言语交际中的独特修辞力量和作为语言化石的社会功能,已越来越受到人们的喜爱。

各民族语言中都存在无数经久不衰的俗语,就在于这是一种充分吸收了民俗营养的语言形态,是民俗为之注入了旺盛的活力。可以说,无论俗语语言形式怎样变化,单就其所涉内容来看,几乎可以说没有一个俗语是超脱于民俗之外的。例如:老皇历翻不得,十冬腊月,驴年马月,是有关岁时习俗的俗语;吃老本,插杠子,三天打鱼、两天晒网,木匠多了盖歪房,武大郎卖棉花——人熊货软,是有关职业、生产习俗的俗语;穿小鞋,扣帽子,穿衣戴帽、各好一套,穿新鞋、走老路,王母娘娘的裹脚布——又臭又长,玉皇大帝的帽珠——宝疙瘩,是有关服饰习俗的俗语;炒鱿鱼,老油条,闭门羹,吃小灶,不蒸包子蒸(争)口气,一斤肉包只饺子——好大面皮,骑毛驴吃豆包——乐颠馅了,吃菜吃心、听话听音,是有关饮食习俗的俗语;开天窗,挖墙脚,不知哪头炕热,隔着锅台上炕,隔窗户吹喇叭——名声在外,是有关居住习俗的俗语;抬轿子,拦路虎,车到山前必有路,坐轿号丧——不识抬举,骑驴看唱本——走着瞧,是有关交通习俗的俗语;牵红线,打光棍,为人做嫁衣,少是夫妻老是伴,捆绑不成夫妻,大姑娘坐轿——头一遭,吹鼓手娶亲——自吹自擂,是有关婚嫁习俗的俗语;帮倒忙,打圆场,两面光,千里送鹅毛、礼轻仁义重,画龙画虎难画骨、知人知面不知心,冤家宜解不宜结,是有关交际习俗的俗语;怀鬼胎,抱佛脚,断香火,半路出家,不做亏心事、不怕鬼敲门,大水冲了龙王庙——一家人不认一家人,螺蛳壳里做道场——施展不开,是有关迷信、俗信、宗教等习俗的俗语;耍把戏,吹鼓手,乱弹琴,唱对台戏,马后炮,围棋盘里下象棋——不对路数,桌子底下放风筝——起手不高,是有关游艺习俗的俗语;等等。此外,还有相当数量的俗语是人类与自然界斗争经验的精炼总结,如:人勤地不懒,黄土变成金;三春不如一秋忙。从基本特质来看,俗语虽有谚语、格言、歇后语、惯用语等多种品类分别,但都具有民俗的口头性、传承性、社会性、民族性、地方性、变异性等特质,是一种常见而习用的民俗语言形态。民俗语言学就是从对俗语的科学考察与研究为起点逐渐形成的。

从另一层面来看,俗语又是人生的一面镜子、社会生活的语言化石。透析俗语,可以从中了解与印证不同民族、不同地区、不同时代人们的各种心理定式、价值取向。从一定意义上说,一部有价值的俗语汇编,就是社会的一部小型百科全书。因而,收集、发掘俗语,去粗取精,一直是人们乐而不废的富有科学意义的工作。

2.新俗语及俗语词典

在中国俗语学史上,汉语关于俗语的称谓达几十种之多,如:谚、里谚、野谚、鄙谚、俗谚、俚谚、古谚、乡谚、谚语、谚言、直语、成语、乡言、古语、野语、鄙语、迩言、里语、俚言、俚语、乡语、俗语、俗说、俗话、俗谈、传言、俗论、常谈、常言、常语、恒言、里言、市语、方言等;比较专门的还有藏词、瘦辞、歇后语等。前面的若干种称谓,既有现在作为单一俗语品类专称,而大都泛指成语、谚语、格言、歇后语、惯用语、俚语等各俗语品类的通称,或曾有过这种泛称的历史用法。汉语关于俗语称谓的纷繁复杂,反映了关于俗语概念的认识过程和形成的历史。清代学者钱大昭《迩言》自序中说得很有道理:"乃谚为无逸之所成,然齐人有言,孟子以证乘势;南人有言,孔子以徼无恒。夏谚、周谚,引于经传;齐鄙语引于《吕览》,邹鲁谚引于《汉书》,则浅近之言,亦圣贤所不废乎。夫今古一耳,古人所言,今人谓之古语;在古人自视,未尝不以为今语也。笔之于书,遂为故实。若然,则今人形为俗语,安知不为几千百年之故实乎!"语言事实亦正如此。我们见到的一些颇为文绉绉的成语,认真考溯其源,大都采自当时民间俗语,经过文人加工整理,多失口语风格,其斧凿之痕恰成辅证。如"看见骆驼说马肿背,少见多怪"这个俗语,在《牟子》引谚中写作"少形见,多形怪,驼言马肿背"。

俗语兼具民俗语言和口头文学双重属性,在扩布、传承和运用中,或有变异、消亡,而且也在不断创造、滋生着。语言发展史是条"渐变"型的缓缓流淌的河流,相对比较稳定。相对语音、语法而言,词汇则是语言历史长河中最为活跃的波浪。新词汇不断创造出来的同时,旧词新义也不断出现。俗语作为汉语的一种蕴藏极富的特别语汇资源,也在时时出新。这也是俗语这种民俗语言形式的旺盛生命力所在。新词新义现象已引起了语言学家、语文辞书学界的重视。《辞书研究》不仅先后刊出了一些文章(如吕叔湘《大家来关心新词新义》、刘向军《新词新义与语文词典的收词》),而且又率先开辟了《新词新义》栏目,其中颇有一些现代俗语(或称新俗语)词语。例如:开口子、关系户、小字辈、老大难、踢皮球、闲言碎语、一把手、一刀切、文山会海、大包大揽、牛郎织女、气管炎(妻管严)、小儿科、大锅饭、放卫星、排忧解难、关系学、炒买炒卖等。这些以成语、惯用语品类形式出现的俗语,或源于当代现实社会生活(如"妻管严""文山会海""放卫星"),或具有悠久、丰富的民俗语源底蕴(如"大锅饭"),但都活跃于当代社会生活,具有特定的时代性语言意义,通俗、凝练、生动、形象、鲜明,为人民所喜闻乐道。这些新俗语(包括未谈到的新谚语、新格言等俗语),有的虽带有地方色彩(如"炒买炒卖"),但大都从口语进入了书面语,不只文艺作品中常可见到,也活跃于新闻、政治语言之中,以汉民族语言的俚俗特点,登上了民族共同语的"大雅之堂"。新俗语的采集、整理,不仅是语言学的课题,也是民俗学、社会学尤其是语言民俗学颇有价值的研究课题。

俗语的形成是个创造兼约定俗成的过程。俗语的扩布、传承与运用,又是个筛选、簸扬和优化的过程。采集、研究和编纂俗语词典,尤其兼具筛选、簸扬和优化、规范的系统工程。俗语作为一种民俗语言现象,多与方俗结缘,有些俗语的地方性则较强。唐刘知幾《史通》卷十七《杂说中》就"王劭《齐志》多记当时鄙言"而"对曰":"古往今来,名目各异。区分壤隔,称谓不同。所以晋、楚方言,齐、鲁俗语,《六经》诸子,载之多矣。""斯并因地而变,随时而革,布在方册,无假推寻。足以知氓俗之有殊,验土风之不类。"俗语的约定俗成属于自然性的规范过程,是消极式的规范,以科学方法进行优化、规范,则是个积极式规范过程。编写俗语辞书,即属于这种科学的、积极式规范手段之一。

实际上,任何一种语言中的成语,其主要的来源都是民间口头熟语与谚语,汉语也不例外。文言中的许多老成语,也都来自民间。例如:《战国

第六章 市井语言习俗例说

策·赵策》:"鄙语曰:见兔而顾犬,未为晚也;亡羊而补牢,未为迟也。"《史记·秦始皇本纪》:"野谚曰:前事之不忘,后事之师也。"《汉书·贾谊传》:"里谚曰:欲投鼠而忌器,此善喻也。"《典论·论文》:"里语曰:家有敝帚,享之千金。"引文中所说的"鄙语""野谚""里谚""里语",正是指的民间口头熟语和谚语。既然古代作者记载下来的民间口头熟语与谚语可以称为成语,那么现代作者记载下来的民间口头熟语与谚语当然也可以称为成语。古今的界限应该打破。一条成语,不论产生在五四运动以前或者五四运动以后,不论是从文言中继承下来的,或是现代作者从口语中吸收来的,应该一视同仁,平等对待,承认它们都是汉语中的成语。根据这样一条原则,就有大量的新成语可以得到承认,能和传统的老成语取得同样的地位。(史式·赵培玉编《汉语新成语词典》"说明")

这里,作者所谓"新成语"都是什么呢?试看《汉语新成语词典》所收条目:唉声叹气、推板手、按下葫芦浮起瓢、八不挨、八竿子打不着、八九不离十、八面光、八字没一撇、白热化、百分之百、摆架子、拜年话、板上钉钉、半半拉拉、半路出家、半夜吃桃子、棒槌打人手抚摸、棒打不回头、抱粗腿、抱佛脚、抱住斧子一边砍、背包袱、背黑锅、背死人过河、逼着公鸡下蛋、鼻子大压着嘴、鼻子碰鼻子、笔杆子、闭起眼睛说瞎话、变色龙、蹩脚马、病病歪歪、不尴不尬、不管三七二十一、不起眼、不是鱼死就是网破、不自由毋宁死、吃老本、吃了砒霜药老虎、扯后腿、出洋相、穿小鞋、传声筒、吹喇叭、打电话、瓜无滚圆人无十全、好心当驴肝肺、归里包齐、横眉冷对千夫指、春蚕到死丝方尽、打里打外、乡里狮子乡里舞等,凡三千余条。显然,或成语,或谚语,或歇后语,或惯用语,俚语,偶有格言,尽为俗语。一部好的词典,要具有科学性、知识性、规模性、新鲜性兼相对的稳定性,这样才会具有权威性。俗语词典亦当如此。《汉语新成语词典》的主要成绩和作用,一是为读者释难解疑,提供有关知识和线索;二是对俗语的积极规范作用。一个从方言俗语进入现代汉语通语的"拆烂污",虽已常见于书籍报刊,但并非社会上各种职业、各文化层次的读者都读得懂。然而,六七种成语、惯用语和俗语词典的释文都难尽如人意,而且注音、释义中各说纷杂歧出,令人莫衷

一是。但这部新成语词典的释文相比之下则显得既简洁又精详:

[拆烂污(cā làn wū)]吴方言,指做事不负责任,致使事情糟到难以收拾。在吴方言中,称解大便为"撒污"。稀屎叫做"烂污"。拆烂污的本义就是"拉稀屎",现在常用的含义由此比喻得来。正如北方口语把一个人不好好干活称为"拉稀"。"拆"字在普通话中本应读为chāi,在吴方言中则读为cā。这条成语来自吴方言,习惯上读为cā。高晓声《李顺大造屋》:"自家人拆烂污,说多了也没意思。"

所见几种收录这个条目的成语、惯用语、俗语词典释文均嫌简略,注音或取普通话读音,或取吴方言读音,于此则显欠妥、欠详了。这时应该交代给读者关于"拆烂污"的起码的一些知识。《汉语新成语词典》对俗语的规范作用于此也显见一斑了。而且,同《现代汉语词典》的释文相比,又独具俗语辞书的特点,显示出了专门语文辞书与普通语文辞书的区别。《现代汉语词典》的释文是:

[拆烂污(cā làn wū)]〈方〉比喻不负责任,搞坏了事情(烂污:稀屎)。

由此亦可想到,普通语文辞书既收录俗语,虽不能要求其具有专门俗语词典的全部功能、特点,但亦兼有对俗语的规范责任,这是义不容辞的工作。因为俗语的纯洁与规范,是民族语言的纯洁与规范的组成部分,而且任务尚显更艰巨一些。

俗语这种民俗语言性质的语汇系统,与民俗文化如同鱼水,有着天然之缘。很多俗语不唯有其文献语源可寻,尚有其独特的民俗语源可探。在《从民俗语源略谈"大锅饭"》[1]这篇文章中,作者从历史民俗形态探寻、考释了"大锅饭"这一俗语的民俗语源。如果俗语辞书,包括现代新俗语辞书,在释文中适当向读者交代一些相关的民俗语源和典故知识,不只会增加俗语词典的信息量,也将提高其学术价值和应用价值,使之兼具可读性。尽管俗语辞书通常作为专门语文辞书出现于读者面前,但基于俗语的固有性质和特点,这样要求俗语辞书的作者亦不属非分和牵强。事实上,一千多年的中国俗语辞书史的一个传统特点,即如此。这是中国古代许多汉语俗语辞书作者已经在探索和实践了的一种

---

[1] 曲彦斌:《从民俗语源略谈"大锅饭"》,《百科知识》1985年第12期。

俗语辞书编纂方法,一种应予肯定和继承的科学方法。就此,不妨也抄示几种释文样例:

明陈士元《俚言解》卷二"乡里夫妻":俗言"乡里夫妻,步步相随",言乡不离里、夫不离妻也。然古人有呼"妻"为"乡里"者。沈约《山阴柳家女》诗:"还家问乡里,讵堪特作夫。"又《南史·张彪传》:"我不忍令乡里落他处。"亦见《西溪丛话》。

《俚言解》卷一"煖房筵":"男婚之夕,女家设谯,谓之'煖房筵'。"此风不知何所起,或曰"煖"当作"餪"。《闻见录》:宋景文公纳子妇,其妇家馈食,致书曰以食物煖女。文公曰:错用"煖"字,从"食"从"耎"。其子退检书《博雅》中有此字。今考韵书注:女嫁三日送食曰"餪",非初婚之夕设谯煖房之谓也。今人移居,亲友携酒殽会集,亦曰"煖房",又曰"温居"。

清顾张思《土风录》卷十二"省吃俭用":龚明之《中吴纪闻》云:予尝附益黄山谷语,以省吃俭用号五休居士。今俗节俭者有此语。

《土风录》卷十二"顺手牵羊":伺便窃取曰"顺手牵羊"。按《曲礼》效举者右牵之,俗呼右手曰"顺手",取"顺便"之意。

清王有光《吴下谚联》卷二"养媳妇做媒人自身难保":媒人介绍六礼,求全责备,虽善解纷者,亦惮其烦,况养媳乎?夫养媳妇权倚翁姑,何有何亡,全无黾勉,一旦承允媒妁,人嗤从井救人,彼竟现身说法。妇家勒重聘,则曰"苟完矣,辟如养媳,蓝缕若何"。男家索厚奁,则曰"苟美矣,辟如养媳,虚筐若何"。使二姓之有请谒焉。如此婚媾,其能降以相从也。惟其自身之难保,是以媒人之可做。

古人考释俗语兼及民俗,实际在于考释民俗语源,然而仅系肇始,尚未总结出切实的科学理论与方法。因而,俗语加释民俗语源还有待民俗语言学及俗语学研究的深化。《汉语新成语词典》已经做出了很有意义的尝试性工作,同时也期望继此之后出现更有特色、更加完善的俗语辞书,使俗语辞书真正兼具民俗语汇词典或特种风俗词典的功能。

于此,仍想论及的是"俗语"与"雅语"的关系。"成语"在汉语中是个后起的概念,明代丘濬《故事成语考》为较早,至清代概念才明晰起来。然而人们似乎有一种看法,认为俗语一旦被"成语"吸收,才"修炼成仙"成为雅言而登堂入室,否则仍属"下里巴人"。其实不然,实是一种误解或偏见。姑且不论古汉语中"成语"大都源于"野语""俚言",现代汉语中所谓"新成语"的现代俗语,不都活跃于文学作品、政治语言等大雅之堂吗?究其实质,还是正名为"俗语"才是本来的面貌、贴切的称谓。俗语是民间文化(亦即"下层文化"或称"俗文化")的有机组成部分。民间文化是民族文化的基础和土壤,直接影响并作用于"上层文化"(亦即"雅文化")。语言何尝不是如此,历来通语、官话都是在其地方变体的基础上形成的。由此,俗语作为一种源源不绝、取用不竭的民俗语言资源,不断为通语雅言输送充满活力的新鲜成分,也是极其自然的。

3. "吉祥号码"与数字崇拜

一般说,数字是一种枯燥的符号。用默默数数来催眠,早就是一种人所熟知的常识了。然而,一旦被人为地赋予某种特定含义或色彩的时候,那就另当别论了。

一个本来极其寻常的数字"8",就因为在某些地区方音中与"发"谐音,则被视为预示着发达、发迹、发财的"吉祥号码",趋之若鹜。相反,因"4"与"死"方音相近,则被看作"晦气数",唯恐避之不及。

香港这座大商埠是很看重吉祥号码的。有的商店,以"168"作为店名,取其方言谐音既是祈愿自家生意"一路发",又可取悦于顾客作为招徕,实在是一举两得。有的豪华公寓,在建造时即安排成168个单元,求租的房客果然踊跃。于是,一些含有所谓"吉祥数字"的"幸运车牌",便成了高价拍卖的抢手货。据说,1969年时,一位富商花了36000港元购下了一块6号车牌。原来,他排行老六,在当地方音中,"6"与"禄"音近,因而,他把"6"视为财源旺盛的"吉祥数"。

可以说,当年这位港商以3万多港元买下一块"幸运车牌"实在是令大陆人惊奇不解。然而,仅仅过去数个寒暑,那位港商的出价和时下大陆一些城市"吉祥号码"的拍卖价相比,已堪谓"小巫见大巫"了。

一块弹丸之地,兴再大的风也难生多大波浪。但要是大江南北一风吹,难免不成浪潮。"吉祥号码"热,时下方兴未艾,一个普通的电话号码,一块寻常的车牌,即因其沾了"吉祥数"的光而身价陡然倍增,3万、5万、十几万元也有抛金

157

竞争者。甚至,门市开张、开工奠基也刻意追求"吉日良辰",8月8日报纸的广告版面也成了不惜重金角逐的吉祥日广告战场。究其实,不外是要讨一个"发财"的口彩。作为一种民俗语言文化现象,口彩与禁忌往往孪生和相伴。按照"888"标志"发发发","518"即"我要发"之类推断,"51794"恐怕该是"我一气就死"了。据说,有人因嫌弃自己出生年月日的数码谐音不吉,出钱要求改为"吉祥数字"。

《红楼梦》中金钏对宝玉说道:"金簪子掉在井里头,有你的只是有你的。"意思是说,你应该获得的东西总会得到的,否则强求或心急亦无济于事。市场经济中的竞争自是一种规律,成功要靠才智胆识和脚踏实地的奋斗进取赢得。"吉祥号码",顾名思义,不过是一种人为地用以寄托良好愿望和祈愿好运的数字而已,光凭讨口彩是难以有所成就的。没有实实在在的努力奋斗,无论花多少钱争购来的口彩也不过是阿Q式的自欺欺人,甚至是亏本之举。

有人说,争购"吉祥号码"是在激烈的商品竞争中向世人显示实力,是一种特殊的广告形式。闻之,未免给人以用巧言遮掩迷信心理之感。同那些内容实在、效果深入的广告相比,这种"广告"未免空泛乏味,其代价也未免过于昂贵。如果将购买"吉祥号码"的数万或数十万元巨资直接投入商品生产或职工的福利之中,其作用和效应显然比讨口彩要大得多。这个经济账,恐怕人们都会算。如此做"广告",值得吗?

说起来,"吉祥号码"热,不过是古老的数字崇拜民俗遗风在当今商品经济大潮中的翻版。在古代,"数"有时是特指占卜之类的方术。战国时代的《楚辞·卜居》中即说:"数有所不逮,神有所不通。"《易·系辞传》中也说:"凡天地之数五十有五,此所以成变化而行鬼神也。""算数"之"算"的别体"祘",由两个"示"字构成;据汉许慎的《说文解字》所释,"示"乃"神事也"。也就是说,中华民族的数字崇拜突出地表现为有关数的占卜活动。古代的"术数家",即以有关天文、历法和占卜的学问为其本事。在原始宗教、术数以及佛教、道教的作用下,生活中的许多数字益发变得神秘起来,并衍生出无数有关数的崇拜与禁忌民俗。

祈愿吉祥如意,避凶趋吉,是人类本能的社会心理,无可非议。反之,试问谁会希望整日生活在凡事不顺的煎熬之中呢？不过，凡事总有其"度"，否则即有失于规范、限度。关于数字崇拜的民俗，亦不例外。世上许多民俗事象，其作为民俗、陋俗乃至恶俗的界定，即在于这个"度"上。这个"度"，主要体现于对社会生活是否有益，是利多弊少还是弊大于利。择定婚期，尚双忌单习俗，表达对婚姻和美的良好祝愿，顺乎人意，可谓积极健康。然而，如若刻意追求基于生辰八字、生肖迷信等演绎出的所谓"吉日良辰"，则未免失之愚昧无聊了。

"吉祥号码"的数字，同社会生活中各种数字一样，其本身都不过是普通的量或序的自然符号，即如用某一数字特指某种事物那样，如"1号首长""6号座位"之类，"吉祥"与否并非其固有意义。给数字人为地附加某种意义或感情色彩，以表示对美好事物的祈愿，无须大惊小怪。然而，希图由"吉祥号码"来把握人生和事业成败的命运，则不能不说是一种迷信，一种愚昧无聊之举。古来向有以财物敬神、媚神旧俗，因而俗有"钱可通神"之语。试想，若花巨资购来的"吉祥号码"真有改变人生命运的魔力，那么万事岂不就毫无意义了吗？还要什么真才实学、勤奋努力和奋斗竞争呢？说破了似乎浅显可笑，事实不就是这么个道理嘛！看来，"吉祥号码"主宰不了人生命运和事业成败，要进取唯有靠聪明才智和百折不挠、脚踏实地的艰苦奋斗，由此才能赢得吉祥如意。

市场经济的大潮迅猛澎湃，给无数青年造就了施展才干抱负的历史机遇，也将随时击破许多迷茫痴盼的空想"吉祥"之梦。究其实，面对"吉祥号码"热也不必过于忧虑不安。因为，我们古老的传统文化中更多的还是优秀遗产，何况现代科学也在不断强化辨风正俗这一古老传统的活力。真正的"吉祥号码"是事业成功与社会前进的美妙音符。"吉祥号码"热，不过是社会经济发展大潮中的一个变态的不和谐音符而已。

4.市井传统商业招徕市声

中国市井传统的商业广告民俗主要有两种形态,一是以色彩、造型等视觉标志传播信息的招幌,一是通过有声语言和器乐音响招徕顾客的市声。根据经营方式和商品特点,或采用前者,或采用后者,或两者兼用。

4.1 叫卖吆喝

最原始的叫卖吆喝是如何的情景,尽管凭现实生活经验可以想见得到,但缺乏实证和文字记载。《诗经·卫风·氓》描述了"氓之蚩蚩,抱布贸丝。匪来贸丝,来即我谋"的以物易物的原始贸易活动,然未言及理应伴存的招徕推销性质的叫卖吆喝之声。《韩非子·难势》"自相矛盾"中,市上兼卖矛盾者一边展示所售实物,一边反复向人夸耀"吾盾之坚,莫能陷也"和"吾矛之利,于物无不陷也",当是有关叫卖招徕市声的较早文字描述。

史学研究认为,中国大约于夏朝时,开始出现农工商业的社会分工;至春秋时期,商业已有行商坐贾之分;隋末唐初,则形成工商诸业行会组织。然而,有关商业招徕叫卖吆喝市声的记述文献,却显见于宋朝。但宋代对于这种市声的关注,并非在于其作为商业活动,倒是着眼于它的韵味,它的音乐艺术性,名之为"吟叫"。宋高承《事物纪原》卷九:"嘉祐末,仁宗上仙。自帝即位,至是殆五十年天下稔于丰乐,不意邦国凶变之事,而英宗谅阴不言,能昭其功。然四海方遏密,故市井初有叫果子之戏。其本盖自至和、嘉祐之间叫'紫苏丸',洎乐工杜人经十叫子始也。京师凡卖一物,必有声韵,其吟哦俱不同。故市人采其声调,间以词章,以为戏乐也。今盛行于世,又谓之吟哦也。"视叫卖吆喝之声为吟叫,已见赏其声韵之悦,不无化俗为雅的意趣。

南宋诗人范成大有数首就市井叫卖之声悲悯贫民凄苦之作,如《夜坐有感》:"静夜家家闭户眠,满城风雨骤寒天。号呼卖卜谁家子,想欠明朝粜米钱。"又如《雪中闻墙外鬻鱼菜者求售之声甚苦有感三绝》之三:"啼号开斗抵千金,冻雀饥鸦共一音。劳汝以生令至此,悠悠大块亦何心。"但在一般人看来,各种叫卖吆喝均属市肆天籁之声,是都市生活的一道风景线。南宋孟元老《东京梦华录》卷三记述北宋京师汴梁"天晓诸人入市"情形中,有"瓠羹店门首坐一小儿,叫饶骨头","更有御街州桥至南内前,趁朝卖药及饮食者,吟叫百端"。至南宋都城临安时,市肆吟叫情景一如旧京风俗。南宋吴自牧《梦粱录》卷十三多处记述当时都城吟叫宣唤市声:

及诸行铺席,皆往都处,侵晨行贩。和宁门红杈子前买卖细色异品菜蔬,诸般嗄饭,及酒醋时新果子,进纳海鲜品件等物,填塞街市,吟叫百端,如汴京气象,殊可人意。孝仁坊口,水晶红白烧酒,曾经宣唤,其味香软,入口便消。(天晓诸人入市)

四时有扑带朵花,亦有卖成窠时花,插瓶把花、柏桂、罗汉叶,春扑带朵桃花、四香、瑞香、木香等花,夏扑金灯花、茉莉、葵花、榴花、栀子花,秋则扑茉莉、兰花、木樨、秋茶花,冬则扑木春花、梅花、瑞香、兰花、水仙花、腊梅花,更有罗帛脱腊象生四时小枝花朵,沿街市吟叫扑卖。及买卖品物最多,不能尽述。……又沿街叫卖小儿诸般食件,麻糖、锤子糖……跳山婆、粟茅、蜜屈律等物,并于小街后巷叫卖。(诸色杂货)

凡此,诸色宣唤叫卖,皆同范成大诗所记相合。而且,在北宋张择端的《清明上河图》长卷中,亦对当时市肆叫卖情景有所描绘。如画卷的中段,城厢外十字路口的一家车辆作坊附近街心,一人左手擎笼屉或食盒之类器物,右手执"行几",正在张口叫卖。尽管未闻其吟叫之声,其情景则清晰可辨。

俗语说,卖什么吆喝什么。明末王季重《谑庵文饭小品》卷三《游满井记》所录市肆叫卖饮食的"邀呵"(即吆喝),直观、生动地展示了叫卖者的商业心理特点,其书记载:"卖饮食者邀呵:'好火烧!''好酒!''好大饭!''好果子!'"当然,因经营内容及乡土习俗而异,吟叫吆喝不拘一格。明代浮白主人《笑林》中的一则笑话所表现的收旧货者的吆喝,即为另一种情形:"有戴破帽破网者,途中见人呼'破帽子换铜钱',急取帽袖之;再呼'破网巾换铜钱',复急脱网巾袖之;又呼'乱头发换引钱',乃大怒曰:'你这人无礼,忒寻得我要紧。'"其完整而有节奏的吆喝,显然是"破帽子换铜钱——破网巾换铜钱——乱头发换引钱……"

有清以来,记载有关各种叫卖吆喝市声的文献多了起来,既有文字的,也有绘画的。而且,一如宋朝"街市与宅院,往往效京师叫声",清代有关叫卖吆喝的文献,亦以北京为主。《贸易》为"汉严卯斋笔录"清末写本,主要记述北京市井行商坐贾的各种叫卖吆喝市声及器乐市声,其序称"凡做小本经计(纪),以吆喝为先,具是分出腔调,有高有低,有音有韵,犹如唱曲腔调一般。此系京城内外大小贸易吆喝,不比外省吆喝,字眼要斟酌、要真着……又有在铺内吆喝卖的,有在大街小巷敲动响器的,也有不言语做买卖的,不得一样"云云。以京城为代表的都市叫卖吆喝,每每采入载录风土民俗的文字。清富察敦崇《燕京岁时记》载:"京师暑伏以后,则寒贱之子担冰吆卖,曰冰胡儿。"又:"七月中旬则菱芡已登,沿街吆卖,曰:'老鸡头才上河。'"再如兰陵忧患生《京华百二竹枝词》中一首咏道:"叫卖出奇声彻霄,街头客店任逍遥。胡梳坠什捎家走,十个铜元拣样挑。"并有注云:"有一提包卖胡梳零件者,声音极高,几入云际,店门一唤,旅客尽惊。且其唤卖数句,确有腔板,此词末二句,即其口中叫卖语也。可谓奇绝,可谓特别。"清光绪年间闲园鞠农(蔡省吾)所辑《燕市货声》(一作《一岁货声》),可谓旧京诸行商业市声的集大成者。是书除十二个月12辑外,另有除夕、通年、不时、商贩、工艺、铺肆6辑,凡18辑,采录的是咸丰、同治以来至光绪丙午(1906年)50余年间京都市声。在自序中说,辑录这些"不及其他而犹能少存乎古意"的市肆天籁之声,具有启迪世人的意义,"可以辨乡味,知勤苦,纪风土,存节令。自食乎其力而益人于常行日用间者,固非浅鲜也,朋来亦乐,雁过留声;以供夫后来君子"。近人周作人《夜读抄〈一岁货声〉》的感慨,似同该序所言:"我读这本小书,深深地感到北京生活的风趣,因为这是平民生活所以当然没有什么富丽,但是却也不寒碜,自有其一种丰厚温润的空气。"无独有偶,作家张恨水20世纪40年代旅居北平时,亦注意到这里的叫卖吆喝市声,如其记"禁夜市声"的《白话摸鱼儿》词后半阕写道:"谁吆唤?隔条胡同正蹿,长声拖得难贯。硬面饽饽呼凄切,听着教人心软。将命算,扶棍的,盲人锣打叮缓。应声可玩,道萝卜赛梨。央求买,允许辣来换。"声声入耳,画在其间。

4.2 韵语说唱

原始的叫卖吆喝,并非音乐,但不失音乐色彩。《淮南子·道应训》认为"今夫举大木者,前呼'邪许'后亦应之,此举重劝力之歌也",亦即后来鲁迅《门外文谈》所谓的"杭育杭育派"作品。就此意义而言,富有音乐色彩的叫卖吆喝市声,亦可谓一种源于商业活动的艺术。《礼记·乐记》云:"凡音之起,由人心生也,人心之动,物使之然也。感于物之动,故形于声;声相应,故生变;变成方,谓之音;比音而乐之,及干戚羽旄,谓之乐。乐者,音之所由生也,其本在人心之感于物也。"叫卖吆喝的音乐色彩,则是如此"人心之感于物"的结果,乃至于逐渐音乐化,逐渐形成了韵语说唱以及器乐音响两种商业招徕市声。

今存中国古代韵语说唱市声语料,大都较晚。不过,从宋代有关文献的记述和当时采选市肆叫卖的吟叫之声而创制曲牌,并形成一种吟叫艺术而有专门艺人行当,仍清晰可见其源流轨迹。除前所援引过的《事物纪原》之外,又有《梦粱录》等如下记载:

> 今街市与宅院,往往效京师叫声,以市井诸色歌叫卖物之声,采合官商成其词也。(《梦粱录》卷二十《妓乐》)
>
> 绍兴间,用鼓乐吹梅花酒曲,用旋杓如酒肆间,正是论角,如京师量卖。茶楼多有都人子弟占此会聚,习学乐器,或唱叫之类,谓之佳牌儿。(《都城纪胜·茶坊》)

>叫声,自京师起撰,因市井诸色歌叫卖物之声,采合宫调而成也。若加以嘌唱为引子,次用四句就入者,谓之下影带。无影带者,名散叫。若不上鼓面,只敲盏者,谓之打拍。(《都城纪胜·瓦舍众伎》)

"歌叫卖物之声,采合宫商成"者,即当时市肆之韵语说唱形式的招徕市声——歌叫。至于瓦舍勾栏妓乐中的叫果子、叫紫苏丸及十叫子之类,则是说唱艺人模仿市肆歌叫之声而形成的一种民间艺术。

借韵语说唱市声制为词牌、曲牌,丰富了词曲样式,也显示着这一传统商业广告艺术的招徕功能。其中比较典型者,如《货郎儿》《卖花声》之类。元无名氏《货郎旦》剧第四折:"我这里无乐人,只有姊妹两个,会说唱《货郎儿》。"又据清翟灏《通俗编》载:"《九宫谱》曲调有《货郎儿正宫》,与《仙吕》出入。又《转调货郎儿》,与《南宫》出入。"可见曾有多种《货郎儿》曲牌流行。世传《卖花声》词牌,亦非一种。一是本《浪淘沙》,传系宋代女词人李清照名之为"卖花声"(但未见于今存清照集)。一是本《谢池春》。清李良年《词坛纪事》云:"世俗以二月十五日为花朝节,杭城园丁以名花荷担叫鬻,音中律吕。"可知其得"卖花声"名之由来。至于《东京梦华录》卷七《驾回仪卫》所记,更为切近:"是月季春,万花烂漫,牡丹、芍药、棣棠、木香种种上市。卖花者以马头竹篮铺排,'歌''叫'之声,清奇可听。晴帘静院,晓幕高楼,宿酒未醒,好梦初觉,闻之莫不新愁易感,幽恨悬生,最一时之佳况。"

歌叫唱卖,在宋季市井已蔚成风气,甚至当时以商品为诱饵赌掷财物的博戏"关扑",亦如此歌叫招徕顾客。《东京梦华录》卷六《正月》:"士庶自早互相庆贺,坊巷以食物、动使、果实、柴炭之类,歌叫关扑。"《梦粱录》卷十三《夜市》所记还有"洪进唱曲卖糖"之类,亦可见当时市井招徕风习之一斑。而且,即或南宋临安禁中节日之际,亦将说唱市声视为点缀升平的一种娱乐。《武林旧事》卷二《元夕》载,其时"京尹预择华洁及善歌叫者谨伺于外",一旦"取旨,宣唤市井舞队及市食盘架"进奉时,则"歌呼竞入","既经进御,妃嫔内人而下,亦争买之",商贩"皆数倍得值,金珠磊落,有一夕至富者"。

有关韵语说唱招徕市声语料,主要是清代以来文献所录。郑振铎从清乾隆年间抄本《仙庄会弹词》中,曾发现了苏州商人卖年画的大段说唱招徕之辞,如:"打开画箱,献过两张,水墨丹青老渔翁,老渔翁多哈哈笑,赤脚蓬头戴笠帽,手里拿个大白条,鳞眼勿动还为跳。笔法玲珑手段高,苏杭城里算头挑,扬州城里算好老。只卖八个钱,两张只卖十六钱。献过里朵两张,还有里朵两张,《西游记》里个前后本,王差班里个大戏文⋯⋯"从年画的主题、内容、质量,直唱到价格和劝买。在旧抄本《三百六十行》中,有段说唱则是介绍年画《杨家将》故事梗概的:"捣过两张再两张,前后正本《杨家将》,爹儿八个保君皇。杨大郎,去代王,二郎、三郎死番邦。杨五郎,五台出家做和尚。老令公,李陵碑撞死见阎君,杨六郎告御状,七郎绑拉桅杆头上,乱箭射死见阎王。全亏八大王准了状,除奸党,潘洪杀死见阎王,镇守三关杨六郎。"至于清末北京画棚的说唱之辞,《燕市货声・腊月》所记,又是一番情景:"买的买来捎的捎,都是好纸好原料!东一张,西一张,贴在屋里亮堂堂!臭虫他一见心欢喜,今年盖下了过年的房。"劝买辞中夹杂着幽默打诨。《燕市货声・铺肆》所录粥铺说唱之辞,似比卖年画之辞更富招徕情趣:"喝粥咧,喝粥咧,十里香粥热的咧!炸了一个焦咧,烹了一个脆咧,脆咧焦咧,像个小粮船的咧,好大的个儿咧!锅炒(炸)的果咧,油又香咧,面又白咧,扔在锅里漂起来咧!白又胖咧,胖又白咧,赛过烧鹅的咧,一个大的油炸的果咧!水饭咧,豆儿多咧,子母原汤儿的绿豆的粥咧!"

卖调料摊贩的说唱,至今在许多地方仍可见到。这类唱卖套辞,从调料种类、用途、特点、劝买之类,乃至历史掌故、民间故事、人生哲理、日常生活知识,尽在其中,长者多达四五百句,历代口口相传。例如在安徽淮北洇河流域流传已久的《八大味叫卖歌》,长达近 500 句,而且是二人对唱形式,其开篇唱词是:"吸过烟来喝罢茶,以前干啥还干啥,小磨推来碾子挨,俺把材料配起来。八大味,九大香,漂洋过海大茴香,有肉桂和凉姜,砂仁豆蔻都放上。还有花椒和草果,云南的胡椒再配上。要买材料要包全,到家做菜不觉难。少吸烟来少喝酒,买包材料往家走。大的喜,小的夸,老婆子夸你会当家。⋯⋯买的买来捎的捎,买的没有捎的多,当家人会买当家货,浪荡人只会讲吃喝⋯⋯想买材料往前站,离得远了难看见。要买材料定包全,买回家里好过年。"如此一路唱去,边唱边卖,嘴里手上一齐忙活。

4.3 器乐音响

中国古乐器,向有吹、打、弹、拉四大类。这四大类乐器,是构成传统商业器乐音响广告的基础。器乐音响不仅可以同叫卖吆喝、说唱相配合,还可以作为"代声"单独使用。尤其是对于受民俗禁忌等社会因素制约而不宜口头招徕顾客的行当,如旧时的理发、游方行医、修脚、劁猪等,约定俗成的特定器乐音响更是必要的招徕广告媒介。宋吴处厚《青箱杂记》卷二载:"太祖庙讳匡胤,语讹近番印,故今世卖香印者,不敢斥呼,鸣锣而已。"

《诗·周颂·有瞽》:"既备乃奏,箫管备举。"东汉郑玄笺云:"箫,编小竹管,如今卖饧者所吹也。"唐孔颖达亦疏云:"其时卖饧之人,吹箫以自表也。"凡此,说明东汉时卖饴糖(即饧)者以吹箫作为招徕生意的器乐广告。这是迄今文献所见最早而且流行亦十分久远的器乐音响市声。宋汤恢《倦寻芳》词中写道:"饧箫吹暖,蜡烛分烟,春思无限。"元吴莱《严陵应仲章自杭寄书至赋此答之》诗亦云:"花浓携酒,柳霁卖饧箫。"至清,范来宗《锣鼓》诗中,仍有"取次春风催劈柳,卖饧时近又吹箫"之句。龚自珍《冬月小病寄家书作》中写道:"饧箫咽穷巷,沉沉止复吹。"又孔尚任《桃花扇·访翠》亦写道:"扫墓家家柳,吹饧处处箫。"至民初,卖糖小贩所吹芦叶喇叭,仍属古代饧箫遗风。

近人齐如山《故都市乐图考》记述北京市贩招徕响器四十余种,并逐一绘有插图。自序称:"余曾将北平小贩,何时售何物,由元旦起,至除夕止,依时归纳,辑成一书,名曰《北平货声》……系关于人声叫卖者,其有恐嗓音不足,不能达深院之听者,则利用一种乐器,以作代表,统名之曰唤头,此图所绘者是也。久居北京者,一听其声,便知其所售之物,盖习惯也。其所用乐器,在八音中,以金革为多,取其声宏,能达远听;竹木次之,丝最少;匏土石三种几不见,因此等物器,出声不宏大也。吾故特将瓦盆、水瓢、琉璃喇叭三种绘入,以实八音之名,识者定必笑其牵强多事矣。"齐氏将器乐音响招徕统谓"唤头",未必确切,那是剃头匠所用招徕顾客的镊钗的约定俗成的专称。相反,其将盆、瓢和喇叭绘入倒并非"牵强多事",因为其确属一些行业的招徕响器。

早在清道光年间佚名氏的《韵鹤轩杂著》已注意到市井招徕器乐民俗,是书卷上写道:"百工杂技,荷担上街,每持器作声,各有记号。修脚者所摇折叠凳,曰'对君坐';剃头担所持响铁,曰'唤头';医家所摇铜铁圈,曰'虎撑';星家所敲小铜锣,曰'报君知';磨镜者所持铁片,曰'惊闺';锡匠所持铁器,曰'闹街';卖油者所鸣小锣,曰'厨房晓';卖食者所敲小木梆,曰'击馋';卖闺房杂货者所摇,曰'唤娇娘';卖耍货者所持,曰'引孩儿'。"所述10种,其名皆因被招徕的顾客对象而取,亦俗亦雅,别有意趣。此间,江苏吴县籍诸生石渠(字梅孙,1803—约1873)的《葵青居诗录》中,亦有一组吟咏市井招徕乐器的诗,总题为"街头谋食诸名色每持一器以声之,择其雅驯可入歌谣者各系一诗凡八首",堪与《韵鹤轩杂著》记述互相参证,史料稀见而又独具雅俗之趣,且迻录如次。

引孩儿(卖糖者所击小锣)
庭阶个个乐含饴,放学归来逐队嬉。
底事红鞋快奔去,门前为有引孩儿。

唤娇娘(卖闺中杂物持以摇者)
绿窗检点女儿箱,彩线断绒针断芒。
绣罢鸳鸯方却坐,慢声远远唤娇娘。

催饥(状似小木梆,卖点心者所击)
乱如寒柝中宵击,静似木鱼朝课时。
才是午牌人饱饭,一肩熟食又催饥。

厨房晓(似铜钲而薄且小,卖麻油者所击)
提壶小滴清香绕,蔬菜盘中未应少。
肉食朱门正击肥,人来曾否厨房晓。

虎撑(外圆中空,范铁为之。相传孙真人遗制,以撑虎口探手于喉出刺骨者)

一幅白帘标姓名，一围圆相摇且行。
活人那有好身手，毒口偏能为虎撑。

报君知（状若厨房晓，盲者敲为之算命）
未能弹唱作盲词，比是三弦手自持。
闻说君家要推命，声声先与报君知。

惊闺（磨镜、磨剪刀者，叠铜片四五戛以作声）
岂缘明镜影全迷，岂为剪刀慵取携。
夫婿将归衣未办，暮寒那得不惊闺。

对君坐（行则摇，坐则止，修脚者所持器）
足跰难行行若跛，谋生贱业到来伙。
手持寸铁尔何人，一座公然对君坐。

其中，与《韵鹤轩杂著》所述，略有差异，当是各地市井习俗之别使然。应指出的是，上述诸般招徕响器，有些不唯流行于清朝，乃早已有之，而且有的也不限于一种行当使用。这些器物形制，来历说法不一。就此，略为考释几例：

惊闺，《韵鹤轩杂著》记为磨镜匠"所持铁片"，石渠诗题注为磨镜或磨剪刀所持"叠铜片"，而早在宋代此俗已有，系磨镜匠持以作为招徕乐器的数片铁板。其证为清代厉荃《事物异名录·杂具》及西厓《谈征·物部》同引宋人周密《齐东野语》之说："用铁数片，长五寸许，阔二寸五分，如拍板样，磨镜匠手持作声，使闺阁知之，曰惊闺。"所言形制亦同齐如山《故都市乐图考》所绘磨刀剪者的响器"铁拍板"相合。齐氏考云："此系磨剪、磨刀卖艺人所用之唤头，俗名挂连，即古之铁板，又名铁拍板。"他据《唐书·礼乐志》得知，"高倡伎乐器中，有铁板之名"。继又考："宋陈《乐书》中亦引证之，所绘之图，与此极合。……吾乡制笤之手艺人，亦用。"清佚名《燕市负贩琐记·磨剪子磨刀》所说"有打铁链者"，其"铁链"即此，亦即《燕市货市·工艺·磨剪子》所云"早年代洗铜镜，有携一串

168

铁片行敲者"。综此可知,"惊闺"即"铁拍板",源于唐代用以伴奏节拍的乐器铁板,先是宋代磨镜匠用为招徕之响器,清末改铜镜为玻璃水银镜后,磨刀剪匠则沿用下来,间或有以铜板代铁板者。

明人《醒世恒言·勘皮靴单证二郎神》中亦曾写及"惊闺":"冉贵却装了一条杂货担儿,手执着一个玲珑的东西,叫做个惊闺,一路摇着,径奔二郎神庙中来。"这里说的"一路摇着""玲珑"的"惊闺",亦即《韵鹤轩杂著》及石渠诗所说的"唤娇娘",是零售闺中杂物的货郎所用的货郎鼓,或货郎所用另一种名为"鼓"实非鼓,而是一种源自古乐器云锣加以改制的手摇响器,《故都市乐图考》径名之为"云锣",并说"俗名铃子"。货郎鼓或云锣均非以手敲作响,而是由固定于其四周的端部系成疙瘩的短索摇动"玲珑"出音响。至于清西厓《谈征·物部》引《事物绀珠》所说"如小钲而厚,手提击,今卖花线者用之"的"惊绣",系专售女工用品商贩所用响器,不属此例。

旧时星命业的招徕响器"报君知",通常是指其手提的小锣。除上述外,《谈征·物部》亦引《事物绀珠》云:"圆铜片,手提击,今之算命者用之。"对此,明人《古今小说·蒋兴哥重会珍珠衫》亦有言及:"[暖雪]忽听得街上响的这件东西,唤做'报君知',是瞎子卖卦的行头。"又《初刻拍案惊奇》卷六:"恰遇一个瞽目先生敲着报君知走将来。"均如此。此外,也有用鼓、三弦或竹板的,其所敲竹板亦名"报君知"。《故都市乐图考》说:"此器之来源,则不可考。或云此系该卖卜者,平日读书所用腕枕镇纸,故每于卜卦时,翻阅书籍,仍用此镇压之。"考其作为招徕响器之由,当与名为"惊闺"的铁拍板同源,出自唐玄宗时教坊散乐所用拍板。

剃头匠的响器"唤头",顾名思义,就是宣唤人们来理发。旧时北京城剃头行业中传说,清初时剃头匠的工具均为官府发给,不准私制,唤头一响,百姓都要出来请剃,否则视为抗旨之罪。20世纪30年代一本英文版《京都叫卖图》说:"唤头起源于何时已无据可考,有人说它曾是剃头匠用的一把刀,也有人说它来源于剃头的拔头发所用的小镊子,看上去它更像是后一种。"其实,唤头原型本为理发用以拔除须发的镊子。《谈征·物部》引《事物原始》所释:"(唤头)镊钳也,以铁为之,用以拔须发者,今剃头者手持之作声,名曰唤头。"以镊拔发,古来已然。《古文范》卷七所录晋左思《白发赋》云："星星白发,生于鬓垂……将拔将镊,好爵是縻。"《南史·齐郁林王纪》："高帝笑谓左右曰:'岂有为人作曾祖而拔白发乎?'即掷镜、镊。"故理发匠人又称"镊工"。宋张端义《贵耳集》卷中："京下忽阙见钱,市间颇皇皇。忽一日,秦会呼之一镊工栉发,以五千当二钱犒之。"洪迈《夷坚志》有篇题"成都镊工"。《永乐大典》所录旧理发业经典《净发须知》三卷所载,至为确切。如卷上载,净发处士(即理发匠)"肩搭红巾,艳色照人金闪烁,指弹清镊,响声入耳玉玲珑"。是卷又载其盘道问及"镊子有几般名",答云:"一名镊子,二名唤头。"可知其"指弹"的"清镊",亦即"唤头",至迟于明季已流行其制。《燕市货声·工艺·剃头匠》所说,其"挑担,手执铁唤头,行划之",一仍明代之行业习俗。

旧市井招徕响器中有两种名为"串铃"的,实同名异事。一是清朝北京粘扇子行当的串铃,即《北京民间生活彩图》所绘,"每年立夏之后起,其人膊攒扇柜,上逮一竿,扎系线绳,拴串铁铃,沿街走,步步行之,其铃摇响,令人知其插扇面的来"。又如《燕市货声·五月·粘扇子》所载,"挎小柜,上悬小铃数串,粘一切折纸扇"。与此悬串铃有别的,是游医指摇串铃,即所谓"虎撑子"。这种游医串铃,系两爿翻卷对扣的镯形铁器,中空,内置铁珠,套于食指,摇之作响。《金瓶梅词话》多处写及摇串铃行医卖药,如第十九回:"想着你(蒋竹山)当初不得地时,串铃儿卖膏药,也亏了这位鲁大柯扶持,你今日就到了这部田地来!"《老残游记》第一回亦有言及:"来了一个摇串铃的道士,说是曾受异人传授,能治百病……老残就拜他为师,学了几个口诀,从此也就摇个串铃替人治病糊口去了。"又《燕市货声·工艺》载,"摇铁串铃,或负药箱,或背布囊,卖各种药",口上还时不时吆喝"食积奶积,大肚痞积,腰疼腿疼,偏脑头疼"。齐如山《故都市乐图考》及日本中岛幸三郎《支那行商人及其乐器》均认为,串铃源出西藏藏传佛教做法事时使用的"引魂铃"。关于串铃别称"虎撑"的掌故,《京都叫卖图》采集的是汉朝名医华佗以铁环撑虎口摘喉瘤的民间传说,迄今流传较广的则是清石渠诗题注所说的"相传孙真人遗制,以撑虎口探手于喉出刺骨",孙真人即唐代名医孙思邈。行中人谓串铃为"虎撑",则使之兼具厌胜趋吉器物的性质;既是中华民族虎崇拜习俗在行业信仰中的表现,亦是医药行业祖师崇拜的反映,为两种崇拜民俗作用于当行招徕响器上的集中合一。

  概言之,传统招徕器乐市声形式的源起与流变,主要有四:一是沿用其器,即利用传统乐器音响,如箫、笛、钲、锣等;二是仿制改造,如惊闺、虎撑等;三是替代活用,如冰盏、唤头、虎撑等;四是综合利用,即多种响器合用,或兼以吆喝、说唱招徕。总之,要经约定俗成使之成为具有个性行业标志特点的招徕器乐音响。

5.饧箫、击馋和引孩儿：饮食业的传统招徕响器

三国时曹操《短歌行》开篇一句"对酒当歌,人生几何",唐元稹《放言》诗所吟的"近来逢酒便高歌,醉舞诗狂渐欲魔",尽管时代各异、情境有别,却都是美酒加音乐,物质享受与精神生活的自然结合。

古往今来,音乐与饮食的联系可谓紧密而又长久。其中,市井村巷中饮食业商贩传统的招徕响器市声之乐,则是一种有别于"阳春白雪"的充满民俗情趣的世俗生活享受。春天里的饧箫,暑热中的冰盏,"催饥""击馋"的小木梆,吸引厨娘的"厨房晓",勾引孩童涎水的"引孩儿""糖锣",均如美酒佳肴令人心醉,许久不闻便教人缅怀。那器乐声中的乡土生活情境,尤其令客游他乡的游子思恋、动情。

常言所谓吹、打、弹、拉四大类乐器,在中国音乐史上均源远流长。被借用或仿作饮食业流动商贩招徕响器广告的,主要是吹、打两大类,因为它便于随行携带,又易于操作,而且声传较远、富有个性。从现存文献所见,市井饮食商贩所用的诸般招徕响器,是古代卖饧糖者吹的饧箫。饧箫也是中国最早的招徕响器广告。

饧,是用麦芽、谷芽之类为原料熬制的饴糖,春季食饧之俗,由来已久。从东汉郑玄笺《诗·周颂·有瞽》"既备乃奏,箫管备举"说的"箫,编小竹管,如今卖饧者所吹也",说明至迟在东汉时便已有了春季食饧和吹饧箫卖饧的风俗。至于当时的饧箫是什么样子,郑玄也说得很明白,即类如寻常吹奏的那种"编小

竹管"的箫。后来,唐孔颖达在郑玄的笺注之外又疏正说:"其实卖饧之人,吹箫以自表也。"何谓"自表"?表乃古人所说的标帜、徽帜,即如《晏子春秋·问上九》中所说的"酤酒者""置表甚长,而酒酸不售",酒家的广告——酒招。只不过,酒招是一种视觉广告,饧箫是一种听觉广告。"自表",便是商贩用作所售商品的标志和招徕广告。宋元以后,吹饧箫卖饴糖习俗历代相承,并成为文人诗词所吟咏的一种春季景象,借以抒发情怀。吹箫卖饧一方面属商贩广告行为,同时也是一道岁时饮食民俗风景。至清末民初,北京春季卖饴糖、粽子小贩所吹的饧箫,是将芦叶卷成筒插到瓦罐里吹奏,实乃草笛,但仍不失古来饧箫遗风。

《易·系辞下》有句"重门击柝,以待暴客",意思是设置重门并击柝巡夜以防御盗贼。柝,即后世的梆,原为两块实木相击作声;后则为木、竹制,中空,另以棒或槌击之作响。梆子作为民族音乐的一种打击乐器,也被许多饮食行当的商贩利用作为招徕响器。旧时北京等地流动售食品点心,如香油、烧饼、油炸果、蜂糕等小贩,大都敲梆为号。蜂糕别称"梆梆糕",即因此得名。行当不一样,其梆亦略有区别。有竹梆,有木梆,卖油的多敲无柄大梆,卖烧饼的则用有柄的小梆。这些细微分别,连外国民俗学者也注意到了,如日本人中岛幸三郎的《支那行商人及其乐器》,萨莫尔·维克多·康斯坦的《京都叫卖图》等。《京都叫卖图》说北京卖蜂糕小贩"敲一种外形很像小梆子的响板",实即一种小梆。在清代,卖食品小贩的梆子,还被命以"击馋""催饥"之类有趣的名称。如《韵鹤轩杂著》卷上所载:"百工杂技,荷担上街,每持器作声,各有记号……卖食者所敲小木梆,曰'击馋'。"石渠《葵青居诗录》有一首《催饥》诗:"乱如寒柝中宵击,静似木鱼朝课时。才是午牌人饱饭,一肩熟食又催饥。"并作题注云:"(催饥)状似小木梆,卖点心者所击。"

古代打击乐器中,有一种小铜锣,名铴。《清会典·乐部六·乐器一》载:"十九曰铴,范铜为之,面径二寸七分,口径三寸一分五厘,深六分。上穿二孔,系黄绒训,以木片击之。"市井流动售糖果点心兼儿童玩物的小贩所敲小锣即与铴相类似,但因"铴(tāng)"与"糖"音近而又是卖糖果,即衍而俗称"糖锣"了。清佚名《北京民间生活彩图》中有幅《打糖锣图》,其题词云:"其人小本营生,所卖者糖、枣、豆食、零碎小玩物,以为哄幼孩之悦者也。"因此,糖锣别名又叫"引孩儿"。《葵青居诗录》的《引孩儿》诗说:"庭阶个个乐含饴,放学归来逐队嬉。底事红鞋快奔去,门前为有引孩儿。"其题注称,"引孩儿"即"卖糖者所击小锣"。或以为打糖锣"引孩儿"者只是卖儿童玩物,如《韵鹤轩杂著》卷上"卖耍货者所持,曰'引孩儿'",燕归来簃主人《燕市负贩琐记》亦说"打糖锣,系卖儿童玩具者",实际上大都是糖果与玩物兼售。这一点,清闲园鞠农(蔡省吾)《燕市货声·元旦》中说得较为全面,"打糖锣挑子,敲小铜锣,专卖各种玩艺",其"玩艺"既有"糖瓜、糖饼、人参、鹿筋、麻花、死棍、菱角"等名目的糖果,也有"七巧图、吹筒箭、万花筒、升官图、围棋、红鱼、六地、骨版、小弩弓"等玩物。此外,清朝卖油小贩也有敲锣为招徕响器的,名为"厨房晓",形制与糖锣也颇相近。《韵鹤轩杂著》卷上载:"卖油者所鸣小锣,曰'厨房晓'。"《葵青居诗录》也有诗咏之:"提壶小滴清香绕,蔬菜盘中未应少。肉食朱门正击肥,人未曾否厨房晓。"题注说,厨房晓"似铜钲而薄且小,卖麻油者所击"。看来,使用"厨房晓"为号卖的是香油之类调料用油,因以招徕厨娘等司厨者闻声来购而得名。

南宋吴自牧在《梦粱录·夜市》中,记述了当时都城临安(今杭州)茶肆夜间击茶盏作响招徕茶客的情景:"并在五间楼前大街坐铺中瓦前,有带三朵花点茶婆婆,敲响盏,掇头儿拍板,大街游人看了,无不哂笑。"这是当时一种随机性即兴式的揽客广告行为,还是一种约定俗成商俗?因未觅得更多史料佐证,尚难以论定。不过,明清时期北京城售冷饮、果子干商贩以敲冰盏作为招徕广告,却不失其遗风。明刘侗、于奕正《帝京景物略·春场》载:"立夏日,启冰,赐文武大臣,编氓得买卖,手二铜盏叠之,其声'嗑嗑',曰'冰盏'。"清富察敦崇的《燕京岁时纪》亦云:"是物今尚有之,清冷可听,亦太平之音响也。"考其形制源流,冰盏原当是磁质茶盏,因用作响器却不坚固耐击,于是专门制成铜盏用之。近人齐如山《故都市乐图考》认为,"此器制法极奇特,中国古器中,无有与此相似者……形似清朝缅甸乐所用之接足"。民间传说,明太祖朱元璋早年举义起兵时,曾在襄阳施舍酸梅汤,所以卖酸梅汤等冷饮商贩奉其为行业祖师,并仿其盛酸梅汤容器而制成铜盏,敲击作声以招徕顾客。推测归推测,传说归传说,虽为冰盏增添许多民俗文化蕴含,但究竟源头何在,仍然待考。

第六章 市井语言习俗例说

东北有句俗语,"听见打鼓上墙头",说的是人的性情好动,好奇心强,喜欢看热闹。旧时用打鼓作为招徕广告的行当委实不少,其中也包括一些卖饮食的商贩。清末民初,北京有些卖小吃的,便摇一种八楞毊鼓。《燕市货声·元旦》载:"有挑圆笼摇八楞毊鼓者,带卖干烧酒,秋后添糖耳朵、蜜麻花、干糖麻花;又有带卖豆腐干、豆腐丝者。"旧时北京人喜嚼槟榔,其《通年》又说:"卖槟榔,挎大元宝筐,摇八楞毊鼓,各种槟榔、糖类,带夹剪。"

《周礼·曲礼》有则常为民俗学家们所引用的著名观点,叫作"入境问俗"。为什么要"入境问俗"呢?因为各地乡风民俗各有异同。光是卖饮食小贩的招徕响器,各地便异彩纷呈,各地有各地的约定俗成。旧时四川成都卖麻糖小贩颈挂糖盒,用榔头敲着一块曲颈燕尾形状铁片走街串巷,敲得"叮叮"作响的招徕物亦正是敲糖的工具。成都街头卖糖豆花的,手执一只盛糖豆花的瓷碗,以虎口所夹瓷匙边走边击碗作响,有声有色。在江浙一带,五香豆腐干是一种传统风味小吃。从前卖这种小吃的挑子,一头挑着餐具、折叠凳,一头是煮着五香豆腐干的锅,边走边用筷子敲打锅沿叫卖。德国人布希曼1822年首创了手风琴,他当然不会预料到,这种西洋乐器在20世纪初,还曾有幸成为江、浙、沪一带卖梨膏糖小贩的招徕乐器。小贩边拉风琴边唱"小热昏":"裁缝师傅不吃我的梨膏糖,领圈开在裤裆唧;皮匠师父不吃我的梨膏糖,钻子钻在大膀唧!"戏谑式的说唱和手风琴乐曲吸引了一拨又一拨的围观顾客。20世纪60年代,上海街头、车站处卖冰棒的小贩,多是用小木块有节奏地敲打冰棒箱子,口里反复吆喝着:"棒冰!棒冰!"这情景,往往给初次涉足这座繁华大城市者以一个特别的嘈杂印象。

饮食,是人维系生存的最重要的基本生活必需。正因如此,饮食文化成为人类诸文化形态中最为丰富多彩的大项,多种多样的饮食商贩招徕响器,则从一个独特的视角展示了饮食文化深厚的民俗底蕴。当社会生活日趋现代化的时候,市井中的饮食招徕响器越来越少见了。对于渐渐远去正在为现代文明湮灭的饧箫、击馋、引孩儿,仍然不时引发着人们的缅怀或依恋。显然,这是基于传统的民俗文化情结。

6.数文化中的市语

日常生活中经常使用的数字,也各行其道,五花八门,别具一格。

一般看来,各种繁杂的数据、计算公式之类,枯燥乏味之极。然而,即如1、2、3、4、5、6、7作为基本音乐符号可以组合成无尽奇妙绚烂的乐章;在丰富多彩的社会生活中,1、2、3、4、5、6、7、8、9、0这些基本数码亦构织着多姿多彩的人文画卷。数文化中的隐语行话,便堪称其中既有神秘色彩而又别富情趣、别有洞天的一轴。

汉代许慎在《说文解字》中说:"数,计也。"数是人类思维发展至一定阶段适应社会生产、生活需要的产物,它的历史要比文字早得多。由于计数的需要而产生了数,当初其本身并无任何神秘色彩。但是,正如原始宗教将世上许多事物都赋予神秘的超人力量,数亦不例外。于是,古代神话把数归结为黄帝之臣隶首所作,隶首成了创造数的传奇英雄。

数的灵物崇拜,导致了数的神秘化。从《易·系辞传》中所谓"凡天地之数五十有五,此所以成变化而行鬼神也",到时下所谓的"吉祥号码",均属这种现象。

在现实社会生活中,人们出于维系生存和自身利益的需要,又创制使用了种种关于数字的隐语行话,进一步人为地为数增添了神秘色彩。虽然人为色彩十分明显,却仍然印有数的灵物崇拜的痕迹。

浙闽边陲山区的龙泉县蛟垟村菇民,在世代种菇、采菇、做菇生涯中,传承下来许多同香菇生产相关联的民间信仰和行业习俗。菇民特有的当行隐语行话，即属此类。据调查，旧时当地菇民出自两种需要，一是为了防止其赖以维系生计的生产香菇绝技外泄，二是恐怕传说中的"山魈"听懂菇民谈话内容而有所怪罪、招来灾难。于是，创造、使用了主要利用拆字法构成的一些常用隐语行话，例如：饭叫"食反"、钱叫"金戈"、金叫"两点全"、晚上叫"日免"、明天叫"日月"等；其常用数字如：一叫"丁点"、二叫"双龙"、三叫"横川"、四叫"横目"、五叫"吾去口"、六叫"高头"、七叫"皂脚"、八叫"过海"、九叫"丸去点"、拾叫"挑手合"等。除农历初一、十五两天晚上外，其余每天在山上，菇民们都必须使用隐语行话。为什么这两个晚上可以开禁呢？原来，每月初一、十五都是菇民的传统行业节日。节日时菇民有一大早便下山购回猪肉、豆腐、老酒，晚上便设案供祭山魈等七位"大神"。祭神仪式过后，菇民再吃掉那些酒肉。菇民以为，这两个晚上敬了神灵，暂时开禁，不说隐语行话，即或谈笑、娱乐，虽破规矩，也不会有所怪罪。由此可见，菇民使用数码隐语行话，仍未失去灵物崇拜的数禁忌古俗遗风。究其根本，在于维持其艰辛的生计。

人类创造数的最原始、最基本的功利需要在于计数。古往今来，无论是日常生活、商品交换、金融流通，还是军事、科技领域，各种数目均关系到人们的切身利益乃至成败、存亡。不只金钱资材要计数，在许多环节中有些数要比金钱或生命更为紧要。因此，为了诸多利益的需要，人们创制了形形色色、各有当行特色的隐语行话数码，用来封闭相应的数目信息，相对地保密。

富有行业文化色彩，是隐语行话数码的一个突出特点。若将其集锦式展示赏析，实在别开生面。

蹴鞠作为一种传统球类游艺，远在殷商卜辞中已见记载，西安半坡文化遗址中亦出土有石球。至迟在宋代，就形成了民间蹴鞠艺人的职业化倾向，产生了许多名人为"社"的蹴鞠行业结社。今存最早也是最系统的隐语行话数码之一，便是保存在宋人汪云程所著《蹴鞠谱》辑录的《圆社锦语》中的两套蹴鞠隐语行话数码。其一为：一叫"孤"、二叫"对"、三叫"春"、四叫"宣"、五叫"马"、六叫"蓝"、七叫"星"、八叫"卦"、九叫"远"、十叫"收"；其二为：一叫"解数"、二叫"勘赚"、三叫"转花枝"、四叫"火下"、五叫"小出尖"、六叫"大出尖"、七叫

"落花流水"、八叫"斗底"、九叫"花心"、十叫"全场"。尤其后一套颇具行业色彩,均以各种踢球方法、套路作为数码的隐称。如所谓"落花流水"踢法,又名"七人场户",七位球员排列一线,从第一个人踢起,顺次传至第七位,再由第七位球员将球从各位头上飞传回第一位球员,由其接住而不使球落地。诸般踢法之丰富,行会结社和当行隐语行话的流行,无疑显示着这一民间游艺文化在当时的繁盛。

在现代医院治疗保健设施出现之前,人们求医主要依赖于传统医药行业,即民间坐堂诊所或走街串巷的流动行医卖药业者。明清时,传统医药业隐语行话中的数码,全用常见药名作为代称,如:一叫"羌"、二叫"独"、三叫"前"、四叫"柴"、五叫"梗"、六叫"参"、七叫"苓"、八叫"壳"、九叫"草"、十叫"芎"。显然,从一至十,分别取自羌活、独活、车前子、柴胡、桔梗、人参、茯苓、枳壳、甘草、川芎十种中药的名称各一个字代之。对于内行人说来,明了易记,使用方便,而外行闻之则莫名其妙,如坠云雾之中。

旧称"梨园业"的戏曲行业的一至十数隐称,也颇有本行特色,例如一叫"江风"、二叫"郎神"、三叫"学士"、四叫"朝元"、五叫"供养"、六叫"幺令"、七叫"娘子"、八叫"甘州"、九叫"菊花"、十叫"段锦",多取曲名隐其首字代之。"江风",即《一江风》,属南曲南吕宫;"郎神",即《二郎神》,属南曲商调;"幺令",即《六幺令》,曲牌名;"甘州",即《八声甘州》,亦是曲牌名;"段锦",即《十样锦》,合奏乐曲,采用的是缩头藏辞格修辞方式,真可说隐而又隐却不失本行风采。

古今赌场均为变态的欺诈斗智逐利之所,非但牌中多以数目变化为游戏,而且其数目直接关系胜负输赢。牌上一数之差,甚至可致百万富翁即刻变作叫花子。有趣的是,其隐语行话数码尽用打牌名目隐代,如一叫"项张"、二叫"子张"、三叫"吃张"、四叫"出牌"、五叫"对煞"、六叫"成功"、七叫"清一色"、八叫"砌牌"、九叫"抓牌"等。

当今商品经济大潮中流行一句话,叫作"市场如战场",很形象地道出了市场竞争的激烈。事实上,以逐利为本的商战一向如此。于是,价格、利率等数目的涨跌浮动,变成了其中至关紧要的秘密。像收售旧货这样的小行当,亦不例外,因为它切实关系着竞争者、经营者盈亏成败生计利益。旧时北京打小鼓的

第六章 市井语言习俗例说

旧货商贩,就有着他们一行自用的隐语行话数码:一叫"土"、二叫"月"、三叫"姚"、四叫"黄"、五叫"钗"、六叫"标"、七叫"芝"、八叫"庄"、九叫"毕"、十也叫"土";如果两个"土"字合用,那么前者为一、后者为十,便是指十。如果两个旧货贩子在一起议价时说"土标",那么便是指一角六分、十六元或一百六十元,因具体货物的可能价值大小而异。由于是面对面地就具体货物及行情而议,所以一般不会出现误解。一件普通旧裤子,当然不会指十六元而只能是一元六角。

一般来说,诸行各业多有其通用的隐语行话。然而,由于商战中数目信息关系甚大,所以旧时有些大商行便特别编制自己专用的一套或几套隐语行话数码,供内部使用。为了便于员工记诵使用,还把数码一至十的代用字编成口诀。旧时北京名扬四方的瑞蚨祥绸布洋货店,便编制了五套代表数码一至十的特别暗码:"瑞蚨交近友,祥气招远财";"心田辅百世,义理助千秋";"诚纯守慎且,敏善就正习";"恭从明聪睿,肃末哲谋圣";"汉泗淮汝济,恒衡岱华嵩"。第一套嵌入了本号名称,第五套代以五水、五山之名,其余三套字面有如格言,兼含警戒劝勉之意,从形式到内容都富有一定传统文化色彩。据介绍,他们用这种暗码标记货价,主要是防备其他同业来偷看价格,同时也便于店员在同顾客议价时据以临时报价。五套暗码轮换使用,常用的是前两套。看起来,其商战火药味之浓,尚含有类似"反间谍战"的防范手段,可谓严密之至,令外行常人意想难及。

以当行数目暗码来讨价还价从中牟利,应当说以旧时的典当业最为典型。旧时典当业不仅使用外人看不懂的专用"当字"记账、标货和书写当票,看好所当物品后还在内部用暗码讨论定价。据前天津当业工会会长回忆说:"这是当商压低当价的一种惯用手段。术语是代替数字的隐语,如'道子'是一,'眼镜'是二,'炉腿'是三,'叉子'是四,'一挡'是五,'羊角'是六,'镊子'是七,'扒勾'是八,'钩子'是九,'拳头'是十。如果当户嫌价低,拿着当品要走的时候,坐柜掌柜必要过来打圆盘。比如站柜的说拳头眼镜,用意是已经给过十二块钱了,坐柜的认为可以再给两块,就说拳头叉子,暗示给十四块钱。总之,比较值钱的东西,他们是尽量不让当户走开的。"对于向以苛刻压价牟利闻世的旧典当业,隐语行话数码则是其用来盘剥当户的常用工具之一,甚至有些精明的当商也编制使用自家特殊的数目暗码。

　　举凡古今诸行各业的隐语行话,几乎都包含有当行数目暗码。它像一张若隐若现的蛛网,把五行八作的行业文化错综而有序地编织到一起;它像由一部微机控制的探测触角,能把各行隐秘的数文化信息集中在一块屏幕上。其中,有黑白红绿,有喜怒哀乐,五花八门,五光十色,展现着古往今来的中华数文化历史万花筒的特别层面。

　　如果说,在人类原始宗教信仰中数是神秘的,那么隐语行话中形形色色、变化多端的数码,则是诡秘的,是智慧的诡谲。

7. 曲艺小品与市井民间流行习语

市井民间流行习语,是人们在日常非正式言语交际中喜闻乐道的一种民俗语言现象,是人们追求言语新异刺激而超越言语传统的结果。由于其往往首先创制、流行于一地中心城市,然后向郊区、乡村扩展,多以当地民俗语言文化为人文地理背景,因而具有鲜明的地域性。有的本为乡村土语,如辽宁话"老多了"的"老",城里年轻人听着新鲜有趣,诙谐地模仿,用"老好了"来表达极好的意思,一时成为年轻人口头上出现频率颇高的民间流行习语。由此一来,本地农村青年说这话时,也有一种时髦感,似乎已不是原来那个土得掉渣儿的土话了,有了新趣。

市井民间流行习语是一种重要的民俗语言形态。它不仅丰富了民俗语言的鲜活材料,增强了民俗语言的表现和交际功能,同时也为通俗文艺的乡土民俗语言艺术注入了时代生活气息和活力,加强了观众与演员之间的情感交流。辽宁戏剧小品语言艺术的实践与艺术效应,也为此提供了实证和成功经验。

试看张超创作、赵本山主演的小品《去年今日》中,有如下一些语例:

(1)完了,没电了。
(2)行,够意思,你跟姐夫挺铁。
(3)哄呀,这是要扯事啊,我上爹妈那屋去。

（4）不怪是蕙，哪头都好使！

（5）你就来回忽悠吧，不整出事不拉倒。

诸例中的"没电了""铁""扯事""好使""忽悠"，均系近十年里沈阳及周围城乡颇为流行的习语。没电了，即如戛然断电似的一时无言以对，词穷。铁，是"老铁"的省略式活用，也是"铁哥们儿"的变异形式，意思是矢志不渝的要好朋友，交情似铁。扯事，本指说事情，作为流行习语又作"整事"，均有儿音尾，意思是故意找事、找麻烦。好使，是行得通、管用之意。忽悠，其民俗语源为用"悠车"（即摇车）育儿习俗，通常用意有三：①哄弄，使糊里糊涂地顺从；②以巧使人上当受骗，耍戏；③得意忘形，忘乎所以。在此用指巧言哄劝。

此外，还有"整事儿"、"耍"（"耍大刀"的省略）、"收拾"、"差啥"、"够派"、"贼媳"、"全抿"、"全踹"、"绝对"、"全抿绝对媳"、"闹"、"没谁了"、"提气"、"掉价儿"、"浠色"、"事儿"、"没毛病"等。几乎当代本地区所有的民间流行习语，都被很得体地纳入了戏剧小品的艺术语言之中，为刻画人物性格、形象，展示故事情节，格外增添了生动而诙谐的情趣效果。这些"新潮俗语"给观众以新颖、亲切的感受，引发回味。至于像"傻样儿"一类姑娘昵称男朋友的特定习语，早经影视等有关媒体流行各地，辽宁戏剧小品也随手拈来，用一用，同样也产生了深化故事情节，加强幽默情趣的较好效果。

描写男女互相试探和表白爱慕的情节，在半个世纪以来辽宁地方戏曲曲艺中不乏其例，可说是个俗套子了，但小品《相亲》中却巧妙地使用了"傻样"这一流行习语，并借角色之口自我道破特定语义及感情色彩，使俗套子不"俗"，增添了现实生活气息、时代色彩和诙谐效果，堪称用得巧妙。

一如民间流行习语不断丰富民俗语言宝库，随着民俗文化传承、变异的矛盾运动，反映旧俗的民俗语汇逐渐沉积为民俗语言"化石"，亦不断产生一些相伴新民俗而形成的新民俗语汇。这些新民俗语汇以新民俗事象为语源，成为鲜活的民俗语言新材料又一资源。辽宁戏剧小品及时而适宜地撷取这些鲜活的民俗语言材料，构成了其独特艺术语言风格的又一成功经验。

例如《相亲》中的一段对白：

男：你家妹夫挺好啊？
女：唉，爬烟囱去啦！
男：架子工也不少挣啊！
女：啥呀，是没啦！你家大嫂挺好啊？
男：唉！她省心了。
女：干啥工作？
男：那个单位去后悔了，调去之后调不回来了。

随着丧葬习俗的改革，汉族的火葬正在逐渐全面取代土葬旧俗，随之也伴生了代指火化的"爬烟囱"这一新民俗语汇。小品在这段互相询问家境近况的对白中，用"爬烟囱"隐指人的亡故，既符合讳言人死之忌，又不乏幽默情趣，并为紧接着一连串有关亡人的诙谐对话、以后故事情节的进一步发展，作了顺着情理的巧妙铺垫。在辽宁戏剧小品中这类例子虽不很多，但时可见到。

同巧用新民俗语汇有异曲同工之妙的，是巧用时代语词。

近年新出现的新词语"理解万岁"，突然切入小品《相亲》中两位年约半百的农民男女角色的近体对话之中，与其乡音俗语相映成趣，又与后面的"公岁"说法一起渲染了剧情中的诙谐气氛。个中巧妙，都在于雅俗对比和前呼后应。同时，又为后面情节的二人老树开花喜结良缘的结局，创造了"夫唱妇随"的微妙氛围，是一种巧用民俗审美心理的艺术手段。

民俗语言中有关性意识的材料，是通俗文艺语言艺术的一个敏感问题。在这个问题上，辽宁小品有得亦有失，不能一概而论。

向以"淫书"遭禁的明代世情小说《金瓶梅》，尽管书中掺杂了一些冗赘的房事细节描述，但在铺陈人物日常情境言语时，举凡与性相关的用语，包括骂语，大都以隐称代之，极少赤裸裸地道来。这样处理是符合生活实际的，忌讳、碍口之言毕竟不是挂在嘴边的玩意儿。如讳称男根为"大腿""王鸾儿""三寸货""大刀""脚"之类，绕来隐去，就是不肯直白道出，皆避俗秽，就雅谈而隐约其词。通俗点说,这种处理方式是"浑话素说"。

历来的通俗文艺不乏迎合观众低级趣味之例,因而往往选用一些格调低下甚至污秽的民俗语言材料入戏,以博庸俗之笑。辽宁小品的大部分作品在这个方面处理得较好,但也有些作品或有的作品的个别地方,仍明显存在格调不雅之病。试看下例:

①(姐夫对妻妹说)该翻的地方你都翻了,剩下的你姐自个翻吧!啊!(妻妹对曰)损样!

②二妹我费心尽力给他取眼镜,他顺着尿道出来扯这里格扔。

③年轻时我们俩还挺投缘,不大离就唱两口,转几转,可是她越老脾气越操蛋……

④叱,我妈就姐一个,你从哪挤出来的,我是你老舅。

⑤哎呀我操,你真打呀?!

⑥这老娘们是小孩不睡觉——欠悠啊。

凡此之类,或是简单地直接选用乡土民俗语言中的秽语,或半吞半吐地故意引人联想有关性的内容,均有伤大雅。其做法,尚莫如《金瓶梅》"浑话素说"来得高明。

思考题:

1. 您对"俗语"之"俗"如何理解?
2. 以"吉祥号码"为例谈谈数字崇拜。
3. 传统招徕市声民俗有哪些形态?并分别举例说明。
4. 菇民把饭叫"食反"、钱叫"金戈"的隐语行话运用了何种修辞方式?除此之外,请再列举出几种隐语行话构词的方式。

第七章　方言与非物质文化遗产传承及保护

　　钟敬文主编《民俗学概论·民间语言》中说,"民间语言"是指"广大民众用来表达思想并承载民间文化的口头习惯用语,其主要部分是民众集体传承的俗话套语"。《民俗语言学》(增订版)所说的"民俗语言",是指"经约定俗成、获得广泛认知、民用的涵化有民俗要素的语言材料","民俗语言的主体由俗语与民俗语汇两大语类构成";"无论语言学界还是民俗学、民间文学界,关于俗语概念的界定始终未取得共识。至于海外学术界的说法,往往又同国内相参差,则是由于语言文化背景的差异所致。就汉语民俗语言的俗语性质、特征而言,它是指包括口语性成语、谚语、格言、歇后语、惯用语、俚语等品类在内的定型化或趋于定型化的简练习用语和短语"。

且不论"民间语言"与"民俗语言"两个概念之间有何异同,但就其内容所指,无不包含方言土语,无不直接以方言土语作为载体和工具。大多数民间语言或民俗语言学本身,无不是民俗文化,无不是民俗文化的载体和传承工具,因为民俗文化是其内涵。

1.方言土语与俗文化圈

民俗文化是经一定社会群体约定俗成、反复实践并传承和扩布的民间文化模式,是人类社会长期相沿积久的礼仪、风尚、生产、生活等各种习俗事象的总和。十里不同风,百里不同俗。民俗文化的民族性、地方性是其显著个性之一。同一民族又因地理环境、历史条件等多种因素而有不同的风俗习惯,甚至鸡犬之声相闻的邻村之间,也存在着习俗差异,因而古训有道"入山问俗"。同理,民俗文化因其传承性、扩布性和守成性(稳定性)等个性特点,我们可在一定范围内的不同人群的风俗习惯上,发现许多类似或相同之处。这些民俗文化行为模式相同或相近的地方,即构成了一个民族的不同层次的大大小小、形形色色的民俗文化圈。

语言是民俗文化的载体,也是民俗文化的一种形式。语言与民俗文化在长期相互联系、相互影响、相互作用中凝结而成的民俗语言现象,是地方民俗文化的差异性和一致性的重要显示系统。这个系统是由各种各样的反映不同习俗惯制事象特征的词语、俗语等形式的民俗语汇构成。民俗语汇的地方性特征十分鲜明,因为绝大部分的民俗语汇的本身分属于各地方言,反映了方言文化。这些以方言语汇为主体的民俗语汇所构成的民俗语言系统,使方言区与地方民俗文化形成了鲜明的对应关系。就是说,不同层次的民俗文化圈均有着相应范围的方言区的地方民间文化与之对应,并作为其文化源泉或土壤而存在。同一方言区的人们在言语交际上是比较方便的,这也为互相之间的民俗文化交流、扩布和传承创造了便利条件。明清小说中不同地区方言和民俗语汇的互相流通,正是民俗文化圈与方言区的这种对应关系作用的结果。东北方言由东北土著居民方言与同为北方方言区内的北京、山东、山西、河北、河南等地的地区方言融合、沉积而成,则使这种对应关系的作用更加显著地发挥出来。由此,明清小说中的某些关内方言词语与东北方言词语的交互现象,亦可得到民俗语言学的上述解释。

不同时期的关内移民到东北定居后,或因探亲访友、经商往来,在交流了其原居住地与东北的民俗文化的同时,也交流了方言,形成了部分方言语汇的重叠现象。"扎筏子"的"筏子",本为一种水上运输工具,常见的有竹排、木排,或以牛皮或羊皮等缝制充气而成,用以载人载物。这里则指皮筏子,扎破则气泄,故以"扎筏子"隐喻出气、撒气。然而东北却极少见这种皮筏,可知东北话中这个方言习语词系由关内借来的。前面已提到的山东方言"贼"也是这种情况。至于东北方言中源于满语的方言借词"扎孤(扎括)",以及"炖""香饽饽""被卧(被窝)"等东北土话在一些明清小说中运用,则是关外方言的借用了。也有一些,如"现世报""撼溜子""打平火""磨不开"等,已成为北方许多地区的方言语汇了,年深日久,文献缺乏,难以考溯明白谁借用谁的、孰先孰后,都是方言文化融合、交流的结果和民俗文化圈与方言区对应关系作用的表现。

明清小说中,如《水浒传》《西游记》都是在民间传说的基础上创作的,即或《金瓶梅》也是借助民间传说衍化的故事。在形成小说过程中,小说的语言必然受其原来作为民间传说的流传地区的地方文化、地方语言的影响。这是一种客观存在的来自作者之外的民间文化影响。这种影响连同作者所受的乡土文化影响一起,反映在作品语言中,造成四方杂处的民俗语汇、方言等民俗差异。

2.方言的韵味与麻烦

旅行在外,虽说是同在中华本土,但各地的方言土语却难免成为言语沟通的障碍,有时还不免闹出笑话来,弄不好,还会惹出麻烦。例如,在东北俗称"妻子"为"老婆",但是到了山东蓬莱,"老婆"则是妇女的习惯泛称。如果用山东蓬莱话在沈阳大街上这样讲,不惹来众怒才怪呢!侯宝林同郭启儒合说的对口相声段子《普通话与方言》,以因为方言差异而发生的种种误解作为笑料和"包袱",寓语言知识于幽默诙谐之中。

最近报载,某小姐从北方前去广州参加"广交会"期间,由于不通当地的方言闹了不少的误会。起初她走在人群里时,耳边总像是听见有人在喊"姐姐、姐姐",便误以为是谁在叫自己。到后来才弄明白,这是广州话"借一借",也就是借个光、让一让的意思。有一次,她向人索要一份资料,对方告诉她"有牌(排)等",她便误以为要有什么资格牌证才能索取,实际上对方是告诉她要"等好一阵"。

荀子说:"名无固宜,约之以命,约定俗成谓之宜。"再如,许多方言土语的字面意思与当地乡土文化语境中的实际意义差异颇大,相去甚远,甚至是南辕北辙,很容易闹出笑话来。且以福州话为例,类似"不像菜头不像芋",意思是"非驴非马";"大家马大家骑",意思是"一样的规矩可适用每个人";"担粪盼等桶漏",指偷懒人的心态;等等。如果抛开方音问题,似乎还比较好懂一点。但是,像说某人"没头枕",似乎是说"没枕头",谁会想到实际上是在说人家长得丑呢？说"真乖",实际上不是说人"听话"或者"可爱",而是说蔬菜或瓜果长得真老。"呆了",决非说愣住了或是北京流行语"帅呆了",而是指坏了。所谓"做神",并非指"做菩萨"(神明),反倒是指调情。说"平正",不是"既平又正",而是说不好、很差。说"去厝",不是到家里去,而是完蛋。说"盘数",也并非指抄写账目什么的,而是说"傻瓜"在干傻事。显然,不明就理地听来,真有些像听隐语行话似的。又如《辍耕录》里记述的,"杭州人好为隐语,以欺外方。如物不坚致曰憨大,暗换易物曰㧱包儿,粗蠢人曰朾子,朴实曰㔷头"。何故?地方风俗使然。也就是《吕氏春秋·知化》里伍子胥对吴王夫差说的,"习俗不同,言语不通我得其地不能处,得其民不得使。夫吴之与越也,接土邻境,壤交通属,习俗同,言语通,我得其地能处之,得其民能使之"。

至于各地方言中的禁忌语,尤其不得掉以轻心。男女风情最忌"吃醋",正因为这样,中华各地多美味醋,但是再美味的醋,请客人享用时,也不可说成"请您吃醋"。在素有东方巴黎美誉的哈尔滨,由于忌讳男女风情中的"吃醋",而竟把食醋叫作"忌讳",进餐时如果想用点醋调味,只能直言要"忌讳"就是。在黄海、渤海等沿海地区,由于渔民海上作业时时伴着风险,最忌讳说"翻船"的"翻"这个字眼儿,因而用"划"来替代。如果说要把什么东西翻过来,就得说"划过来",否则犯忌。江浙一带方音"苹果"与"病故"很近似,所以忌讳带着苹果去探视病人。

有道是"一方水土养一方人",一方方言土语凝结一方的乡土文化。如若把陕西的秦腔、河南的豫剧、上海的越剧、广东的汉剧、吉林的二人转,"清一色"地都用普通话唱将开来,显然就面目全非、全无特色、索然无味了。即或是很多地方都有的各种梆子、秧歌、采茶戏、花鼓戏、道情之类,也主要是因各自的方言腔调各异而自成一种类别或流派。这说明,方言的差异会给旅行者体察各地文化和沟通带来不少的麻烦,而这纷繁各异的方言却是地方风俗人情和文化韵味的载体。

多年奔波在外的游子还乡归里,或是在他乡偶遇老乡,一声乡音浓浓的探询、问候,便把两双手紧紧地攥到了一起,便不由自主地热泪盈眶。"乡语忽惊闻,相看是故人",此际的乡音,是声声泪也是声声情,乡音凝乡情也。那乡音,

第七章 方言与非物质文化遗产传承及保护

就是相互识认的凭证。清代长洲(今苏州)人许虬"居辽四十年,生儿十岁许,偶听故乡音,问爷此何语"。何语？生养其爷那故里的方言土语,一种谁也抹不掉的人生文化符号。

北京土语里的"发小儿",原来是"从小儿"或"儿时"的意思。用东北话讲"发小儿"就是"从小儿"或"打小儿"之类。为什么把儿时朋友叫"发小儿"？徐世荣编的《北京土语词典》认为,北京土语的"发小儿"又叫"发孩儿",均可用指"总角之交"。

所谓"总角",原本是古代儿童的一种发式,在头上扎两束头发,朝上分开,好像两个牛犄角似的,故称。《诗经·齐风》里说的"总角卯兮",便是这种发式。其中的"卯"(音 guàn)字,正是这种发式形貌的象形。安阳殷墟妇好墓出土的文物中,即可见这种发式的玉器童像。就此想到,中国古代称男女成人之后的原配夫妻为"结发夫妻",简称为"发妻",晚近苏曼殊小说《焚剑记》中有"收媚娘为发妻"一句。"发妻"之"发"与"发小儿"之"发",同为"头发"之"发",显然,"发小儿"的构词方式,是受了"发妻"构词方式的影响而来。看来,北京土话里面也颇有古文化遗存!

近年来各地兼具俚语、俗语语类特点的民间流行习语,其语源、语义以及交际活动中的语境、语感等,大都直接受到包括方言在内的区域性乡土民俗文化因素的制约,因而也就能借以透视一时一地的社会时俗风尚。同样是表示"好"的赞叹的民间流行习语,在沈阳有"媲""全抿""全媲""绝媲""贼媲"或"全抿绝对媲"等说法;在上海,则往往说成"乒乓响""一级""一只鼎"或是"顶脱"等;北京则往往用"份儿""盖""绝""神""冲""棒""帅""派""震"等词来表示。1981年3月,中国男、女排球队在香港参加世界杯赛的亚洲区预赛中双双夺魁,在北京大学师生欢迎其凯旋的集会上,大学生们挥动的彩色旗上写着"中国排球队盖了帽"。《人民日报》刊登的这则消息的新华社电稿中,特对"盖了帽"加了注释:"真好的意思。"据认为,"盖帽"是现在篮球比赛用语,是指对方投篮的球一出手时就将球盖住这一漂亮的动作,"盖帽"和直呼为"盖"可能由此引申而来。

民间流行习语之所以具有显著的地域性特点,就在于它首先或始终在一个地区的一个特定人群中创制和使用,是以当地方言为基础、以一方风土民情为背景的。例如"忽悠儿",考其民俗语源,当是由于东北地区用摇篮(俗称"悠车儿")育儿的习俗而创制,其字面意义则是对婴儿在"悠车儿"之称,如今在此民俗语言基础上形成"忽悠儿"这一流行习语并迅速流行一时,其感情色彩、诙谐之趣,其他方言区的居民是难以与本地人有同等感受的,甚至连对语义也会莫名其妙。再如沈阳地区的流行习语"全抿"的"抿",在本地方言中是指用手指揩抹,进而又称用小梳子蘸水或油梳头,并借以称小梳子;同时又借以称类似用手指揩抹的动作,如本地有歇后语"老太太踩鸡屎——全抿",即指用脚揩抹。至于像"绝对"这样非直接出自本地方言,或原本与方言并无内在关系的流行习俗,因其取义、用法以及感情色彩、修辞效果均与通常存在一定差异,这种差异就是地区性与一般性的差异,体现了以一时一地风情语俗为底蕴的地方性。再如"提气",本系中医术语,到了沈阳近年的流行习语里的意思,则是指光彩、体面、荣耀,或争气。例:"为沈阳争光,给青年提气",这是《沈阳日报》1983年4月21日头版头条消息——《公安局从北京扛回一面大锦旗》的眉题,采用了一个本地的流行习语,题目就活泼、生动了许多。

  对于在外旅行者而言,方言土语障碍是一种苦恼;但是一旦从中发现并体悟到个中蕴含的乡土文化韵味,则别有洞天,别有乐趣与收获。常言道:小孩看辣椒,又爱又怕;爱其美,怕其辣也。方言土语之于旅行者而言,何尝不也是如此呢!

第七章 方言与非物质文化遗产传承及保护

3.方言民俗的地域特点探析[①]

方言与民俗有着一种特殊的"血缘",或说是"基因型"关系。"方言不仅自身就是一种民俗事象,是民俗的内容,而且它还是一个地区民俗的载体和表现形式,是民俗文化赖以留存、传承的媒介。"[②]方言民俗是地域文化的活化石,是反映文化差别和变迁的重要指标。它不仅是一种语言现象,也是一种社会文化现象。方言民俗的功能不仅在于交流,更多的是传递其蕴含的文化信息和价值。[③]

在此,且以辽西方言民俗为例。

辽西方言属于东北方言的一种次方言,是辽西地域文化的重要载体。辽西地域文化包括人类发凡文化、中华文明发祥文化、区域民族文化、战争文化、移民文化和农耕文化,在此文化基础上形成的辽西方言民俗具有鲜明的文化融合性、典型的农耕性和厚重的文化性三方面特点,通过揭示方言民俗的地域特点,旨在进一步展现辽西乡风土俗的奇光异彩,同时也为加强保护辽西方言这种非物质文化奠定基础。

辽西方言是在北方方言基础上形成的,属东北方言的一种次方言。辽西地

[①] 此节作者王丽坤。
[②] 杨树哲:《略论民俗与方言的关系》,《广西师范学院学报》(社会科学版)2002年第4期。
[③] 曹旺儒:《蒲城方言与地域文化的社会语言学阐释》,《河南理工大学学报》(社会科学版)2011年第4期。

区与华北地区毗邻,是北上出关进入东北地区的第一站,属于华北地区和东北地区的过渡地带,故而其方言既属于东北官话,又有北京官话的特点。

3.1 辽西方言民俗具有鲜明的融合性

每个地区的文化在形成过程中都融合了多种因素,辽西地区也不例外,它被誉为"中华民族历史文化多样性的活化石地区"。在几千年的历史进程中,辽西地域文化融入了多地区、多民族的文化元素,既有来自山东半岛的移民文化,又有包括以鲜卑族为主的三燕文化、藏蒙佛教文化,以及契丹、乌桓、锡伯和满等少数民族文化。诚然,辽西地区成为各民族、各地区文化融合的大熔炉。在各种文化相互交融渗透的过程中,人们的生活习惯、价值观念、文化心态、民俗民风相互融合,逐渐趋同,形成了独特的风土人情和地方特色。方言作为社会的产物,自然具有鲜明的融合性,尤其在饮食习俗、婚丧习俗等方面体现得最为明显。

3.1.1 饮食类方言民俗体现文化融合性

辽西地区融合了多地区、多民族的饮食文化。历史上的"闯关东"潮流给广大辽西地区带来了相当大的影响,山东半岛地区的一些饮食习俗在此地扎根,并与当地的饮食习俗相融合。比如聚居于辽西的广大山东移民喜爱面食并且擅长各种面食的做法,当地人民受此影响,把特有的一些农作物如玉米、高粱、麦子、谷子、白薯研磨成面粉,制作出各种各样极具地域特色的面食,由此产生了"疙豆子""河漏""蛤蟆蝌蚪""干面子""锅出流儿"等特色面食。

饮食习俗除受移民文化影响以外,各民族之间也相互渗透。辽西境内包括汉、蒙古、满、回、锡伯、朝鲜、壮、布依、彝等多个民族,各民族长期聚居,在饮食方面,除了回族的饮食比较专一,其他民族的饮食习惯互相渗透,并且力度有增无减,因此也就形成了许多具有民族特色和地域特色的饮食文化。在众多民族的相互融合中,主要是满、汉两民族之间的影响较大。比如"酱俗"文化是辽西地区满族的特色文化,满族人以豆为酱由来已久,据《北盟汇编》记载:金时女真人"以豆为酱"。其制作一般都选择在头年腊月,将黄豆焯熟,再放入锅中趁热捣碎,取出大小适中的酱块搁至来年四月。民间一直流传着"四月十八下大酱"

的风俗。所谓"下酱",就是将酱块刷干净打碎,放入缸中,加盐,添入清水,待发酵后食用。辽西满族大酱的酿造技艺一直在民间传承,成为满族饮食文化的重要内容。"黏米饽饽""黏豆包"是深受辽西人民喜爱的一种食品,也是满族的一种特色食品。满族人爱吃黏食,因为黏食耐饿,便于外出射猎活动。使用的原材料主要是以糯米或大黄米、小黄米为主,掺入适量其他米渣,再用豆沙、果仁、白糖做馅。每逢冬季将至,辽西地区的人家都会蒸上几锅饽饽,冻起来随吃随拿。还有满族的"血肠""酸菜汆白肉""萨其马",蒙古族的"手把肉",均已渐渐走入辽西百姓人家的餐桌。这些都充分体现了各地区、各民族在相互融合的过程中,饮食习俗也在悄然进行着融合和渗透。

3.1.2 节日类方言词语体现文化融合性

"节日民俗文化是社会生活的一个重要组成部分,丰富多彩的节日民俗文化不仅表达了淳朴的人们欢庆佳节的喜悦之情,更为重要的是传透出他们内心深处对于禳灾祈福、国泰民安、人畜兴旺、岁岁平安的美好祈愿。"[①]目前,朝阳地区很多节日礼俗也在不断地简化,但是记录这些礼俗的语言依然活跃在人们的生活中。比如接神、发纸、拜年、压岁钱、破五、送家堂、拜新年、添仓、龙抬头、吃犒劳酒、香火会、烧替身、跳墙、倡会影、吃青苗会、吃秋饱、了场糕、报赛、供大纸、踩岁、人兴日子、躲娘家灯、吃乞巧饭、打囤、龙龙尾、引龙、五彩线、腊八粥、五端午等。这些语言可以带我们领略朝阳地区节日民俗文化,充分感受节日民俗带给我们的欢乐和喜庆。

以"接神"为例,据1930年《朝阳县志》卷二十五《风土·民族杂俗》记载:"元旦,提灯焚香,分方拜请诸吉神于家,谓之接神。"接神仪式体现了朝阳地区人们崇拜神灵的民俗心理,他们把自己未能实现的愿望和理想寄托于神灵之上,神灵成为众人禳灾祈福的心灵寄托。为此,在大年三十夜里十时,人们要焚香供酒,向北上方叩拜神灵,并烧纸祭祀,当地人把为神灵烧纸称为"发纸"。为了求得好兆头,人们抢先发纸,寓意"先发"。农历的正月初五俗称"破五",在

---

① 王丽坤:《明清民歌视域下的社会民俗文化——以〈明清民歌时调集〉为研究底本》,《文化学刊》2010年第2期。

当地,一般初五之前不走亲访友,初六开始串亲戚、会朋友,商业店铺开门纳客。正月十五这天,已经出嫁的姑娘要"躲娘家灯"。二月二,人们要给孩子带上由彩布或彩纸剪成的"龙龙尾"。端午节,小孩子还要带上五彩线。还有腊月初八还要喝"腊八粥"。这些节日民俗都深刻地体现了当地人们在特定的节日,借助某种事物来达到禳灾祈福、祛瘟除病的目的。

除上述一些词语,当地很多节日方言词语源自农业生产,这与中华民族绵延厚重的农耕文化有着密切关系,寄托了人民期盼风调雨顺、五谷丰登的美好愿望。比如"添仓",此仪式一般在正月二十五黎明时分进行,用干柴堆起一个扁团,柴堆中放入五谷杂粮,焚香燃烛,以求丰收。"打囤"与"添仓"意义接近,都寄托了人们期盼粮食丰产的美好愿景。民间流传"谁家的烟囱先冒烟,谁家的高粱先红尖"这一俗谚,为此每当举行"打囤"仪式,人们都早早起床,抢先做饭,这些都深刻揭示了人们对土地的眷恋和对庄稼丰收的期盼。

3.1.3 婚嫁类方言民俗体现文化融合性

辽西地区婚姻礼俗极为讲究,尤其在农村,更是繁复多样,而且各民族之间既有共性又有个性,相互融合,相互吸纳。辽西地区婚俗与中原地区没有太大区别,甚至可以看出受中原文化影响的痕迹。满族旧俗崇尚早婚,胡朴安的《中华全国风俗志》载:满族之早婚,在全国可居第一。随着大量汉族移民入关,满族早婚的习俗发生了改变,并被明令禁止。汉人结婚有六礼之习,分别是"纳彩、问名、纳吉、纳征、请期、迎亲"[1]。满族虽没有六礼之习,但也要遵循"父母之命,媒妁之言",必须经"问名""合婚""相看""放定""迎亲"[2],方可完婚,这些显然是受汉人婚嫁习俗的影响。辽西朝阳地区还流行一种"换盅儿"习俗,相当于定亲,这习俗存在于满族婚俗和锡伯族婚俗中。在满族婚俗中指双方父母相互交换酒杯,以示定亲。在锡伯族婚礼上,新郎新娘将酒杯拴上红线,互相交换以示同心偕老。现在"换盅儿"习俗不断发生着变化,从中可以看出我国多

---

[1] 范立君:《"闯关东"与民间社会风俗的嬗变》,《大连理工大学学报》(社会科学版)2006年第4期。

[2] 范立君:《"闯关东"与民间社会风俗的嬗变》,《大连理工大学学报》(社会科学版)2006年第4期。

第七章 方言与非物质文化遗产传承及保护

民族习俗之间的互相浸染。

在朝阳地区,有关男女双方的婚姻大事依然要遵循"父母之命,媒妁之言"。媒人是一对年轻人走入婚姻殿堂的重要人物,正所谓"千里姻缘一线牵",媒人在朝阳当地俗称"保媒""拉纤"的人。

首先,媒人一般都会挑选门当户对、资产相当、子女相配的两家进行说和,在当地称为"说媒""保媒"。如果两家在获取对方信息后觉得有相处的可能,则由媒人安排男女双方见面,在当地俗称"相人"。如果二人互有好感,可进一步深入接触,则由媒人安排时间邀请女方及其父母、亲属等到男方家里,俗称"相家"或"相门户"。二人接触一段时间后,如有订婚的意愿,就要举行"换盅儿"仪式,相当于定亲。"换盅儿"就是男女双方互换定亲信物,以示同心偕老。定亲后女方即为男方家的准媳妇,赶上年节男方要到女方家"叫媳妇"。

结婚前,男方要尽量按照女方的要求准备彩礼并送到女方家,俗称"下礼"。同时,女方要将彩礼的一部分交给男方带回去,这也就是俗称的"圆钱"。结婚当天,新郎安排车辆和人员到新娘家迎娶新娘,俗称"迎亲",新娘家安排"送亲"人员,送亲人员十分讲究,"姑不接,姨不用,姥家门上的人全不用",一般都由新娘的兄弟姐妹"押车"。举行结婚仪式时,有亲戚朋友往新娘新郎身上撒五谷粮食或五色纸片,俗称"撒喜"。新娘要在新房炕上的红被子上"坐福",不可随意乱动。婚后第三天,新郎要陪新娘一同回家看望岳父岳母,俗称"回门"。婚后九日,女方家里要把新娘子接回家小住几日,俗称"住九",谐音"祝酒",以示祝贺祈福。

从"相亲"到"下礼",再到"回门""住九",我们可以看出当地人把婚姻当作一个家庭乃至整个人生中极其重要的一件大事来操办,中国式的婚姻观念体现得尤为明显,一道道程序、一个个礼节都为新郎新娘留有足够的思考空间,每一个礼俗的完成即预示着向婚姻殿堂更近一步,为此,双方家庭包括当事人都极为慎重。"嫁鸡随鸡,嫁狗随狗"的观念早已深入人心,一旦步入婚姻殿堂,就意味着二人携手一生,"出门子"的女儿就是"泼出去的水",不再收回。这些观念归根结底表达了当地人们对年轻伴侣白头偕老、恩爱一生的美好祝愿,是对未来美好生活的期许。

3.1.4 丧葬类方言民俗体现文化融合性

随着大量山东移民的涌入,辽西地区的丧葬礼仪也随之发生变化。比如,辽西朝阳地区整个丧葬过程包括"送信""烧落气纸""哭灵""守灵""送盘""出殡""指路""摔丧盆""圆坟""做五七""烧头七""除灵",这些习俗的源头均可追溯至山东半岛。锦州北镇满族自治县的丧葬习俗虽然保留了本民族的特色,但也避免不了受到汉族丧葬习俗的影响。"山东人移民入关后,满族固有的丧葬习俗不可避免地受到冲击。按照儒家传统伦理观念,死者最理想的归宿就是入土为安,而北镇地区满族的火葬被认为是大逆不道的。"[①]因此,在这种观念的影响下,满族人弃用了火葬,逐渐接受了汉族的土葬习俗。但随着社会的不断进步,从保护土地资源,促进社会主义精神文明建设的角度出发,满、汉等各民族均实行火葬。满、汉民族丧葬习俗交融渗透也是相互的,满族的一些有实用价值的习俗也在一定程度上影响了汉族,比如"节俭治丧""百日治丧";治丧期间,为表示对死者的悼念,子孙后代不得理发,但可以进行生产活动。

丧葬礼仪是人生当中的最后一道程序,意味着整个人生的谢幕。葬礼一般由子孙、亲人共同操办,寄托着对逝者的哀思,对生者的祈福。在朝阳地区,丧葬仪式十分隆重,有关礼俗也是十分讲究的,尤其是对于那些寿终正寝的老人,子孙更为其大操大办,并把这种丧事称为"喜丧"。"喜丧"的礼俗比较全面,主要程序有:

在老人停止呼吸前,主人家要派人到重要的亲属家去"送信儿",请他们前来吊唁。在确认死者亡故之际,由死者的直系亲属在灵床前置一瓦盆,在瓦盆中焚烧冥钞或纸钱,俗称"烧落气纸",寓意让亡灵"持币上路"。之后要由直系亲属为亡者净身,也称"洗丧",谐音"喜丧"。有准备的人家在老人在世时就为其置办了"装老衣服(寿衣)",死者"净身"以后,要由子女换上干净的衣裤鞋袜,俗称"换衣"。亡者家中设置灵堂,供桌上置烛台香盆和死者遗像。有女儿哭诉死者生平,俗称"哭灵"或"哭道",由儿子为其日夜"守灵"。停灵期间,由

[①] 郅光建、任亮:《清代山东人"闯关东"对东北社会风俗的影响》,《铜仁学院学报》2007年第6期。

第七章 方言与非物质文化遗产传承及保护

亡者子女将其生前物品拿到土地庙烧掉,俗称"送盘"。回来的途中妯娌之间抢抓一把土放到自家的炕席底下,谁先抢到的谁就获得了财富和幸运,这也就是俗称的"抢富"。停灵时间一般分为三日、五日或七日,逢农历的初七、初八不得下葬,俗语有"七不埋、八不葬"的说法。出殡当日,一般由八名壮汉抬起棺材,俗称"起灵"。起灵时,由亡者的长子将灵床前用于烧纸的泥盆摔碎,俗称"摔丧盆"。送葬一般要经过土地庙,由亡者的长子为其"指路",口念"西天大路三百三,别走小路走中间"。送葬队伍行进途中,有亲友在道旁设香案"路祭",孝子须下跪答礼。亡者下葬后,三日后由直系亲属将坟堆聚起拢圆,俗称"圆坟",从死者去世之日起,每隔七天为一周期,每一周期亲人都要在灵位前点烛焚香,举行祭奠仪式,第一期为"烧头七",整个仪式称为"做五七"。三年孝满,遂将灵位焚化,谓之"除灵"。

通过上述丧葬方言词语及其涵盖的民俗文化事象,我们可以看出,葬礼仪式是十分复杂的,场面也是极为隆重的。人们把死亡看作是一件极为神圣的事情,"万物有灵思想""灵魂不灭论"深深扎根于人们的心中,他们认为,生命的终结意味着肉体的死亡,而灵魂依然游离于肉体之外,变成了鬼或鬼魂。于是天上有神仙,地下便有了鬼魂,井然有序并且制度健全的地下世界与人类世界并存。因此,隆重的葬礼是为了让亡故者在另一个世界快乐幸福地生活,同时葬礼越隆重,越显示子孙的孝敬,越容易得到祖先的荫庇,家道也就越昌盛。如今,随着经济生活水平的不断提高,一些陈旧落后的思想观念也在不断地更新,丧葬中有些迷信的成分不断减少,很多年轻人已经无法理解一些仪式的深刻内涵,只有丧葬从业人员深谙其中每一个细节。虽然在城乡不断融合的过程中,丧葬仪式有所简化,但是迫于舆论、习俗的压力以及禳灾祈福的动机,丧葬礼俗讲究排场正呈现愈演愈烈之势。

3.2 辽西方言民俗具有典型的农耕文化遗风

辽西地区作为东北的重要组成部分,经历了渔猎、游牧和农耕三种生活方式,这三种生活方式使得辽西人民形成了靠山吃山、靠水吃水的生存意识形态。辽西地区虽包括锦州、葫芦岛、兴城等沿海城市,但与国内江浙等沿海地区相比,经济相对比较落后,在经济形态上还处于农业文化的氛围中,人们的思维方式、生活态度、价值观念都具有浓郁的农业文化气息。尤其在广大的农村,人们的"土地情结"十分浓重,他们愿意固守家园,满足于"三亩地,一头牛,老婆孩子热炕头"的知足常乐的生活方式和价值取向。农业文化是束缚辽西人价值观念的主要根源,而语言是社会的产物,因而很多辽西方言俗谚具有典型的农耕性,体现了农耕文化的和谐性和精致性。

3.2.1 方言俗语反映农业生产的和谐性

因地制宜是农业生产的不二法则,也是确保农作物丰产丰收的恒定规律。辽西地形以山地丘陵为主,地形地势复杂多变。既包括了山麓以上的山体本身,也包括丘陵之间平坦的谷地;既包括独立的山体和山系,也包括群山丛聚的地区。在长期的农业生产实践中,辽西人民根据该地域独特的地理环境和生态条件总结了因地制宜的方言俗谚,比如"平地粮谷麻,砂土种棉花""山地多打粮,年年长坝墙""生土换熟土,一亩顶两亩",这些方言俗语是辽西人民生产劳动智慧的结晶,深刻体现了农耕文化的和谐性。

农业生产除要因地制宜,还应顺应天时。正所谓"庄稼好收成,关键在莳弄"。由于气候对农作物生长有一定限制,因而对农时的掌握成为农业生产中重要的一个环节,辽西地区很多农业生产方面的方言俗语反映了顺天应时的重要性。比如"清明忙种麦,谷雨种大田""二月清明麦在头,三月清明麦在后""九月九大撒手""头伏萝卜二伏菜,三伏种荞麦""处暑不出头,割了喂老牛""谷雨前后种瓜种豆""过了芒种,不可强种""春争日,夏争时,春耕夏锄不宜迟"。上述农谚表明农耕要顺"时"而作,不可违时。这也是中国农耕文化中遵循自然,追求天人合一的和谐观的一种体现。

3.2.2 方言俗语反映农业生产的精致性

有些方言俗语体现了农业生产的精耕细作,主要涉及土地整理、生产管理和作物收获等方面。

土地整理的方言俗语既关涉旱地,又包括湿地。主要有犁地、趟(蹚)地、耪地、翻地、铲地等,每个程序都极为重要。以翻地为例,翻地的深浅极为讲究,一般是"头遍浅,二遍深,三遍把土拥到根""深翻加一寸,赛上一茬粪""耕地深又

第七章　方言与非物质文化遗产传承及保护

早,庄稼百样好";翻地也有时令讲究,如"八月翻地满篓油,九月翻地半篓油,十月翻地点滴油""夏天多铲一遍,秋天多打一石""秋后不深耕,来年虫子生"。

辽西农耕中的播种方式因农作物的不同而不同,主要有撒、种、插、点等。其中,"撒、种、点"主要用于玉米、小麦、大豆、荞麦,插主要用于水稻,有"插秧"一词。除此以外,还有一些具有地域性的方言词语,比如流行于朝阳地区的"点葫芦",这是种地点种的工具,由装种子的葫芦、筒子、篦子和点种棍四个部件组成,播种时用点种棍敲打筒子下种,是一种比较原始的人工播种方式。随着机械化水平的日益提升,这种播种方式仅存于辽西偏远的农村。播种完之后,为防止种子水分流失,用脚把垄沟踩实,称为"踩格子"。播种几天以后,还要用"打磙子"将垄沟压实。

生产管理是农业生产的中间环节,至关重要。管理的好与坏直接影响庄稼的收成。辽西地区的农作物种类较多,管理方式略有不同,常规性的管理有灌田、浇地、排水、抽水、追肥、锄草、上粪等,此外,还有一些方言俗语也生动地体现了生产管理的精致性。如"种地要紧,锄草要狠""秋分不割,等着风磨""光铲不趟,等于撂荒""铲趟紧三遍,不收得一半""人糊弄地一时,地糊弄人一年""干铲干趟如上粪,湿铲湿趟如夹棍""一遍锄头顶遍粪,三遍锄头土变金""秋天多捞一遍场,多出粮谷喂猪羊"。

作物收获是农业生产的最后一个环节,千百年来的传统思想就是要"颗粒归仓"。这类的方言词语较多,以"打麦场"为例。每到麦子成熟的季节,辽西百姓要为收获麦子做足准备。麦子收获后,要在事先造好的麦场里把麦子摊开,接着"开场""推场""摊场",再借助风力阳光"翻场""斗场""圆场",然后上石磙,"碾场""走场""滚场",如此反复几遍,最后"收场"。"扬场"是麦场的主要技术活,借助风势,举起木锨,高高扬起,麦子、麦糠在空中自然分离。如今,这些关于收获的方言词语也被当地人们赋予了另一种意义,比如"圆场",辽西方言有"打圆场"一说,意思是调解纠纷,从中说和,使几方面都能接受,从而使僵局缓和下来。还如"走场",现多指剧团演员每天奔走于各个演出场所。

3.3 辽西方言民俗具有厚重的文化性

3.3.1 方言俗语蕴含团结友爱、互帮互助的思想

团结、善助、知恩图报是辽西人的典型性格特征,这与独特的地域文化有着密不可分的关系。在长达三百多年的闯关东移民潮中,一波又一波的关内穷苦百姓不断涌向东北,他们三五成群,以家庭或以亲友为单位集体行动,投奔先期已在某地落脚的亲友。无论是在闯关东的漫长路途上,还是在关东大地的安家创业上,相互帮扶的思想一时一刻都未丢弃过。辽西地区流行一句方言俗语:"人帮人,亲上亲。"这是东北重要地域文化的总结,是闯关东人留下的性格形态的基础。谋生路上的"帮"来自一种本能,互帮互助体现了浓浓的乡情,并结下了深厚的友谊。闯关东人的团结友爱、互帮互助的思想深深影响了辽西当地人,使闯关东人与关东人之间打下了携手共进、互帮互助的思想基础。这种思想在辽西方俗语中表现得十分明显:"朋友千个不多,冤家半个不可""帮人帮到底,救人救个活""万众一条心,黄土变成金""人心齐,泰山移""有饭送给饥人,有话送给知音",这些方言俗语深刻诠释了辽西人直率、豪爽、热情的性格特征,也传递出辽西地区和谐的乡间生活氛围和浓重的乡情。

3.3.2 方言俗语蕴含亲仁善邻、重义守信的思想

亲仁善邻、重义守信就是要重视仁义和道义,不计较功利或物质利益。辽西人重感情,讲义气,守信用,敢为知己者死,愿为朋友两肋插刀,懂得"滴水之恩,涌泉相报"。这种重义守信的思想与儒家文化密不可分。以孔子为代表的儒家文化随着闯关东移民潮来到了东北,儒家文化倡导仁、义、礼、智、信,辽西人民亲仁善邻、重义守信实际上反映的是儒家文化的价值取向,是中国传统价值观的重要内容。这种价值观在辽西方言俗谚中表现得十分明显:"远亲不如近邻,近邻不如对门""交义不交财,交财两不来""钱财如粪土,仁义值千金""买卖不成仁义在""君子重义,小人重利""炒豆大家吃,炸锅一人担""人心要实,火心要空"。这些方言俗谚深刻揭示了中原传统文化对辽西地域文化的渗透,这种"仁义"的思想成为规诫辽西人民日常生活的准则,内化于心,外践于行,反映了辽西人民质朴、善良、崇尚仁义的高尚品质。

3.3.3 方言俗谚蕴含自强不息、克勤克俭的思想

艰苦奋斗、克勤克俭是中华民族的优良传统,也是辽西人民的高尚品质。辽西方言俗语"早起三朝顶一工,早起三年顶一冬""不怕歉收年,就怕人靠天""马不吃夜草不肥,人不勤劳不富""燕美在羽毛,人美在勤劳"等,反映了人们吃苦耐劳、勤劳勇敢、艰苦创业的奋斗精神。辽西方言"外头有把搂钱耙子,家中有个装钱匣子""节约好比燕衔泥,浪费如同河决堤""新三年,旧三年,缝缝补补又三年""锅台上有把好手,一年能省石八斗""一天省一把,十年买匹马"等俗谚,深刻反映了辽西人民在日常生活中积沙成塔、集腋成裘、勤俭节约的高尚品质,展现了质朴无华的劳动人民勤劳智慧与自强不息的高尚精神。

4.方言土语是非物质文化遗产的基本载体和传承工具

所谓"人类口头和非物质遗产",据联合国教科文组织《世界遗产公约》的规定,是指包括口头语言、故事、音乐、游戏、舞蹈、风俗以及各种艺术表达手段在内的,具有特殊价值的文化活动和口头文化表述形式,是一种无形的、不可重复的文化空间;《中华人民共和国非物质文化遗产法》规定:"传统口头文学以及作为其载体的语言。"联合国《保护非物质文化遗产公约》也规定:"口头传说和表述,包括作为非物质文化遗产媒介的语言。"在各类人类口头和非物质遗产之中,最基本的人类口头的非物质文化遗产,主要是民俗语汇、地域性的方言土语和五行八作的民间隐语行话。这些大都是人类口传心授的语言艺术载体中最基本的构成基质,是人类基础文化的最重要的"语言化石"。因而,发掘、抢救和整理各类俗语、民俗语汇和民间隐语行话,是抢救和保护人类口头的非物质文化遗产至为关键的内容。随着社会现代化进程的加速发展和全球经济一体化的影响,人类的生存环境和生活方式也在急剧地发生变化,世界各国、各民族传统的历史文化遗产无疑要受到越来越严重的破坏,更有些濒临消逝。至于口头形态的非物质历史文化遗产的生存环境,正在遭受前所未有的危机。特别是对于像中国这样虽然文化遗存丰厚但迅速走向现代化、城镇化的国度而言,这种危机的冲击就更为强烈。

"口头传说和表述,包括作为非物质文化遗产媒介的语言"与"传统口头文学以及作为其载体的语言",尽管其涵盖的范围和表述(不排除翻译的误差)略

第七章 方言与非物质文化遗产传承及保护

有差异,但显然都是指那些依赖口头传承和负载与特定"非遗"事象本身相应信息的语言。这种作为"媒介"和"载体"的语言,既包括语言的社会变体,如社会流行语、民间隐语行话、行业语和网络语言,也包括方言土语等语言的地方变体,均包含民俗语汇在内的民俗语言要素。两者均属于非物质文化遗产的基本载体和传承工具。而作为"媒介"和"载体"的语言的活动或行为事实,显然属于相应的语言民俗性质。因而,可以认为,民俗语言和语言民俗都是非物质文化遗产的基本载体和传承工具。

在各类"人类口头的非物质遗产"中,最基本的人类口头的非物质文化遗产,主要是"民俗语汇"。换言之,"民俗语汇"是人类一切口传心授的语言艺术载体中最基本的构成基质,是人类基础文化的最重要的"语言化石"。因而,发掘、抢救和整理各类民俗语汇是抢救和保护人类口头的非物质文化遗产最关键的内容。其次,是地域性的方言土语。再次,是五行八作的民间隐语行话。这三种民俗语言显然属于相应的语言民俗性质。

方言是语言的地域变体,一些区域性特征较强的非物质文化遗产离开了方言这一传承媒介,"很可能因为语言的变换失掉原来独有的文化特色,另一方面也可能因为语言载体的变更丧失群众基础"[1]。没有地域文化特色,没有广泛的群众基础,这些宝贵的非物质文化遗产也只能束之高阁,甚至逐渐消亡。因此,研究以方言为载体的非物质文化遗产保护现状,不仅有利于"非遗"保护工作的深入开展,同时也对抢救方言、保护方言,推动文化多样性和丰富性具有积极的促进作用。

列入我国国家级和省级非物质文化遗产名录的类别中,以方言为载体的非物质文化遗产没有以独立的形态和门类进入名录,而是和其他文化样式处于交叉共生状态。2003 年,联合国教科文组织通过了《保护非物质文化遗产公约》,明确了"口头传说和表述,包括作为非物质文化遗产媒介的语言"是"非遗"涵盖的第一方面内容,其主要是以方言为载体的非物质文化遗产,如民间文学、民间音乐、传统戏剧、曲艺等。这类非物质文化遗产不仅具有非物质文化遗产的

---

[1] 吴永焕:《汉语方言文化遗产保护的意义与对策》,《中国人民大学学报》2008 年第 4 期。

共性,同时又具有方言本身所折射出的地域文化特色。比如江苏的昆曲、评弹,安徽的黄梅戏,河南的豫剧,天津的京东大鼓、快板,东北的二人转,闽南的南音,客家的山歌,都将方言作为其艺术表现形式的一种媒介,凸显了浓郁的地域文化特色,成为一座城市、一个地区名副其实的文化名片。

辽西地区历史文化底蕴丰厚,人文景观厚重,拥有众多形态的非物质文化遗产。目前,辽西地区列入国家级和省级非物质文化遗产名录的项目共有51项,涉及民间文学、民间音乐、民间舞蹈、传统戏剧、曲艺、民间美术、传统手工技艺、民俗八个方面,这些"非遗"项目中,以方言为载体的非物质文化遗产项目共计15项,比例接近1/3,主要集中在民间文学、民间音乐、传统戏剧、曲艺四个方面,分别是喀左东蒙民间故事、"古渔雁"民间故事、医巫闾山民间文学、北票民间文学、辽西古战场传说、阜新东蒙短调民歌、陈桂秋评剧表演艺术、锦州皮影戏、凌源皮影戏、黑山皮影戏、凌海民间皮影、喀左皮影戏、辽西木偶戏、黑山二人转、陈派评书。这些项目是在辽西大地的滋养下形成的,其传承和展演主要依靠辽西方言这一媒介,具有浓郁的地方特色,也承载着厚重的地域文化。

思考题:

1.试用"文化周圈论"理论解释方言土语和民俗文化的传承、变异规律。

2.以自己的家乡方言为例,说明方言与民俗的关系。

3.方言与非物质文化遗产保护的关系。

第八章 历代民俗语言珍稀典籍专书民俗语汇研究例选

民俗语汇是语言民俗学和民俗语言学的重要研究文本。中国历史上浩如烟海的汉籍文献中,保存下来一些如今看来已经十分珍贵而又稀见并辑释了大量民俗语汇的专书,可视为语言民俗学和民俗语言学的典籍文献。这里,选辑历代民俗语言珍稀典籍专书民俗语汇研究的部分样例。

1.《通俗文》刍议①

刘叶秋先生提出:东汉经学家服虔的《通俗文》"是一部解释通俗用语的词典……它既释义,也注音,实为以实用为主的通俗词典之先河,对后出的字书、类书,有一定的影响"。这一点,几乎为古今所公认。正如郝懿行《证俗文》自序所言:"命曰《证俗文》,盖慕服子慎《通俗文》,借取《儒林传》疏通证明之意云。"

1.1 《通俗文》概述

1.1.1 《通俗文》作者

关于《通俗文》的作者,从古至今一直是学术界争论不休的话题,可谓仁者见仁,智者见智。《隋书·经籍志》载:"《通俗文》一卷,服虔撰。"但颜之推在《颜氏家训·书证篇》中对于该书系服虔所著产生了疑问,"《通俗文》,世间题云:河南服虔字子慎造。服虔既是汉人,其叙乃引苏林、张揖,苏、张皆是魏人。且郑玄以前,全不解反语。《通俗》反音,甚会近俗。阮孝绪又云:'李虔所造。'河北此书,家藏一本。遂无作李虔者。《晋中经籍》及《七志》,并无其目,竟不得知谁制,然其文义允惬,实是高才。殷仲堪《常用字训》,亦引服虔《诉说》,今复无此书,未知既是《通俗文》,为当有异? 或更有服虔乎? 不能明也"②。针对

---

① 本节作者王丽坤。
② 《颜氏家训·书证篇》。

第八章 历代民俗语言珍稀典籍专书民俗语汇研究例选

颜氏的说法,清代学者洪吉亮、姚振宗、马国翰等人都给予了不同程度的驳议。近人段叔伟在其书《通俗文辑校》前言中,根据上述几位学者的成说推翻了颜之推的观点,理由有三:第一,该书早已亡佚,原本不复存在,因而书叙作者无足考证,可为后人所作;第二,东汉时期反切早已存在,服虔、应劭等具有开创之功;第三,服虔的代表作《春秋左氏传解谊》《汉书音训》中佚文与《通俗文》中的释词相同,意义一致,这足可以断定《通俗文》系服虔所著。据此,在新的确凿的材料出现之前,我们暂且将《通俗文》的作者定为服虔,以《隋书·经籍志》为主要参考材料。

服虔,"字子慎,初名重,又名祇,后改为虔"①。据史料推知,其生于汉灵帝至汉献帝时期,在战乱中病卒,卒年时间无从考证。"少以清苦建志,有雅才"②。才学颇高,著作甚丰,"所著赋、碑、诔、书记、《连珠》《九愤》,凡十余篇"③。服虔的著述,除了这部辑录俗言俚语的旷世之作,还集中体现在对古籍经书的注释上,《春秋左氏传解谊》《汉书音训》成为服虔在这个领域的代表作,具有广泛而深远的影响。

1.1.2 《通俗文》成书及亡佚

《通俗文》成书于东汉末年,汉代时期训诂学的研究领域不断扩大,由纯粹的注经向语言学领域发展,老百姓口头上活生生的语言已经成为众多学者关注的焦点,并在其著作中多有收集,如《方言》《释名》《广雅》中收录了大量的口语材料。这些都为《通俗文》的产生提供了一定时代背景和学术导向,激发了服虔钻研冷僻俗字、俗言俚语的热情,开创了俗语研究的先河。从唐宋古籍征引《通俗文》的情况以及宋代书目著录情况看,该书的亡佚时间大约在北宋时期。首先,唐人注疏及所编类书中大量存在征引《通俗文》的记载,足可见唐代时此书尚存。其次,反映唐代书籍情况的两部著作——《旧唐书·经籍志》《新唐书·经籍志》修于五代至北宋时期,没有涉及有关《通俗文》的任何资料,仅见《续通俗文》。同时查阅宋代所有官私家目录学著作及其稍后的目录学著作,皆无《通

---

① 《后汉书·服虔传》。
② 《后汉书·服虔传》。
③ 《后汉书·服虔传》。

俗文》或《续通俗文》。由此推知,《通俗文》亡佚于北宋时期。韩卫斌深入剖析了《通俗文》亡佚的原因,主要集中在两个方面:一是《通俗文》所辑内容完全偏离占据主流优势的雅学,推崇宣传之度远远不及雅学那么广泛,因而在整个社会主流意识的高压下渐渐消亡。二是国家动荡,战争频仍也与《通俗文》的亡佚不无关系。① 俗学也好,战争也罢,总之,《通俗文》的亡佚从现实的视角去衡量,那就是语言学、辞书史、词汇史上的重大损失。所幸后世诸多学者以敏锐的视觉洞察到这部旷世之作的价值所在,"始为搜辑"。虽不完全,但其概貌略窥一二,也在一定程度上弥补了其亡佚所带来的损失,弥足珍贵。

1.1.3《通俗文》版本

清乾嘉之后,朴学昌盛,众多学者将研究的视角集中在对古籍的辑佚上,自然,《通俗文》一书也得到了学者们的广泛关注,从清代至民国,对于此书的辑佚共有七种版本流传于世。一为任大椿辑本,收入《小学钩沉》;二为黄奭辑本,收入《汉学堂丛书》;三为臧庸辑本,收入《邃雅斋丛书》;四为马国翰辑本,收入《玉函山房辑佚书》;五为顾櫰三辑本,收入《小方壶斋丛书》;六为顾震福辑本,收入《小学钩沉续编》;七为胡元仪辑本,收入《小学搜佚》。以上七种辑本,任大春辑本、黄奭辑本和顾震福辑本实系同一系统,因而七种版本实则五个系统。各位学者在辑佚过程中虽然搜集范围广泛,但是此书亡佚过早,加之千百年来传抄传刻中存在的一些问题,致使《通俗文》佚文的情况更加复杂,这就导致以上七种版本中都出现了程度不同的问题。诸如阙漏、未校、失校或校勘不准确,还存在沿用古籍征引错误。② 除此之外,各版本在编排上也存在分类不清、编排不合理等问题,征引文献不够详细,释词不够精准,致使我们后世学者探究几千年前的民间俗语依然存在一定的鸿沟。因此,很有必要对全部佚文进行一次全面的、系统的、精准的编排。

---

① 韩卫斌:《服虔及其〈通俗文〉》,《新乡师范高等专科学校学报》2007年第1期。
② 段书伟:《通俗文辑校》,中州古籍出版社1993年版。

1.2 《通俗文》释文大略

1.2.1 以俗言俚语为主要研究对象

所谓"通俗",是指接近平民化,易于被普通人接受的事物。显而易见,《通俗文》"不以价值取向作为判断的标准,而是敢于面对真实的、活生生的世界,以客观存在的形而下的俗语现象作为研究对象的本体"。从广义上讲,应该从属于社会方言,而非区域方言。《通俗文》产生于雅言占据主流优势的时期,当时以俗言俚语为主要研究对象的辞书专著寥寥无几。服虔能够逆势而上,走了一条与学术主流完全不同的道路,这也足以证明作者独到的学术视角和勇于创新求真的精神。正如段书伟所言,"它是我国第一部专释俗言俚语、冷僻俗字的训诂学专著",第一次将通俗语言作为一个整体进行系统的研究和考证,具有开创性的学术价值,导引中国俗语研究发展的方向。辑录者们在辑录过程中参阅多种古籍文献及其版本,如《一切经音义》《慧林音义》《初学记》《文选》《春秋正义》《颜氏家训》《广韵》等,这些宝贵的原始材料为作者进一步精准地释义提供了有力保障。《通俗文》中所收词语,真实地再现了汉代语词的情况,是研究汉语史的宝贵材料。如:"沉取曰捞""争倒曰扑""唇不复齿谓之䫐""侏儒曰矬""体不申谓之趄""体疮曰痍,头疮曰疡""沙土入食中曰磣""举瘴乘风曰帆""床三尺五曰榻,板独坐曰枰,八尺曰床"等,所收语词反映了汉代人民生活的方方面面,作者旨在为人们提供一种了解、通晓俗言俗字的工具,虽与雅学所走道路不同,但却具有异曲同工之妙,具有"沟通并规范统一不久的汉民族广大区域的语言"①的重要作用和宝贵价值。

1.2.2 多种方式兼顾的释义方法

所谓释义,就是采用通俗易懂的语言解释被释词。《通俗文》释义,则是运用规范性的语言采用转译的方式来解释俗言俗字。采用的释义方式大致有以下几种:

---

① 段书伟:《通俗文辑校》,中州古籍出版社 1993 年版。

(1)"曰"式

"沉取曰捞。"(见《一切经音义》五又二十)

"口上曰膴,口下曰函。"(见《释文诗行苇》《诗正义行苇》)

"骨中脂曰髓。"(见《文选注·长杨赋》)

"钱戏曰赌。"(见《一切经音义》十五)

(2)"谓之"式

"唇不复齿谓之翻。"(见《太平御览》三百六十八)

"腋下谓之胁。"(见《释文左氏传·廿三年》《春秋正义僖·廿三年》《太平御览》三百七十一)

"尻骨谓之八胁。"(见《一切经音义》十八)

"曲脊谓之佝偻。"(见《一切经音义》)

(3)"为"式

"超通为跳。"(见《史记索隐》)

"张丝为柅。"(见《太平御览》)

(4)"某,某""某,某也"式

"匕首,剑属。其头类匕,故曰匕首,短而便用。"(见《广韵》《史记索隐》)

"鞁,析皮具。牛牵船。"(见《广韵》上平韵十一模"鞁"字注)

"详虚,辞也。"(见《一切经音义》十一又十五)

"訢,大语也。"(见《一切经音义》十一又十七)

"皂,方力反,粒也。"(见《颜氏家训·勉学》)

"廓,宽也。"(见《慧林音义》)

(5)"以为""以……为"式

"南楚以好为娃,乌佳切。"(见《初学记》十九、《太平御览》三百八十一)

"积烟以为碳媒。"(见《一切经音义》十五)

(6)"云"式

"高置立鳑棚云鳑阁。"(见《史记索隐》)

(7)特殊式

"荆州出甘蔗,西域出葡萄。"(见《一切经音义》)

1.2.3 直音、反切综合运用的注音方法

(1)直音法

"音×"式

"体疮曰瘬,头疮曰疡,音阳。"(见《一切经音义》十一又十七)

"觓,音求,鼻曰齄。"(见《一切经音义》二十)

(2)反切法

"×,××切"式

"南楚以好为娃,鸟佳切。"(《初学记》十九、《太平御览》三百八十一)

"摵捎摵也。砂获切。"(见《广韵》二十)

"罚罪曰谪,文厄切。"(见《史记索隐》《文选注·过秦论》《一切经音义》)

"×,××反"式

"形美曰媎,汤火反。容立曰媌,莫豹反。容美曰婣,鸟活反。容茂曰妍,羊灼反。"(见《太平御览》三百八十一)

"含吸曰欶,所角反。"(见《一切经音义》)

"入室求曰搜。兄侯反。"(见《颜氏家训》音辞)。按:《颜氏家训》旧本误不可读,今从钱广伯所校。

1.2.4 突出单音词训释,注重近义词比较

我国古代以单音词为主,《通俗文》释词主要以单音词为主,多为训释语在前,被释词在后,如"入室求曰搜""谷曰粒,豆曰完""鸟居曰巢,兽居曰窟""鱼臭曰腥,豭(音加)臭曰臊"等。通篇除单音词之外,还兼释双音词,如"大而无形曰混沌""山泽怪谓之魑魅""木石怪谓之魍魉""芸苔谓之胡菜""酪酥谓之䴷"等。《通俗文》的这一微妙安排,正是符合东汉时期汉语由单音词向多音词变化的总趋势,符合语言发展变化的轨迹。同时,该书在释词的过程中尤为注重近义词、同义词的比较研究,主要是对二者进行辨析,如"耽酒曰酖,酗酒曰炊""谷曰粒,豆曰完""吴船曰艑,蒲殄反。晋船曰舶,音泊""鸟居曰巢,兽居曰窟""脂在腰曰肪,在胃曰册,音珊"等。对于近义词的辨析研究,一方面显示了汉语的丰富性和多样性,另一方面也可以极大地提高人们使用语言的能力。

1.3 《通俗文》内容例析

《通俗文》旨在全面集中地辑录、注释汉代时期的冷僻俗字、俗言俚语,不仅开拓了传统语言学的研究领域,使汉代的语言学由传统的解读经书向解释俗语的方向发展,将形而下的俗言俚语提高到形而上的研究层面上来,同时对于汉语史和辞书编纂史更具影响力,保存了大量珍贵的语言材料,为进一步解决汉代典籍以及汉代以后出现的文献资料中遇到的语词方面的问题提供了极其重要的参阅资料。《通俗文》中所辑录的语言以流行于人们口中的、与雅言相背离的俗言为主体,不仅真实地反映了汉代语词的实际情况,而且俗语来源于生活,因之也直接、敏感、突出、客观地反映社会生活的方方面面。《通俗文》所辑内容广泛,全面深入地反映了汉代社会民俗文化生活,包括日常生产生活、服饰文化、饮食文化、商业文化、居住习俗等。在此,我们可以通过作者所辑录的俗言俚语以窥汉代的民俗文化概貌。

1.3.1 反映汉代交通运输

汉代时人们所使用的交通工具主要分为陆路和水路两大类,陆路交通主要以车为主,水陆交通主要以船为主。

汉代时期的陆路交通工具多种多样,通常具有比较严格的等级差别,也就是说,不同等级的人所乘坐的交通工具也不尽相同。诸如安车、立车、轺车、衣车等交通工具,所乘坐之人多为一般的小官小吏等地位、等级不太高的人。除以上几种车型,汉代也有一些车是为各种目的而设计的,就其用途而言,可分为戎车、猎车、役车、轱车。《通俗文》中虽未详细介绍以上各种车型,但是从俗语的角度对车的组成部分加以深入诠释还不在少数,如:"车挡谓之瘝星""车厢谓之较(音角)""轴限者谓之枸""车轹谓之轧,后重曰轩,前重曰轾,车声曰錪"。

水路交通发展到汉代形制较为完备,所用船只种类多样,形状各异。我国先人很早就有了水路航行的活动,所谓"旱路资车,水路资舟"就是描述早期交通运输状况的完美写照。"舟"即船,但是段玉裁认为"古人言舟,汉人言船"。《通俗文》对此做出了有力的佐证,"吴船曰艑,晋船曰舩"。足可见,汉代时期,水路交通工具的名称已经由"舟"演变到"船","舟"已被赋予了文言色彩,多在书面语中出现。船只在出海远行之前要扬起风帆,张开幔布,借助风势的力量导引船只前行的方向。《通俗文》对此也有记载:"举㡓成风曰帆。"按:字书无"㡓",疑为"㡑"之误。"㡑"通"障",同"帐"。《释名·释船》中也对此进行了解释:"随风张幔曰帆。举㡑即张幔。"汉代时期发达的水路交通与陆路交通形成了比较完备的水陆交通系统,这为当时的经济、商业、文化的交流提供了方便。

1.3.2 反映汉代商贸经济

《通俗文》曰:"徽号曰幖,私记曰帜。"汉代商业经济较为发达,庞大的销售网络也已初具模型,经营项目多种多样。汉代时期,商人的地位较为低下,出身卑微,"贾竖之事,侮辱之处"已在社会民众心中根深蒂固。为了摆脱出身卑微的境况,从而获得上流社会赋予的地位和尊严,富商大贾不惜一切代价瞄准政治领域,致使卖官鬻爵现象屡见不鲜。这样,汉代时期出现了一批拥有强大的政治背景的富商豪绅,也就是我们常说的官商。他们凭借权势的力量攫取商业领域的最大利益,通过积聚的财富享受富比王侯的生活。在这种庞杂的交易系统中,为了满足交易的需求以及富商扩大贸易往来的目的,就需要创建一种区别于其他商家的标志性符号,也就是当前商业领域的品牌意识,而在汉代则称为"商号",也就出现我们前文中提到的"徽号"和"私记"。"一般来说,商号的有无以及多寡是衡量一个商业城市经济交易活动数量和质量如何的重要标志之一。"①

1.3.3 反映汉代医疗卫生

汉代时期,我国医药学基本形成较为完备的系统,同时医术水平也取得了长足的进展。汉代时期医学典籍不断问世,《黄帝素问》《神农本草经》《伤寒论》《灵枢经》等都是这一时期的经典医学著作。《通俗文》中所辑录的俗言俚语就直接或间接地反映了汉代时期的医学发展情况,如:"乳病曰疛""疮瘢曰痕""小痴曰疙""肉凸曰瘤""体创曰痍,头创曰疡""皮起曰瘭也"。这些语词无

---

① 罗振跃:《对中国古代第一部民间俗语字典〈通俗文〉的社会学思考》,《中文自学指导》2007年第5期。

不昭示出汉代时期人们对医学的认识水平和掌握程度。同时也可以深切地感受到相对于先秦时期的医疗卫生条件,此时也已发生了质的飞跃。语言是对客观物质世界的真实反映,服虔的《通俗文》中所辑录的俗言俚语可为我们展示一幅生动、全面、逼真的汉代社会百景图。

1.4 小结

《通俗文》开创了我国俗语研究的先河,拓展了我国传统语言学研究的领域,并为我国语言学史的研究积累了宝贵的文献资料。"《通俗文》在我国古代学术思想史中,是第一次把形而下的俗语、俗字传递到形而上的学术平台上来"[1],引领了中国俗语研究的方向,在中国语言学史上可谓独树一帜,有着不可替代的地位和作用。白璧微瑕,此书也存在一定的缺憾,作者并未针对所辑内容加以深入细致的分类注释,致使该书存在着分类不清的问题。如作者当时从词语本身的词性或所关涉内容进行分类研究,那么就是完美之作了。但这绝不能抹杀《通俗文》的始著之功。其中收录的俗言俚语不仅真实全面地记录了汉代时期的语言情况,同时也生动逼真地展示了汉代社会生活的方方面面,成为我们了解和掌握汉代民俗文化的窗口和视角。

---

[1] 罗振跃:《对中国古代第一部民间俗语字典〈通俗文〉的社会学思考》,《中文自学指导》2007 年第 5 期。

2.《谚原》刍议[①]

《谚原》是方以智先生《通雅》中的一篇,它以方言俗语为研究对象,主要采用因声求义的方法探求方言俗语的语源,为我们今天对方言俗语的研究提供了珍贵的资料和独特的方法。

2.1 方以智生平

方以智(1611—1671),字密之,号曼公,别号药地、愚者大师、浮山愚者、极丸老人等,安徽桐城人。青年时与吴应箕、陈贞慧、侯方域等参加"复社"活动,时称"明季四公子"。崇祯十三年(1640年)进士。李自成攻入北京时被捕,后逃出投奔福王。1655年8月,其父卒于桐城,方以智破关奔丧,庐墓三年。服丧之后,方以智行走江西,到处讲学,声名大震。康熙十年(1671年)冬,"粤难"发作,方以智被捕,病死于江西万安惶恐滩头舟中,其肉身按儒仪归葬于故乡桐城浮山,为避免用清朝年号而有损明遗民气节,墓碑之上无生卒年月。

2.2《谚原》的成书时间

《谚原》是《通雅》中的第四十九篇,因此《谚原》的完成时间也可以认为和《通雅》的成书时间是一致的。《通雅》是方以智前期学术代表作,也是他生平

---

① 本节作者周丹。

著作中最为浩繁的一部。对此书的成书年代我们从方以智在崇祯十五年（1642年）为张自烈的《字汇辨》（即《正字通》）所作的《序》中可以知晓，《序》说："智年来从吴恭、巩鸿图博稽金石，返质传记，悟古因沿之故，方与诸千年博考者参校古今，集成《通雅》。不能竟业，则山川诗酒放浪之累也。"①把《通雅》全书与作者生平行迹加以对照可知直到1644年明朝灭亡，方以智南奔时，《通雅》尚未最后完稿，之后多年内，作者仍不断进行补充修订。我们可以从《通雅》中找到文字来证明：

《通雅》卷三《释诂》："生平雅志在经史，而不自我先如此。从刀箭之际，伏穷谷中，偷朝不保夕之荫，以誓一旦之鼎镬。随笔杂记，作挂一漏万之小说家言，岂不悲哉。愚道人今年三十六矣，读书固有命。"方以智三十六岁时是顺治三年（1646年）。这一年，他先在广东，后来又到了广西，可知这一段是他在两广时所作。

《通雅》卷四十五《动物》："余曾见平西瑶中白鹇，时自衔尾，盖自爱其羽也。"平西指广西平乐府之平西山。方以智在隆武以后，亦不参加永历政权，避居平西山中，时在顺治六、七年（1649年、1650年），方三十九至四十岁。文中说曾见平西白鹇，则此作应当在当时或以后。

《通雅》卷十四《地舆·方域》："智来苍梧，见土人称梧州北四十里曰下郢，读之如程，可知古郢字音，故相通也。"这应当是方以智在梧州云盖寺时（1650—1652）或以后所作。

《通雅》卷四十三《植物》："智按：凤尾松叶细，丛鬣如针，而干皮如柏，其枞乎？去皮用其木，盖杉类也……庐山大林寺前宝树，十余围，正凤尾松。"方以智从两广回桐城是在顺治九年（1652年），八月与施闰章先到庐山，停留四个月。这段按语应当写于1652年在庐山时或以后。顺治十年（1653年），方以智在高座寺看竹轩闭关时，黄虞稷就学于竹关，方以智以《通雅》相托。既然方以智把《通雅》托付于人，则此时的《通雅》当为定稿。由此推断，《通雅》的成书时期当

---

① 方以智：《浮山文集前编·卷五·曼寓草·字汇辨序》，转引自任道斌《方以智年谱·卷三》。

在 1652—1653 年。

《通雅》是作者早年开始收集积累资料,1640 年通籍后,用"待诏之暇"始加系统编纂,到 1644 年亡国前已初具规模(可能写成初稿),其后又经多年补充修订,于 1652—1653 年间定稿。正如钱澄之《通雅序》所说:"要其三十年心血,尽在此一书矣。"

2.3 现存版本

《通雅》流传至今,出现了几种不同的版本,且每种版本的内容都略有不同。现存最早、最完整的版本就是姚氏刊刻的"浮山此藏轩本",藏于中国社会科学院历史研究所。

顺治十年(1653 年),方以智将《通雅》托付于黄虞稷,黄虞稷除在《千顷堂书目》中将《通雅》加以著录外,秘而不章。直到顺治十六年(1659 年),《通雅》才由方以智门人揭暄(字子宣,号半斋,江西广昌人)始谋刊刻。揭暄没有定稿,只好以《通雅》家藏稿本为依托,同时又经过中德(方以智长子)、中通(方以智次子)诸人的仔细汇校后始加刊刻。揭暄当时仅为一个书生,刊刻《通雅》非常困难。当他得知福建建宁推官姚文燮决定刊刻《通雅》时,就将《通雅》稿本托付于姚氏。康熙五年(1666 年)姚氏终于将《通雅》刊行于世,同时也将方以智有关医学的论著《古方解》《脉考》等编进《通雅》。

在此之后,又出现了"四库全书本""日本立教馆刻本"和"光绪刻本",前两种都是以姚刻本为依据,只是内容略有增删。"四库本"用的是"左都御史张若家藏本",具体内容并没有太大差异,只是删除了姚文燮和钱澄之的《序》及《姚氏发凡》,取而代之的是一个《提要》。乾隆五十八年(1793 年)张裕叶作《通雅刊误补遗》一卷补入。经过张裕叶的整理,校正了姚刻本和四库本的不少讹误,同时还补辑了不少被姚文燮删削的内容,如中德、中履(方以智少子)、揭暄等人的《跋》,中德、中通、中履及黄虞稷的部分批注,方以智给其弟方其义、舅父吴道凝的信等,具有重要的史料价值。

"日本立教馆刻本"是在日本文化二年(嘉庆十年,1805 年),日本立教馆根据由朝鲜传入的《通雅》姚刻本加以翻刻,其结构、版面、行款与姚刻本相同,只是加上假名符号。目前国内只有安徽省博物馆藏有这种版本。①

"光绪刻本"在光绪十一年(1885年),方氏族孙方宝彝重刊《通雅》,其版面、行款等与姚刻本已然不同,删去钱澄之《序》,仍为五十二卷及卷首三卷;内容根据张裕叶《刊误补遗》作了校正,并将《刊误补遗》也附于书后。

目前保存最好的版本是"1988年上海古籍出版社的《方以智全书》本"(侯外庐主编,《通雅》编入全书第一卷,分上、下两册)。此版本以姚刻本为底本,同时参校四库本、方宝彝刻本以及张裕叶《刊误补遗》等,其结构为:

《通雅目录》

冒怀辛《〈通雅〉校点说明》

方以智《自序》

方以智《凡例》

卷首三卷

《通雅》正文五十二卷

《四库全书总目·通雅提要》

姚文燮《序》

姚文燮《发凡》

钱澄之《序》

方宝彝《跋》

张裕叶《〈通雅刊误补遗〉书后》

2.4 《谚原》释文大略

2.4.1 收词特点

《谚原》篇共收词条149个,其中一字格52个,如"风""桰""筦""艇"等。二字格39个,如"阿堵""踏跂""筐当""沙魂"等。三字格,如"顾手牢""不耐烦""无万数"等。句子,如:"曰斟曰职,犹今之言著也。""今日,即另日。""乃洵,犹云那行也。"等等。作者收词并不求格式的统一,只要是作者认为历经时

---

① 姚文燮:《通雅姚氏发凡》,中国书店1990年版。

空而发生变化的,就会收入其中。

2.4.2 多种方式兼顾的注音方式

《谚原》篇释文中所用的注音方式最常见的是反切法,例如:"剩,以证切,用余也。"("剩"条)"袱,房六切。"("袱"条)"桔他念切,进火木也。"("桔"条)等等。此注音方式贯穿全篇。只要是作者认为生僻的字,即使是在引用的典籍中也会经常用此方式进行注音。在文中直音法也运用得较多,所用方式主要有:"×音×"式,如"铬音裕"("磨铬"条),"笪音妲"("笪"条)。此外还应用了"读若"的声训方式,如:"及见镰字,反读若缣。……及见薅字,反读若耨。"("鳌、镰"条)"山西人乡语皆读若分。"("风"条)

2.4.3 "因声求义"的训释手段

方以智十分重视"声音"在训释词语中的地位,他在自序中说道:"训诂小学可牟髦乎?理其理,事其事,时其时,开而辨名当物,未有离乎声音文字,而可举以正告者也。"

方以智不但重视语音的作用,而且也认识到语音随时间、空间而变化的必然性:"方音乃天地间自然而转者,上古之变为汉晋,汉晋之变为宋元,势也。"在训诂学中这种用音同或者音近的字来训释词义的方法,称为"因声求义",或称为"声训"。方氏在训释词语过程中广泛应用了这种方法。

首先,方以智对汉字的假借现象有较深的认识,说:"古人笔之于书,尝假借字。"在这里方氏通过此法分析了汉字的一些假借现象。

其次,采用音转原理,将古今方言、俗语沟通起来,深入探求俗语语源。通篇随处可见"……之转""……音转……""……之转语也"的字样,如:"船上水曳牵,即牵字去声。其竹索谓之弹子,大者曰缆。音转昵洽切,即筻字,合韵作一笴。"("弹牵"条)"拜谓之屈,后转为担,或转为蹄。""何楼,活络之转语也。"等等。

再次,对于语音形式相同,字形不同,以同一语音形式施之于不同事物而构成的一组意义相同相近的同源词所进行的探源。

另外,方氏还注意到因时、地不同而造成的同一语词的音转现象,并对其进行了探求,如:

> 乃淘,犹云那行也。《世说》:"真长见王导曰:'何乃淘。'刘出曰:'惟闻吴语。'"程大昌:"按《玉篇》言'淘虚觥反',今乡俗状凉冷之状曰冷淘。"此解非也,八庚与七阳通,当作亨康切,吴人之声尝有之,意以为何如,则曰那行,行字亦音亨康切。《老学庵笔记》曰"阁门促人曰那行",是即"何乃淘"之声也。("乃淘,犹云那行也"条)

方氏在这里对因时间和地点的不同而造成语音变化的"乃淘"进行了探源和分析。"某公于厶,么音于么。"也是此种情况,方氏也进行了细致的分析。

方氏应用"因声求义"原理对语词语源的探求,与本书的编纂目的完全吻合,"此书主于辨当名物,征引以证其义,不在钞集编纂也"。方氏在探求语源的过程中,同时也进行了大量古今语词语音、意义方面的对比,以确切说明语词由于时空变化而发生的变化。例如:

> 痱。方吠切,《素问》曰:"汗出见湿,乃生痤痱。"痤,昨禾切。《说文》曰:"痤,小肿也,一曰族累。"《唐韵》:"痤,疖也。"今俗通以触热肤生细疹曰痱子。

2.4.4 训释中体现地域性特点

方氏在探源过程中还明确标明何地之说法,如"江淮""江南""江北"等,基本上体现了南北方方言的差异。如:

> 通唤、呻唤,转为生含。小颜《正俗匡谬》曰:"太原俗呼痛而呻吟为通唤,《周书》'痛瘝'是其义,江南谓呻唤,关中谓呻恫。"今江北谓痛楚作声为生含。("通唤、呻唤,转为生含"条)

这里作者就明确标明"太原""江南""关中""江北"的地域性词语,来说明不同地域的不同方言。

第八章　历代民俗语言珍稀典籍专书民俗语汇研究例选

有的还会详细说明,如:

　　耗有毛音。毛晃收"耗"入"毛"字下,曰"无也",引《汉书》:"靡有孑遗,耗矣。"通作毛。《后汉·冯衍传》:"饥者毛食。"《佩觿集》曰:"河朔谓无曰毛。"智按今北人无言毛者,不过呼没字如门铺切之声耳。湖广、江西、广东则谓无曰毛,此盖没字之转也。毛晃音耗为毛。黄缙绰曰"赐绯毛鱼袋",故附说于此,亦足为江广解嘲也。("耗有毛音"条)

这里方氏就详细说明了在"河朔""北方""湖广""江西""广东"地方的叫法,体现出作者有意识地区分其他方言区的方言,使读者能够了解到当时各地方言的区别。

2.5 《谚原》的内容例析

语言与人类社会文化有着千丝万缕的联系,词汇作为语言中比较活跃的主要构成要素,更加直接、敏感、突出地反映了社会生活的各个方面。《谚原》中所收录的语汇也同样密切地联系着社会,反映着社会生活的方方面面。在此仅对民俗语汇的内容作以分析。

2.5.1 有关岁时风俗

有关"打夜狐"和"跳鬼"的说法,方氏在《谚原》中做出如下解释:

　　打夜狐,跳鬼唐敬宗自捕狐狸,谓之"打夜狐"。今民称跳鬼为打夜狐,讹为野胡。("打夜狐,跳鬼"条)

我们在《现代汉语大词典》中找到的解释是这样的:

　　打夜狐　《旧唐书·敬宗纪》:"帝好深夜自捕狐狸,宫中谓之'打夜狐'。"后民间称跳驱鬼邪为"打野胡",本此。
　　打野胡亦作"打夜胡"。旧时民间岁末跳鬼驱邪风俗的俗称。宋赵彦卫《云麓漫钞》卷九:"世俗岁将除,乡人相率为傩,俚语谓之'打野胡'。"宋孟元老《东京梦华录·十二月》:"自入此月,即有贫者三数人为一火,装妇人神鬼,敲锣击鼓,沿门乞钱,俗呼为'打夜胡',亦驱祟之道也。"宋吴自牧《梦粱录·十二月》:"街市有贫丐者,三五人为一对,装神鬼、判官、钟馗、小妹等形,敲锣击鼓,沿门乞钱,俗呼为'打夜胡',亦驱傩之意也。"

跳鬼装神弄鬼的演技。明汤显祖《邯郸记·合仙》:"跳鬼的有得那出阳神,抛伎子散地全真。"《隋唐演义》第十八回:"五个豪杰,隔人头窜将进来道:'我们是五马破曹。'公子识货,暗疑这班人却不是跳鬼法。"[1]

从中我们可以看到,方氏的解释相对来说很简单,我们也能清楚地知道"打夜狐"和"跳鬼"的真实意思,虽然没有援引到最初的资料,并且也对所引文献作了删减,但是其中的意思没有改变,我们依然可以知道这是过去在十二月人们为求吉利、驱邪祟所进行的一项风俗活动。

2.5.2 有关婚俗的

馈女

《侯鲭录》曰:"世嫁女三日,送食,曰暖女。"《唐韵》有"餪",正云"嫁女送食也"。初产子曰首子,亦用餪字。("馈女"条)

旧称女子出嫁后,母亲馈送食物为暖女。暖,也写作餪,女嫁三日,女家馈食为餪。因女子初到婆家,一切尚不能适应,甚至有恐惧心理,做父母的为了增进女儿生活上的安全感,所以在新婚之三日,女家都派人送食物"馈女"。

此风至唐宋以降,即颇盛行。劭博《邵氏闻见后录·三》:"大儒宋景文公,学该九流,于音训尤邃,故所著书,用奇字,人多不识。尝纳子妇,三日,子以妇家馈食物,书白。一过目,即曰:'书错一字,姑报之。'至白报书,即怒曰:'吾薄他人错字,汝亦尔邪?'子皇骇却立,缓扣其错,以笔涂之'暖'字。盖妇家书以食

---

[1] 顾之川:《〈通雅〉版本源流考》,《青海师范大学学报》(社科版)1988 年第 4 期。

物暖女云,报亦知之,子益骇,有缓扣,当用何暖字？久之,怒声曰:'从食、从而、从大。'子退检字书,《博雅》中出'馈'字,注云:'女嫁三日饷食为馈女。'始知俗间馈女云者,自有本字。"

此外宋人赵德麟在《侯鲭录》卷三中也有记载:"世之嫁女,三日送食,俗谓之暖女,《广韵》中也有此说。"

从以上记载可以知道,"馈女"之风,宋时已经很普遍,并且很隆重。孟元老《东京梦华录》中曾记载此民俗。他说:"……三日,女家送彩段,油蜜蒸饼,谓之蜜和油蒸饼。其女家来做会,谓之暖女。"杨彦龄《杨公笔录》上又云:"女嫁三日后饷食,谓之'馂女'。""馂"字,字书音俊,亦可读"飨",与"馈"字音相近,并且通用,是熟食之谓。"馈女"即给出嫁的女子送熟食。而"馈"是馈食之意。王念孙疏《广雅·释言》说:"馈女,温存之意。"《字林》云:"馈,馈女也。"《集韵》说:"女嫁三日饷食为暖女。"可见馈女、馂女、暖女三个名词,不但字音相近,而且意思也相同。

"馈女"也叫送饭。《金瓶梅词话》第九十一回:"到次日,吴月娘这里送茶完饭。杨姑娘已死。孟大妗子、二妗子、孟大姨,都送茶到县中衙内。这边下回书,话众亲戚女眷做三日,扎彩山吃筵席,都是三院乐人妓女。动鼓乐,扮演戏文。吴月娘那边亦满头珠翠,身穿大红通绣袍儿百花裙,系蒙金带。坐大轿来衙中,做三日赴席。"可见三日完饭之举还挺隆重。

方氏力求在文献典籍中找到记载,其实此民俗在民间很是隆重,而且称法也不只有"馈女"一个,还有"暖女""馂女""送饭"之说。可见,方氏还是不能摆脱文人重视以雅证俗的训释习惯。

2.6 小结

2.6.1《谚原》的局限性

(1)征引古籍不标明卷次篇目,引用诗作不标明题目,不便查阅与核对。如:

打夜狐,跳鬼。唐敬宗自捕狐狸,谓之"打夜狐"。今民称跳鬼为打夜狐,讹为野胡。

  阿堵。犹今之"这个"也,不可指为钱。顾恺之"正在阿堵中"。张谓诗:"家无阿堵物,门有宁馨儿。"亦就事作语也。马永卿《懒真子》曰:"阿堵,犹今所谓兀底也;宁馨,犹今云恁地也。"

打夜狐本出于《旧唐书·敬宗纪》,至于张谓的诗句就无从核查了。
(2)引文过简,对理解引文和语词造成不便。如:

  不耐烦。不耐烦三字,见《宋书》庾登之弟《仲文传》。

而且方氏并未脱离传统词源学方法,以文字资料为本,推究语源。偏重书证文献,但是我们从史料,并不能知晓其确切含义和其语源。

2.6.2 《谚原》的价值

《谚原》保存了大量方言俗语的资料,为我们深入了解民俗语汇提供了资料,其中很多方言俗语已经消失,即使在《现代汉语大词典》和《现代汉语大字典》中都没有收录,但在《谚原》中得以保存,为我们阅读古代文献,研究古代文字演变提供了依据。方以智广泛采用"因声求义"的声训方法,对方言俗语进行探源,在明代能将声训方法运用得如此娴熟,可以说是难能可贵的,具有创新精神。

总的来说,对《谚原》的研究,使我们对民俗语汇和民俗事象的研究有了更深的了解,为民俗语言学的研究提供了宝贵的资料,同时对研究古文字、音韵工作者也具有一定的参考价值。

3.《目前集》及其所辑释民俗语汇和俗语词研究[①]

明代的俗语词辞书颇多,其中有赵南星的《目前集》,日本长泽规矩也曾编入《明清俗语辞书集成》,上海古籍出版社在 1989 年影印出版。在出版说明中指出,《目前集》两卷,明刊本,此书虽然不是现代意义上的辞书,但具有准辞书的性质。书名殆取自"记天地之间目前之事"之意。其中收录的条目在当时不仅具有广泛的流传性,而且也广泛被应用,蕴含着深厚的民俗文化内涵,具有很高的学术参考价值,正在为越来越多的学者所关注。

《目前集》是明人笔记,该书收录 670 余个条目,具有珍贵的民俗语言学研究价值。《目前集》由于成书的目的及其性质,使得其内容中含有丰富的民俗事象和民俗要素,它改变了以往仅仅以正统文献为依据的考据方法,而改用正统文献资料、口头故事和传说并举的方法,这种方法的探源结果更具说服力。

《目前集》成书于明代,当时正值俗语辞书的初创期,虽然《目前集》是明人笔记体的准辞书,并且体例结构存在一些不完善的地方,但对于同时代的辞书编纂,尤其是对后代辞书的编纂体例及词源考辨都有参考价值。

[①] 本节作者刘家佶。

3.1 成书背景

3.1.1 作者考源

日本近现代汉学家长泽规矩也所编的《明清俗语辞书集成》，系从日本公私庋藏的中国古籍中精选有关二十种书籍汇编而成，是研究近代汉语的重要参考书。《明清俗语辞书集成》所收的各种刻本中，有罕见的善本，即使属晚清刻本，亦大多是流传不广的私家刻本或仿刻本，明清以降的版本目录书中也鲜见著录。为了使国内有关学者有机会利用这部极有价值的丛书，上海古籍出版社于1989年影印出版了该书。在影印之前，对其中佚名的明刊本《目前集》，觅得了上海图书馆所藏的明赵南星撰《味檗斋遗书》，此书系清光绪中高邑赵氏刊本，其中《目前集》的卷目及版本与日本影印本完全一致。同时，又据《中国丛书综录》多处著录及《味檗斋遗书》，确认《目前集》作者系明代人赵南星。

赵南星（1550—1627），字梦白，号侪鹤，明高邑（今河北省高邑县）人。万历进士，历任吏部文选员外郎、吏部考功郎中、左都御史等职，官至吏部尚书，是明代后期著名的政治家，东林党的首领之一。面对当时黑暗腐朽的政治，赵南星"慨然以整齐天下为任"，进行改革。他的有些散曲大胆采用了民间俗曲的形式，写得通俗易懂，泼辣直率，这可能与他后期的归隐生活有关。《目前集》收录的条目也都是明代时期的俗词。

3.1.2 《目前集》的成书

不仅根据《目前集》作者所处的年代可以判断出其成书于明朝末年，而且根据其体例、结构亦可以判断出其所属年代。《目前集》不成为辞书之体，而应为名人笔记，但其编排结构的成熟程度已经与同一时期的其他辞书和笔记无异。

明代陈士元的《俚言解》比《目前集》成书稍早一些，《目前集》的体例及分类结构与《俚言解》极其相似，都属于名人笔记一类。而同一时期的《常言考误》主要是"匡正常谈、俗语谬误，以正世人"，所以编排结构显得更加随意一些，并没有进行系统分类。在这一时期比较成熟的辞书为张存绅编纂的《雅俗稽言》，自《尔雅》而下，分门别类编纂辞书成为辞书编纂的主要手法之一。《雅俗稽言》的编纂也继承了这一传统，而在分门别类时它有着自己的原则："分门类从其多者言耳,中间参互联络亦往往有所附见,盖一以成论说,一以便搜寻。非必斤斤数黑白而县也。"这类辞书的编撰方法很早就存在,《俚言解》《目前集》应为《雅俗稽言》编撰方法的雏形。

3.1.3 《目前集》的版本

1989 年出版的日本长泽规矩也编的《明清俗语辞书集成》,是研究汉唐以来语言、民俗、名物制度发展的资料性工具书。此书收有《俚言解》《世事通考》《雅俗稽言》《目前集》《常谈考误》《异号类编》《称谓录》《通俗常言疏证》《谈征》《俗语考原》等 20 种。

上海图书馆所藏的明赵南星撰《味檗斋遗书》,系清光绪中高邑赵氏刊本,其中《目前集》的卷目及版本与日本影印本完全一致,盖光绪时用明旧雕版重印,上海古籍版乃据以补齐《题词》和残页,对版面不清者亦大多予以更换。

3.2 《目前集》的收录对象及编纂体例

《目前集》分为前、后两册,《明清俗语辞书集成》中所收录的《目前集》影印版中并无序、跋,直接以目录开篇。目录包括前目录(天部、地部、人部、时令部、饮食部、衣服部、宫室部、器物部、官吏部、妇女部、释道部、道教部、文墨部)、后目录(杂事部、常言部、禽兽虫鱼部、草木部、药物部、俗字部)。该书收录 670 余个条目,其中前册收录 150 余条,其余皆被后册收录。《目前集》的编纂特色可归纳为以下几点:

3.2.1 分门别类的收词原则

《目前集》所收录的俗词种类繁多,十分丰富,在同类书目当中的分类应当算比较系统的。其中前目录中分为 13 个门类,后目录中分为 6 类,并且在俗字部中又细分为 10 类,这细分的 10 类大多与前面的分类相似。

与同时代的辞书的分类体系相比,《目前集》有其独特之处。同一时期的《雅俗稽言》共分为 19 个门类,并且为了方便查阅,在 19 个门类下又分有子类,这 19 个门类下的子类划分非常详细,如"器用"类下分了"卤簿""文具""武具""乐器""舟车""珍玩""杂具""戏具"8 个子类。但正是由于《雅俗稽言》的"树"式分类,使得很多分类项目下的条目存在界限上的模糊。而《目前集》中除"俗字"类下有子类外,其余皆无子目录。《目前集》的分类并非僵硬的以物质形态的性质归属为依据,而是依据事象的相关程度来划分的。这样就大大降低了界限之间的冲突。如"沐浴"一条本来可以划分到"杂事"一项,而作者将其归入到"人部";"爆竹""桃符"被归为"时令部",而没有被归入"物质"一类;"决明"被归为"饮食部",而没有被归入"药物部"。这些都是由于条目与类别之间的直接相关程度较高,从而排除了进入其他门类的可能性。

3.2.2 旨在"目前"的收词原则

与同一时期"旨在考误"的《常谈考误》相比,《目前集》则是立足于过去,旨在"目前"的一本收词笔记,其"目前"乃为该书创作之时的时间维度,当然其中亦有稽考人们误用的常谈俗语以正世人之目的,但意料之外的是其中收录的条目不仅在当时具有广泛的流传性,而且在如今的现代生活亦有应用。但其主要还是使人们了解所用词语的源起以及当下之意,解决"耳之所常闻,目之所常见,口之所常言,问其所以,则瞠然不能答"的尴尬局面。

有一些词的意义可能并没有太多改变,所以作者只是进行了探源性的工作,或者是进行了一些词汇意义向前代的延伸,而没有进行现今用法的过多探讨。如"饮食部"中"五月初一日"一条。

五月初一日 古人以五月一阴生,臣子道长,父子必以是月初一日相面。唐贞元七年,诏仲夏之月,万物敷畅,阳德方茂,阴事始承。古者因天地交会之序为父子相见之仪。□习成风,古今不易。义既行于父子情,岂隔于君臣,乃以是日受朝,此事不知所起,然既曰:"古今不易,则其来久矣。"自唐以后遂不复行。想以相见之仪必有跪拜家庭之间,欲省繁文耳,但如此传事何忍,便弃□通存乎,其人父子为饮食之具,叙天伦之乐,岂不妙哉。

体现作者对"目前"之事关注的地方,还可以从分类结构中看出。其中"常言部"中收录的条目占了很大的比重,充分说明作者对当下生活的关注。

3.2.3 正体、传说、推理并用的释词原则

由于《目前集》所收录的条目大多是常用的民间词汇,所以在释词方面也是兼用多方面的材料,遵循正体、传说、推理并用的释词原则。在释词过程中,多次引用《周礼》《论语》《楚辞》《广韵》《尔雅》《史记》《晋书》作为其释词的根据。对于一些特殊的条目,作者也会采用一些民间传说、故事的方式来加以解释,这样的释词方式,一是缘于正体文献中可能对有些词没有涉及,难于引用;二是采取这种方式可以使解释看起来更加丰富,更贴近生活。如"道教部"中"吕洞宾"一词:

> 吕洞宾:世传吕岩者吕渭之孙也。按吏,渭河中人,于贞元十六年为河南观察使,其子温为左拾遗,入三叔文之□。

赵南星在探其起源及当今之意后,还对造成其流变后形式的原因加以猜测,这样的行文也为后世的辞书编纂中对词的解释增加了一些可借鉴的观点。

3.3 释文大略

3.3.1 笔记体的行文特色的俗语词和民俗语汇的汇释性专著

《目前集》的作者赵南星自幼聪慧,博览群书,官至吏部尚书,其突出的文学才华,加上后期的生活境遇,为《目前集》的成书奠定了坚实的基础。《目前集》的最大特色之一就是它的笔记体行文。笔记体的行文与正体文有很大的不同。首先,笔记体的行文,尤其像《目前集》这样收集词语及释词的书可能是对作者多年或一生中所见、所遇进行记录的结果,而正体文则是以符合官方规范的形式写作,甚至是为官方著书立说。其次,笔记体的行文无统一的规范,兼用多种手法,正体、俗文、故事、传说,都可以成为其释词的手段,而且大多用正体与俗文互补的手法以增加其可信度。正体文则只能采用官方统一的方法,以雅文的形式出现。再次,生活悠闲的文人墨客才会有条件去写笔记体的文章,《目前集》正是赵南星在仕途坎坷后闲居时写下的。最后,笔记体的行文由于其材料的丰富性,更有利于后来的学者们进行研究。

3.3.2 直音、反切、韵角多种注音方法的综合运用

《目前集》在其"俗字部"中依照前面分设的13部类,又把"俗字部"划分为10个子部类,并且综合运用直音、反切、韵角等多种方法进行注音。赵南星对"俗字部"收录的解释是"中原音韵为词曲而设也,而取妆皆诗韵之字,作者遇俗字,每每杜撰,今略检录于左,好事者或有取为"。

所用的注音方式主要有:

(1)×音×式;

(2)×韵式;

(3)反切法,××切;

(4)××切,×韵。

3.3.3 形、音、义兼顾的训释手段和不求规范的举例

黄侃先生将训诂学说成是"用语言来解释语言的学问"。狭义训诂学指的是:"语言所含的思想内容是它的核心。传统的训诂学着重研究词语的思想内容和感情色彩,词的意义系统和词语之间分化派生的关系,词的产生和发展变化。"简要地说,文字研究重形,音韵研究重音,而训诂研究重义,但形、音、义实际上是相互联系、相互贯通的,任何一项的缺失都会造成内容的不完整。当然,训诂内容极其丰富,根据陆宗达的《训诂简论》所述,训诂的内容包括解释词义、分析句读、阐述语法、说明修辞手段、阐明表达方法、串讲大义、分析篇章结构。《目前集》中则主要集中在解释词义这一项,而且在"俗字类"这一项中兼顾运用形、音、义三种训释手段。虽然没有完全达到后期理论中提到的"因音明义""以义证言",但在当时的训诂理论方法的运用中也算是取得了一定的成功。

尽管《目前集》中存在很多不尽规范的地方,但对后来的学者研究当时历史、文学发展状况及民俗语言,提供了丰富的材料。

3.4 《目前集》对后代辞书编纂的潜在价值及影响

《目前集》成书于明代,当时正值俗语辞书的初创期,虽然《目前集》是名人笔记而并非辞书,并且体例结构存在一些不完善的地方,但对于同时代的辞书编纂,尤其是对后世辞书的编纂体例及词源考辨都有潜在的参考价值。

第八章 历代民俗语言珍稀典籍专书民俗语汇研究例选

3.4.1 与同代辞书《常谈考误》的比较

《目前集》与《常谈考误》大致成书于同一年代,并且都被收录于长泽规矩也所编的《明清俗语辞书集成》中。《常谈考误》以"稽考源本,匡正谬误"为主旨,但对于收录的条目并没有进行分类,而《目前集》却对条目进行了分类。有一点遗憾的是虽然处于同一年代,但《目前集》与《常谈考误》都未曾提及对方。尽管如此,还是可以在《目前集》与《常谈考误》收录条目的比较中看到相互之间的影响和潜在的价值。

(1) 语出同源

《目前集》与《常谈考误》对所收录的条目的解释中有很多是引用同一正体文献或民间故事传说。如对"不中用"一条和"方丈"一条的训释:

> 方丈:唐显庆中,王玄策使西域,有维摩居士石室,以手板纵横量之,得十笏,故名方丈室。蓬莱方丈瀛洲三仙,山名偶同也。(《目前集》"释教部")

> 方丈:《唐书》:"显庆中,王玄策使西域,至昆耶离城。有维摩居士石室,以手板横量之,得十笏名。"后人因此通谓僧舍曰"方丈",而今人于道士房亦曰"方丈",谬矣。[《常谈考误》(卷四)]

从上面的例子可以看出《目前集》与《常谈考误》对收录条目的训释有很多意见统一的地方,都试图引用比较翔实可信的材料。语出同源,这样也为后世学者们的稽考工作带来了方便。

(2) 引申今义

《目前集》与《常谈考误》相比更为注重今义。如"狼狈"一条:

> 狼狈:狈亦兽名,前足绝短,每行驾两狼,失狼则不能动,故言世事者称狼狈。今多以此言人之败坏,似非本指其实,作人败坏亦不能动也。(《目前集》"禽兽虫鱼部")

> 狼狈:唐段成式《酉阳杂俎》云:"狼前足绝短,狈前足绝长,每行两兽常

相驾,一相失则不能前,故后世以有失而不能行者曰'狼狈'。"今通谓颓坏阑茸为"狼狈",而狈又去恶,殊失古意。[《常谈考误》(卷二)]

从上面的例子可以看出,《目前集》在训释条目的过程中除考源诉义外,更为注重的是阐述词的引申含义,注重词的实用性。

(3)引发疑点,有待考证

《目前集》中也有很多条目的训释与《常谈考误》中的条目训释差异很大。如"秋千"一条:

> 秋千:《古今艺术图》:秋千,北方山戎之戏,以习轻者。《荆楚岁时记》:"春节悬长绳于高木,士女袨服坐立其上,推引之,名秋千。楚俗谓之施钩。涅槃经谓之滑索。"或曰:"齐威公北伐山戎,此戏始传中国。然考之字书,秋千,绳戏也。今其字从草,实未尝用草。"(《目前集》"杂事部")

> 秋千:今人寒食前后以绳悬架谓之"秋千",非也。案许氏《说文》注引词人高无际作《秋千赋》序云,此汉武帝后庭之戏,本云"千秋",祝寿之词也,语伪转为"秋千",后人不本其意,乃造"秋千"二字,非皮革所为,非车马之用,不合佥革,或曰本山戎之戏习为轻者,自齐桓公北伐始传中国,则女子学之矣。[《常谈考误》(卷四)]

《目前集》中认为"秋千"始于齐威公北伐山戎,而《常谈考误》中认为"秋千"始于齐桓公。对于"秋千"在中国的具体流传时间存在着争议,这也为后世的进一步考证埋下了伏笔。

3.4.2 对《通俗编》及《汉语大词典》编纂的潜在贡献及存在的不足之处

《通俗编》,清翟灏撰。该书采集汉语中的俗语、方言(包括词、词组、基本词汇和成语),分为天文、地理、时序、伦常、仕进、政治、文学、武功、仪节、祝诵、品目、行事、交际、境遇、性情、身体、言笑、称谓、神鬼、释道、艺术、妇女、货财、居处、服饰、器用、饮食、兽畜、禽鱼、草木、俳优、数目、语辞、状貌、声音、杂字、故事、识余等三十八类,类各一卷,共有五千余条。每条之下,皆考辨语义,探索源

第八章 历代民俗语言珍稀典籍专书民俗语汇研究例选

流,征引颇为详赡。

《汉语大词典》是一部大型的、历史性的汉语语文词典,"古今兼收,源流并重"。全书十二卷,共收词目约三十七万条,五千余万字,所收条目力求义项完备,释义确切,层次清楚,文字简练,具有科学性、知识性、稳定性。

尽管《通俗编》和《汉语大词典》相对来讲已经具有了辞书的完备性,但仍有条目失收、释义不够丰富等问题存在。而《目前集》中收录的条目可以弥补这方面的缺憾。

(1)进一步考证流变过程

《汉语大词典》尽管是一部历史性的词典,但并非对每个词的流变过程的训释都能面面俱到,如在这三本书中对"烧饼"一词的训释:

烧饼:玄宗出奔,日中未食,杨国忠自市胡饼献之,胡饼即今之烧饼。晋王长文辟为别驾,不就,后于成都。市蹲踞啮胡饼,刺史知其不屈礼,遣之。(《目前集》)

烧饼:[齐民要术]引食经作烧饼法。(《通俗编》)

烧饼:古代指经烘烤制成的面饼,有馅儿。现在指经烘烤的不加馅的发面饼,表面多有芝麻。北魏贾思勰《齐民要术·饼法》:"作烧饼法:面一斗,羊肉二斤,葱白一合,豉汁及盐,熬令熟。炙之,面当令起。"石声汉注:"这里所谓的'烧饼',该是现在的馅儿饼。"清李斗《扬州画舫录·草河录上》:"双虹楼烧饼,开风气之先,有糖馅、肉馅、干菜馅、苋菜馅之分。"《老残游记》第二回:"园子里面,顶着篮子卖烧饼油条的有一二十个,都是为那不吃饭来的人买了充饥的。"郭沫若《洪波曲》第十五章二:"他尽管忙了一天,他却早买了烧饼来,在那儿当晚饭吃。"(《汉语大词典》)

《汉语大词典》对"烧饼"一词的流变过程并未像《目前集》一样体现对"烧饼"一词流传的地域的关注,《通俗编》的解释就更为粗略。而正是由于这种地域的存在,民俗语言研究才能从中获得更多的养分。

(2)增补条目

尽管《汉语大词典》为一部大型词典,但也有很多疏漏之处。《通俗编》在条目的完备性上就更比不上《汉语大词典》。《目前集》虽然收词不多,但也可以对此进行一定的补充。如"献芹"一条:

献芹:野人有快曝背美芹子者,献之至尊,虽有区区之意,亦已疏矣。此嵇叔夜与山涛书也。语出《列子·宋田父曝日》曰:"负日之暄,以献吾君。"其妻曰:"昔有美芹茎萍子者,对乡豪,称之乡豪,尝之蜇于口,惨于腹,众哂之。"

"献芹"一词在《通俗编》及《汉语大词典》中均未被收录,而在《目前集》中的解释明确,书证准确,未将其收录实为一种损失。《目前集》中亦有很多俗语不在《汉语大词典》的收录范围,但像"献芹"这样未被收录的词也有很多。《通俗编》的疏漏之处更多。所以充分利用《目前集》的词汇资源是一个重要的课题。

(3)《目前集》存在的不足之处

虽然《目前集》具有重要的文献价值,但由于历史条件和作者个人的背景,《目前集》与《通俗编》和《汉语大词典》相比还是有很明显的不足之处的。但就收词量来讲,其与正规辞书的收词量相差太多,以至于不能作为正规的工具性辞书,而只能作为对其他辞书进行修订的借鉴。此外,《目前集》中还有很多条目广泛存在缺乏书证,释义欠精,义项缺失等问题。

《目前集》中所包含的大多是民间常用词及民间俗语。《目前集》的存在为研究明代及明代以前的历史和民众日常生活提供了丰富的语言材料。尽管由于特定时代下政治、经济、人文等因素及作者本人的条件所限,《目前集》仍有大量的不足之处,但是《目前集》对民俗语言学及探讨特定时代条件下语言的权力结构意识还是有很大帮助的,对于《目前集》的学术价值应当给予充分的肯定。

4.《(增订)雅俗稽言》及其所辑释的民俗语汇和俗语词[①]

《(增订)雅俗稽言》是一部"稽考与诠释常言俗语"的辞书,该辞典所涉及的内容包罗万象,五花八门,是一部不可多得的俗语辞书。"尽管编纂《四库全书》的馆臣们对此书颇有微词",但该书的应用参考价值是值得肯定的。《(增订)雅俗稽言》中包含了大量的民俗语汇、谚语、俗语,如:乌云穿河连夜雨;十月十六晴,骑春下雨到清明;晴鸠叫晴,雨鸠叫雨;等等。这些俗语对古代民俗风情的研究有重要价值。本文试从《(增订)雅俗稽言》作者、其书、民俗语汇分类三个方面进行论述,对《(增订)雅俗稽言》中的民俗语汇进行简要的分类和分析。

4.1 作者其人

"张存绅,字叔行,湖南华容人。""天启年间,由贡生为湖北省蒲圻县训导。"[②]"硕公卓朗通,于天下事,糜所不彻,古今籍,靡所不窥。"由此可见,作者学识非凡,知识渊博,令人钦佩折服。在其给吴炳的信中,张存绅这样评价自己:"某不佞,平生寡所好,尚惟嗜读书,然某经生也。"[③]由此观之,作者平生酷爱读书,故而旁人送他"书癖"之雅号。[④]

[①] 本节作者李明佳。
[②] 《明清俗语辞书集成》第四辑《(增订)雅俗稽言·解题》,日本汲古书院影印,1974年。
[③] 《明清俗语辞书集成》第四辑《(增订)雅俗稽言》,日本汲古书院影印,1974年。
[④] 《蒲圻志》卷十《张存绅小传》,1962年传抄清道光十六年刻本。

"叔行先生材,挟明光纷有内美,少辑孙敬之柳长,编温舒之莆,既萤蛮誉鼎,吕萩苑延涉坎,粗耒洪笔。"①"张公叔行,博物笃行,君子也。"由此可知作者张存绅品行极佳,德艺双馨,不但"惟嗜读书",而且"博物笃行",堪称君子。②"已而出驴皆吟出塞诸诗示愚,反覆既过,恍若余韵犹在屋梁间,堪与盛唐诸名家相属行。"③南郡刘傅给予其如此高的评价,可见作者功底深厚,非同一般。

4.2 《(增订)雅俗稽言》其书

张存绅生活的明代是俗语辞书的初创时期,此类辞书在清代最为繁荣。而《(增订)雅俗稽言》的出现,无疑是为此类辞书开了先河,该书的价值是不可估量的。《(增订)雅俗稽言》一书在市面上少见,由日本汲古书院出版、日本学者长泽规矩也先生主编的《明清俗语辞书集成》第四辑中收有此书,上海古籍出版社影印了长泽规矩也先生主编的《明清俗语辞书集成》。

《(增订)雅俗稽言》由五部分组成:第一部分为序文,分别是明人吴炳叙、孙谷的引,魏说叙、刘傅叙、刘秉铁序、孙谷的又序以及作者自序,共七篇序文。第二部分为凡例,虽然凡例一词出现较早,但是作为辞书的编纂内容、体例介绍则相对较晚,《(增订)雅俗稽言》凡例中涉及用字、分类、引用书目、所收词条等相关内容,可谓是俗语词典凡例的先驱。第三部分为引用书目出处,《(增订)雅俗稽言》共引用书目 1200 种,包罗万象,一方面证明作者博览群书,另一方面也使《(增订)雅俗稽言》从整体看来规整很多。但是令人遗憾的是四库馆臣们对此出处指责颇多,"前列引用书目千余种,多唐以来所不著录,大抵抄自类书,子虚乌有。又或标其篇名为书名,颠倒错乱,不可缕指"。第四部分为目录,但是该目录只有门类,并无具体所释词条,对于读者阅读查找,恐怕要带来一些不便。第五部分为正文部分,共四十卷,分门别类,由天文一、天时三、地理三、人伦、饮食、宫室、冠服各一,器用二、礼制、音乐一、人事三、人物五、经说三、史说、子说各一、诗文四、字学三、动物、植物各三卷构成,词条共 1162 个,每条之下都

---

① 《明清俗语辞书集成》第四辑《(增订)雅俗稽言》,日本汲古书院影印,1974 年。
② 《明清俗语辞书集成》第四辑《(增订)雅俗稽言》,日本汲古书院影印,1974 年。
③ 《明清俗语辞书集成》第四辑《(增订)雅俗稽言》,日本汲古书院影印,1974 年。

有详细的解释、溯源,若有讹传则有系统的证误纠音,十分具有研究价值。

4.3《(增订)雅俗稽言》民俗语汇分类

4.3.1 日常活动类民俗语汇

(1)物质生产类民俗语汇

在古代社会,以农耕为主,而农耕离不开天气时节的变化,在《(增订)雅俗稽言》中有大量的农耕时节的记载,如四时、寒暑、干支、百刻、五夜、正月、正五九、拜年、桃符、书簟、食天仓、人日、元夕、耗磨日、天穿日、社日、上巳、四月八、梅雨、端五、五月十三、分龙日、三伏、中秋、沾天、重阳、液雨、十月十六、逢冬数九、腊日、腊八日、二十四、挂钟馗、月忌三浣、另日、犁明须臾、杂占、节候、立春、东风解冻、鱼陟负冰、雨水、獭祭鱼、候雁北、惊蛰、桃始华、仓庚鸣、鹰化为鸠等。

此外,在词条的解释过程中有大量的农谚类民俗语汇的记录。农谚类民俗语汇主要产生于农耕生活中,在人们长期的农耕过程中,对天气、气候、时节都有一定的认知。这类总结性的语言往往用农谚表达出来,这些农谚类民俗语汇不但具有知识性、经验性的特点,而且具有结构和地域上的特点。农谚类民俗语汇读起来朗朗上口,便于人们记忆和流传。《(增订)雅俗稽言》中记录了大量的农谚类民俗语汇,从而表现了在科技不发达的封建社会,气候与农业及人民生活的密切关系。如:雾淞重,雾淞贫,兄备饭面,盖岁穰之兆也。即阴春暗度,将霁雾先昏。春雾晴夏雾暑,秋雾日头晒杀鬼;惟有冬雾不敢说,不是雨便是雪。春雾日头夏雾热,秋雾凉风冬雾雪。徐州不打春,邳州无东西;若还打春与,开门蝎子咬死人。晴鸠叫晴,雨鸠叫雨。小满不满,芒种不管。

(2)物质生活类民俗语汇

①饮食类民俗语汇

在俗民的日常生活中,产生了饮食类民俗语汇,如精粗、一顿、九酝、酒圣贤、中酒、觞政、茶品、饮茶、齿决、饼唉、糕、饧、盐豉、豆粥等。以"豆粥"为例:

糕《周礼》:"笾人修笾之食,糗饵粉糍。"郑康成云:"二物皆米所造,合蒸曰饵,为饼曰糍。方言饵即糕也,自周时已有之。刘梦得作《九日诗》欲用糕字,以其不见经传,遂止。故宋子京云:"刘郎不敢题糕字,空负诗中一时豪。"然白乐天诗:"移坐就菊丛,糕酒前罗列。"则固已用之矣,刘白倡和之时不知曾谈及此否。

②居住类民俗语汇

人们的生活离不开房屋,在古代等级制度十分鲜明,所以居住的房屋也有很多种不同的类型和名称,如学舍、宫殿、蒿宫、玉堂、天禄阁、黄堂、蟾堂、苗茨堂、屠苏、白屋、村庄、名楼、宣室、团焦、生祠、寺观等。以"玉堂"为例:

玉堂《李寻传》:"久污玉堂是知,实孽幸之处,乃汉殿名。"宋太宗飞白书玉堂之署四字以赐翰林院,盖待诏者有直卢于殿之,侧故曰:"署元丰中学士请摘上二字以榜院门,故翰院亦名玉堂。"刘元城曰:"以殿名名院不避甚矣。"

③服饰类民俗语汇

"衣、食、住、行"中的"衣"当然与人们的生活息息相关,《(增订)雅俗稽言》中记录了一些有关服饰类的民俗语汇,如巾帼、首饰、朱绂、中禅、礼服、裼袭、裋褐、逢掖、面衣、耳衣、条脱、诃子、佩鱼、缙绅、厕牏、膝袴、珠履、子瓭、织丝、缂丝、轻容、火浣、端匹、皂白等。以"朱绂""礼服"为例:

朱绂 朱绂即朱裳,画为亚形。亚,本作亞,两已相背,古弗字也,故因谓之绂,亦作□黼。

礼服 《辍耕录》谓:"元人以妇人礼服曰袍,乃鞑靼。称汉人,则曰团衫。南人则曰大衣。"今自京师及天下皆称妇人礼服曰袍,岂沿习已久与?

④器用类民俗语汇

俗民的日常生活必然会使用一些工具来完成各种日常活动,也就产生了许多的器用类民俗语汇,文具类民俗语汇如书帙、简牍、伦纸、恬笔、墨妙、砚品等,武具类民俗语汇如六虆、金铠、干将、绿沉枪、鸟号、露布等,乐器类民俗语汇如六律、鲸音、鼍鼓、绕梁、云和、吹鞭、琵琶、画角、埙箎、喇叭唢呐、流苏等,珍玩类民俗语汇如珠、玉、金、石、钱、钞、古器、敏器、瑗瑎、聚宝盆等,杂具类民俗语汇如什器、东西、酒帘、障扇、尉斗、步甑、枕箪、青奴、交床、筵席、灯烛、窑器、盃敩、田器、虎子、驱山铎、铁枷等,戏具类民俗语汇如行棋、樗蒲、蹴鞠、千秋、傀儡、眩人、舆榩等,其他用途类民俗语汇如卤簿、乘石、舟、车等。以"埙箎""步甑"为例：

  埙箎 埙箎音萱池,埙亦作壎,烧土为之箎,以竹为之。诗伯氏吹埙,仲氏吹箎,盖它音各为一节,埙箎同为一节,故以比兄弟同气也。

  步甑 《菽园杂记》:"今人称暖熟具为仆,憎言仆者,不得侵渔,故憎之。《王铨御史》尝见内府揭帖,令工部制步甑,盖即仆憎,乃知仆憎讹也。"

⑤生活经验类民俗语汇

人无千日好,花无百日红。春寒四十五,穷汉出来舞;穷汉且莫夸,须过桐子花。穷汉莫听富汉懂,桐子开花才浸种。燕巢在人室,其户向内,长尺余者,兆吉。数鱼止,称尾不称头。居丧不食酒肉,盐酪而以鱼为蔬。好儿不看春,好女不看灯。家有千根桐,子孙不教穷。日月笼中鸟,乾坤水上萍。痴鸡母,抱鸭儿;痴家母,养外孙。贫贱之交不可忘,糟糠之妻不下堂。不到长安辜负眼,不到浙江辜负口。宁饮建业水,莫食武昌鱼。地震为鳌鱼眨眼。阴沟里翻船。乱主年年改号,穷士日日更名。一尺布尚可缝,一斗米尚可舂,兄弟二人不相容……此类民俗语汇包含着人们日常生活经验的高度概括,反映了人们日常生活的方方面面,有的是反映家庭生活的,有的是反映社会现象的,都承载着人们对生活的认知。

4.3.2 民俗信仰类民俗语汇

(1)天神崇拜类民俗语汇

天神崇拜类民俗语汇是指与信仰天神有关的民俗语汇,《(增订)雅俗稽言》中记录了一些与之有关的民俗语汇，如常仪、二十八宿、演禽、参辰、参星、客星、风伯雨师、太白、孛星、郎星等。以"郎星"为例：

郎星 史云："郎官上应列宿，非二十八宿也。"《史记·天官书》："五帝座后，聚十五星，蔚然曰郎位。"《汉书》蔚然作哀乌，《甘石星经》作依乌，盖依哀音相叶也。哀乌蔚然皆星之状儿，尔近武功县，刻储光羲诗首一篇作哀乌，即宜以哀乌郎正之。

（2）鬼神信仰类民俗语汇

自古以来，"鬼神"在人们的生活中占有一定的地位，尤其是在科技不发达的古代，人们不能解释或者不能完成的事情往往希望借助于鬼神的力量找到解决的途径，如箕仙、麻姑、钟离、王乔、刘刚妻、释氏、梓潼神、僧道官、乌鬼、见短人、一足鬼等。以"麻姑"为例：

麻姑 麻姑姓黎，字琼仙，唐放出宫人也，出《耕余杂录》，而据《王方平蔡经事》，又似汉以前人仙，传麻姑七夕降蔡经家，经见其手似鸟爪，好爬背痒，王方平知之，使神人鞭其背，建昌迹麻姑仙坛，有《颜真卿记》。

（3）佛教信仰类民俗语汇

佛教在中国的影响非常大，在语言中也很清晰地显现出来，《（增订）雅俗稽言》中就记载有很多佛教信仰类的民俗语汇，如南无、施主、伽蓝、问询、三昧、因果、天堂、僧道官、僧尼、经像、三教图、释氏等。以"问询"为例：

问询 法华经问询如来，杜诗："南寻禹穴见李白，道甫问信今何在？"问信即问询，盖问其安否也，今僧尼见佛见人，合掌作礼曰问讯。盖问讯其语，当自法华出，而俗转为闷心，又谓之打闷心，尝闻"封事有番僧，相见只打闷心"之句，其失可知。

4.3.3 语言类民俗语汇

(1) 吉祥语

吉祥语是指那些包含有吉祥如意意思的名称和用语。汉民族的日常生活，可以说是处处浸透着吉祥语，人们生活的方方面面都离不开吉祥语。《(增订)雅俗稽言》中的吉祥语也为数不少。以"群雄"为例：

群雄 草之精秀者为英，兽之特群者为雄，人之文武茂具取名千，此是故聪明秀出谓之英胆，力过人谓之雄。张良英也，韩信雄也，兼有英雄，则汉高项羽气力盖世而不能听奇采异，有一范增不用，汉高英分多故群雄随之，英才归之，两得其用而能成大业也。

(2) 委婉语

委婉语是在长期的语言实践中对于不愿意说出禁忌语，而用动听(好听)的语词来表达的词语。《(增订)雅俗稽言》中辑录了一些委婉语，如"党太尉""赤章冒枝""逼仂""外头屋里"等。以"赤章冒枝"为例：

赤章冒枝 俗称人急遽自是者曰赤章冒枝。《吕氏春秋》："智伯伐仇。"犹仇、犹臣，赤章蔓枝名也。俗语讹蔓为冒，亦蔓冒俱明，母下字蔓可叶冒耳，蔓音万。

4.3.4 社会生活类民俗语汇

(1) 官制类民俗语汇

《(增订)雅俗稽言》中辑录了大量的有关官制类的民俗语汇，如尚书、司马、仆射、祭酒、洗马、鸿胪、棘乡、乐乡、庶吉士、儴直、金吾、中官、五马、三老、左右、官冷、功曹、拜除、官衔、给假、致仕、文移、鐡押、承准、录囚、弹文、饮章、银铛、传子、改元、玉牒、诏令等，这些官制类民俗语汇反映了当时社会的官职设置、官员管理等方面的一些情况。现以一些官职名称为例：

司马 司马,今之兵部也,白乐天诗以司字作去声,读如云。"四十着绯军司马,男儿官职未蹉跎。"又一为军司马,三见岁重阳是也。按《集韵》去声,何韵内收司字,疑白诗亦以司马伺声耳。《容斋随笔》:"以司作入声,读非也。"

此外还有一些官员办公行事时的特定用语,如拜除、给假、鐵押、录囚、弹文、饮章、银铛等。

对于官宦的管理也有相应的专属用语,如:

拜除拜官曰除,谓除其旧籍,非也,除犹易也。以新易旧曰除,如新旧岁之交谓之岁除耳。阶谓之除者,自下而上亦更易之义,俗称新拜官者曰除受某官,亦非也。

(2) 习俗惯制类民俗语汇

① 祭祀类民俗语汇

祭祀是向神灵求福消灾的传统礼俗仪式,古代百姓很重视祭祀,由此产生的祭祀类民俗语汇也非常多,《(增订)雅俗稽言》中辑录的祭祀类民俗语汇,如享宴、上宿、祮禘、五祀、祭寒暑、唁吊、祭献等。以"上宿"为例:

上宿 宿,古宿字。《汉书·郊祀志》:"秦以十月为岁首,故常以十月上宿。"郊见通权火,火也,欲令光明远照通乎?祀所也,是上宿。惟天子得用之,今以卑贱之人值夜守卧者名曰上宿,非也。

② 婚礼、葬礼类民俗语汇

关于婚礼、葬礼类民俗语汇的记载历代都很丰富,但《(增订)雅俗稽言》中则相对较少,原因是秉承了作者张存绅的"人同我异"的收词原则,在《(增订)雅俗稽言·凡例》中作者如是说:"事词太腐熟者不待言,太生僻者不必言。惟是今昔沿革,人同我异。有考订、有议论者乃言之。"但是尽管如此,作者也收录了一些此类的民俗语汇,如冠婚、五不娶、唁吊、大行、哀子、挽歌、葬不择期、起复、九操等。

4.4 小结

《(增订)雅俗稽言》包含词语 1162 条,内容十分广泛,除上面笔者简单的分类外,还有很多种方法,这里不再一一阐述。

5.《秕言》民俗语汇的编纂特征[①]

民俗语汇,是各种反映民俗事象或涵化了民俗要素的语汇。[②]《秕言》为明代学者郑侯升所著,是一部辑录了大量民俗语汇的俗语辞书。其收录的丰富的民俗语汇,生动再现了我国古代劳动人民珠玑璀璨的文化生活。如胡朴安先生所说:"我国语言文字中,有非常丰富的惯用词组和语句,它们总是简练多彩,能够生动概括地表达某个繁复的思想和感情,为人们所喜闻与乐用。它们被称作'俗语'。"[③]《秕言》全书分为4卷,卷首有祝世禄为其所作序言一篇,共收录词条249则。其中第一卷收录词条63则,第二卷收录词条66则,第三卷收录词条58则,第四卷收录词条62则。

5.1 累积札记的编纂手法

《秕言》作为一本辞书性质的工具书,编纂体例没有像其他辞书那样分门别类编排,而是采用"读书札记"似的累积手法。全书4卷共收录的249则词条内容丰富,涉猎广泛。

如卷一收词63则,有关文字音韵的有尚书古文、三字名三字字、八字四韵等,有关地方方言的有秋胡语,有关古史传说的有舜妹、舜妃、柳下惠等,有关历

---

① 本节作者于琴。
② 曲彦斌:《民俗语言学》(增订版),辽宁教育出版社2004年版。
③ 胡朴安:《俗语典》,上海书店1983年版。

246

史典故的有曾子、孟母教子、不得其酱不食、鹬蚌,有关生活事物的有黄铁、警枕、海清等,有关婚俗礼制的有曹操嫁女与姬、周穆王娶同姓,有关天文历法的有古历。在书中,这些词条并未分门别类,也没有一定的编排顺序,更像是作者随笔札记而成。且在随后的3卷中同类的词条都多有出现。如在第二、第三、第四卷中仍有很多关于古史传说的词条,如彭祖、伏羲、啸法等。

《秕言》未对所收录的词条进行分门别类,也不按照字典顺序排列,使得全书内容庞杂,若需检索,极不方便。

5.2 旨在考证的收词原则

《秕言》所收条目"上薄苍灏,下穷方舆,中括名德名物",可以说包罗万象。本书选取的词条是人们所常见、常闻及所常行者。郑明选编纂此书的目的就是要把这些"常怪相杂"的词条"印证于群言",以正世人。例如,《秕言·卷三》中"戊字音"条:

> 戊,音茂。《释名》云:"戊,茂也,物皆茂盛也。"今人皆读如"雾",绝无所出。按郑樵云:"十辰、十二日,皆为假借。甲本戈甲,乙本鱼肠,丙本鱼尾,丁本蚕尾,戊本武,己本几。"五代时梁尝改"戊"作"武",盖本郑说也。今读"戊"如"雾",正与"武"音相近,殆又袭五代之音,忘其本音为"茂"耳。

如上所示,作者并不像一般辞书对"戊"进行字义字音的考察,而是仅仅选取"戊"字的字音这一层面进行了历时的纵向考证,并未对字义详加解释。指出"戊"本音当为"茂",今人读如"雾"是没有根据的。

由此可见,《秕言》收条立目的原则是看其是否具有考辨价值,并非全盘囊尽。所以,所收条目必须符合"旨在考证"这一原则。

5.3 "群言印证"的释词方式

《四库全书总目提要》谈到《秕言》全书"皆考证之文"。这一释词方式恰与古代俗语著作的"寻根本能"相契合。《秕言》在释词的方式上也大量引经据

典,力求考溯秕言俗语的语源,具体表现在以下几方面:

5.3.1 灵活多变的考释方法

《秕言》在考释词条时,时而广泛援引书证,时而并引大家注疏,时而参之自己独到的阐释,但大多数情况是"广引书证""并引注疏""独舒己见"三种释词方式并用。如:

(1)单引书证以释词

《秕言》释词过程中有的词条作者并不加以其他说明,而是仅仅列举书证就使其意一目了然,如:

鹬蚌 《战国策》苏代说燕惠王曰:"今者臣来,过易水,蚌方出曝,而鹬啄其肉,蚌合而拑其喙。鹬曰:'日不雨,明日不雨,即有蚌脯。'蚌亦谓鹬曰:'今日不出,明日不出,即有死鹬。'"尝见一本云:"今日不两,明日不两,必有死蚌,两谓开口也。"(卷一)

(2)独引注疏以释义

《秕言》在释词方式上特别注重引用大家的注疏,考释词条的过程中还出现了单引注疏的方式,如:

箕子名 箕子名婿馀,见《庄子》司马彪注。

箕子,是文丁的儿子,帝乙的弟弟,纣王的叔父,官太师,封于箕(今山西太谷、榆社一带),名婿馀。作为中华第一哲人,在商周政权交替与历史大动荡的时代中,因其道之不得行,其志之不得遂,"违衰殷之运,走之朝鲜",建立东方君子国,其流风遗韵,至今犹存。作者在本词条中考释箕子名,只列举了注疏,简洁明了,这也印证了《秕言》释词方式的灵活巧妙。

(3)三者并用以溯源

通览《秕言》全书,其最重要的释词方式当属"三者并用",全书词条的考证大都既引书证,又引注疏,最后作者再加之以客观的分析阐述。这样释词既全

面又有说服力,如:

子弓 荀子多以仲尼、子弓并称。杨倞以为仲弓非也。《汉书》云:"鲁商瞿子木受《易》孔子,以授鲁桥庇子庸,子庸授江东馯臂子弓。"馯音,韩姓也,名臂,字子弓。注云:荀卿师。又《论语》逸民朱张,王弼云:朱张,字子弓。荀卿以比孔子然,则荀子所称子弓者非馯臂,则朱张非仲弓也。(卷二)

5.3.2 "独见独闻" 的客观阐释

通览《秕言》全书,除广引书证,巧引注疏的释词方式外,作者以其广博精深的文化底蕴,对词条"析之以独见独闻"。并不去引用书证和注疏,而是凭借自己读书多年积累的经验去阐释词条。如:

讹字 古无"墅"字,即以"野"字读之,后复加"土"作"墅"。然"野"字从田从土从予,今又加土则复;岗字从山又加山,作崗;莫字从日又加日,作暮;芻字从草又加草,作蒭;然字从火又加火,作燃,如此类甚多,并非也。(卷二)

郭林宗巾 荀文若帽,郭林宗角巾行雨中,垫一角。时人慕之,因为垫角巾,又帽,亦巾也。先未有岐。荀文若巾触树成岐,时人慕之,因而弗改。两人见重如此。(卷四)

作者考释词条"以所习见所闻参之罕见罕闻,析之独见独闻,常怪相杂,真赝相权,上薄苍灏,下穷方舆,中括名德名物,同异异同,是非非是,一以为经筌,一以为秋圃,一以为谭……"其丰富的知识及独到的见解,令人钦佩。

5.4 "随其所得" 的行文特色

综观《秕言》全书,最大的释文特色就是读书笔记似的随性札记。《秕言》并不是一气呵成之作,而是作者经过"博极群书"沉淀后,"随其所得"以笔之的心血力作。如前文谈到的《秕言》考释词条,时而广泛援引书证,时而并引大家注疏,时而参之自己独到的阐释,释词方式不拘一格。"随其所得"的行文特色贯穿全书。

5.4.1《秕言》考释条目时,不仅对每一词条的义项翔实阐释,而且还综合应用了直音、反切的注音方法,使得释词更加全面、精准。其注音不仅仅局限于所专门考释字、词的条目,凡在文中遇到难读、易误读的字音也都加以标注。所用的注音方式主要有:

(1)直音法

"×,音×"式

驾,音加。(卷一"驾鸢"条)

奥,音燠。(卷一"灶神名"条)

"×,又音×"式

隬,又音州。(卷二"呼鸡声"条)

"×,×声,音×"式

杀,去声,音嗄。(卷一"杀字义"条)

"×与×音相似"式

相与禳音相似。(卷三"相近"条)

(2)反切法

"×,××切"式

劰,丘八切。(卷一"劰字"条)

涎,唐练切。(卷四"霆字音"条)

"×字,某某作××切"式

堕字,孔安国作许规切。(卷三"虞廷《赓歌》堕字音"条)

"××为×"式

突鸢为团。(卷一"杀字义"条)

(3)反切法与谐音法并用

"×,××切,即为×"式

忒,杀音切,即为太。(卷一"杀字义")

"×,××切,与×同音"式

跳,田聊切,与条同音。(卷一"跳脱"条)

(4)巧用同音、谐音以注音

"×字音,与×同"式

刦字音,与确同。(卷一"刦字"条)

"×字即×字"式

霆字即电字。(卷四"霆字音"条)

"×与×叶"式

田与年叶。(卷一"秋胡语"条)

(5)运用训诂术语以注音

"×读如×"式

区读如丘。(卷一"区以别矣解"条)

"×读为×"式

干读为犴。(卷二"野干"条)

5.4.2《秕言》在释词过程中应用了多种训诂方法,音训、形训、义训三者综合运用,通常从读音、意义、字形三方面入手,多角度阐释分析,使考释内容更加科学严谨。如:

啓字 《尔雅》陆佃云:"雨而昼晴曰启。"按吴人谓昼晴曰啓昼晴。"啓"读如"欠"声。《广韵》有"啓"字在霰韵中作去战切。注云:"雨而昼止是也。"其字从啟从日,与"啓"字相似,故陆误以"啓"为"啓"。(卷二)

蚕字、鰝字、蠶字,俗作蚕,非也。《尔雅》蚯蚓竖蚕。郭璞云:"即蟮也,江东呼寒蚓。"蚕,他典切,从虫从天声。蠶字从虫,虫从朁声,音义俱不同。鰝字俗作鰝,亦非。鰝,鱼名,似蝦直稔切,从鱼从朕省声。鰝,息两切,从鱼从养省声,音义亦异。(卷二)

5.4.3"随其所得"的行文特征,还表现在随意性很强的举例或引用书目中。《秕言》4卷,皆作者日积月累、随其所得之产物,每察一言一语有待考证,便笔

251

之以溯其源。但考证秕言俗语并非易事,需博古通今,广引书证。然而作者这种"随其所得"的札记方式,往往单凭一时记忆直接写下,致使全书所引书证与举例很不规范,有很强的随意性。

《秕言》中所引书目,有的只给出书名没有篇名,有的只有篇名而没有书名,体例并不统一,如:卷一"古文《尚书》"一条中,作者所引篇目,有时写《尚书·洪范篇》,有时却只写《尚书》了事;卷二"伊尹、吕望"条,作者只写《夏本纪》篇名,并未写出此篇所在书名《史记》。诸如此类,给后人在查检时带来不便。

除了援引书目,《秕言》释词中所举示例也很随意。通常引书举例,都要包含作者、书名、朝代三要素,而《秕言》在这方面却显得有些随意。有的只写出书名,如"《白虎通》云……"(卷二"十三月"条);有的只写作者和书名,如"王简栖《头陀寺碑》云……"(卷四"恒星不见"条);有的写出作者、书名及朝代,如"晋夏侯湛《雷赋》云……";有的不确指称,如"尝见一本云……"(卷一"鹬蚌"条);有的直接引某人做的注疏,如"晦翁注云……"(卷一"区以别矣解"条);有的只云某人诗句,如"杜诗……"(卷二"三寸黄柑"条);有的仅引用诗名,如"《茶山诗》云……"(卷三"东西"条);有的诗人及诗作都给出,如"郑谷《鹧鸪诗》云……"(卷三"鹧鸪诗"条)。

5.5 结语

综上所述,《秕言》援引书证的形式非常灵活,不拘章法。但这并不影响作者寻根探源以考证释词的宗旨,恰恰成为本书的特色。作者所引书证大都出自《尚书》《左传》《史记》等传统正史,如遇到字形方面的争议,常以《说文》为准绳加以考误;字音、字义方面往往援引《尔雅》《广雅》《埤雅》等著作;遇到与民俗民风相关的,往往引用《风俗通》《洛阳伽蓝记》《西京杂记》等杂史著作。这使得全书更具有说服力。

6.《明清民歌时调集》俗语词释例①

在古典戏曲已经定型的明清时代,民歌时调随着人们的喜爱而获得了新的发展。明清民歌是研究近代汉语的重要资料,其中收录了大量的俗语词,为汉语词汇研究提供了宝贵的语料。

《明清民歌时调集》(以下简称《民歌时调》)共收录《桂枝儿》《山歌》《夹竹桃》《霓裳续谱》《白雪遗音》五种,它们的形式是多种多样的,语言也是极其生动的,深刻地再现了当时的世俗生活内容,表现出强烈的自由自在的民间精神。明清民歌是纯粹的市民文学,口语化程度极高。郭在贻说:"古代人的口头语词,也叫俗语词。"②曲彦斌也指出:"在'俗语'这词里,俗则是约定俗成、通俗、流行的意思。"③我们通常认为,包括成语、谚语、歇后语、惯用语、俚语等在内的,区别于书面语且具有口语性质的词语,都是俗语词。明清民歌当中大量的极具特色的俗语词,为近代汉语词汇研究提供了宝贵的资料,这些特殊词汇对汉语词汇史、大型语文辞书编纂及古籍的校勘整理大有裨益。

6.1 俏冤家

在《民歌时调》中,频频出现"俏冤家"一词。"俏冤家"是一个复合词,"俏"

---

① 本节作者王丽坤。
② 郭在贻:《训诂丛稿》,上海古籍出版社1985年版,第253页。
③ 曲彦斌:《民俗语言学》,辽宁教育出版社1989年版,第168页。

和"冤家"作为独立词根组合在一起,但这组合的新词并没有将两个词根的表面意义相加,而是赋予了另外一层意义。因而,我们要想更加深刻地理解该词语,首先应该对"俏"和"冤家"作进一步考释,再将该复合词置于特定的语境中确定其真正内涵。

"俏"字在明清民歌中频频出现。《恒言录》:"今人谓妇人美好曰俏。按:《方言》:'釥、嫽,好也。青、徐、海、岱之间曰釥,或谓之嫽。'郭璞注曰:'今通呼小姣洁喜好者为嫽釥。釥,七小切。即俗所云俏也。"①《字诂》:"'俏',古但作'峭'。魏收有'逋峭难为'之语。魏、齐间指人有风度者谓之'逋峭',一曰'波峭'。"

《西湖游览志余》:"言人仪矩可喜者曰'庸峭',音如'波峭'。'庸峭'本梁上小柱名,取其有曲折俊俏之意也。"

按:"俏"字即"峭"的省改,有貌美、俊俏、风度翩翩之意。

"冤家"一词,有两层含义,一指仇人,俗话说得好,"同行是冤家""冤家路窄",这里都是泛指死对头,仇人。《民歌时调》未发现有该意义。"冤家"还有另一层含义,即"所欢之昵称"②,也就是对情人的昵称,为爱之至极的反语。"冤家"最初是以"仇恨"的意义出现,但随着语言的不断发展,我们在更多的文学作品中,如唐宋元时期的诗词曲中及明清时期的民歌中,再次发现"冤家"的身影,它却以情人的含义出现,用来称既爱又恨,扰乱自己芳心又实难舍弃的人。宋人蒋津《苇航纪谈》引《烟花记》云:"冤家之说有六。情深意浓,彼此牵系,宁有死耳,不怀异心,所谓冤家者一。两情相系,阻隔万端,心想魂飞,寝食俱废,所谓冤家者二。长亭短亭,临歧分袂,黯然销魂,悲泣良苦,所谓冤家者三。山遥水远,鱼雁无凭,梦寐相思,柔肠寸断,所谓冤家者四。怜新弃旧,孤恩负义,恨切惆怅,怨深刻骨,所谓冤家者五。一生一死,角易悲伤,抱恨成疾,迨与俱逝,所谓冤家者六。此语虽鄙俚,亦余之乐闻耳。"这六层含义将冤家一词诠释得淋漓尽致,传达出沉浸在爱河中的男女爱恨交融、缠绵悱恻之情。

---

① 钱大昕:《恒言录》,商务印书馆1959年版,第35页。
② 张相:《诗词曲语辞汇释》,中华书局2001年版,第821页。

第八章　历代民俗语言珍稀典籍专书民俗语汇研究例选

《民歌时调》中将"俏"与"冤家"这两个独立词根结合在一起,以"俏冤家"复合词的形式出现,那爱恨交融的意味更加浓厚。由于数量繁多,仅从《民歌时调》中选出几例有代表性的,更能表现那种爱恨情仇的列举如下。

  俏冤家。家去了,便无音信。你去后,我何曾放下心。那一日不着人在你家门前问。愁只愁你大娘子狠,怕又怕令堂与令尊。担惊受怕的冤家也,怎么来得这等艰难得紧。(《桂枝儿·私部·问信》)
  俏冤家。约定你三更时候。临行时,切不可被那人勾。访着实决不与你轻将就。非是我提防得你紧,怎奈你是个薄幸的囚。我若略放些的宽松也,你就别寻条路儿走。(《桂枝儿·私部·紧防》)
  【寄生草】俏冤家进门来,你请坐,有句话儿对你说,为甚么见了一个爱一个,舡到了江心也要你拿稳了舵,疼你的少来害你的多,细想一想,我的话儿错不错。(《霓裳续谱·杂曲·俏冤家进门来》)
  姐在房中正描花,忽然想起俏冤家,临行嘱咐你几句话,再三叮咛罢哟,喝喝咳咳,莫要忘了咱,再三叮咛罢哟,喝喝咳咳,莫要忘了咱。(《白雪遗音·马头调·绣荷包》)

按:如果单纯从词的意义上讲,那么"俏冤家"即指"俊俏的情人"。赏析以上四首民歌,无一首不传递出对情人的埋怨和斥责,从另一个角度也诠释了对情人深深的爱慕之情。就是这爱恨交融的场景,为"俏冤家"的出现提供了特殊的语境。所以"俏冤家"一词更加深刻地体现出那种由爱而恨、由恨生爱、又爱又恨、又疼又怨、缠绵悱恻的复杂情感及对对方的爱慕之情,实际上都是指男女之间卿卿我我的爱情关系。

6.2 物事

  "物事"一词已经淡出了我们生活的空间,对于大多数地区来讲,该词属于陌生词汇。但该词在我国的吴语地区及与吴语区毗邻的福建省建瓯地区仍有使用。李荣主编的《上海方言词典》"物事":"相当于'东西';有时也指人:买仔

255

交关物事。"《建瓯方言词典》"物事"："东西,物件:买物事;坏物事。"《民歌时调》中收集"物事"数例,有符合"东西、物品"之意,有泛指和特指之别。

6.2.1 "物事"泛指某种事物。如:

噫要我照管个男儿大细个点心。一到子正月半。你搭受子个零碎银子。噫要来我身上煎介个煎饼。你搭自弗小心。吃个白日撞偷子物事。(《山歌·卷九·陈妈妈》)

按:句子中的"物事"泛指家中的东西。

6.2.2 "物事"特指某种物品。如:

嫖小娘莫拣大脚个嫖,渠个脚力忒大那相交。就是送个物事来渠也难理会,一双鞋面还要贴换两三遭。(《山歌·卷五·大脚妓》)

这俏妆,只少个小红娘,莺莺无两样,看蜂喧蝶嚷,看蜂喧蝶嚷。到处生香,令人妄想。(白)看看日头落子,姐儿肚里又介心慌。夜晚头边有星走失,借别人介多呵物事。(《山歌·卷九·烧香娘娘》)

按:第一个句子中的"物事"特指鞋子。第二个句子中的"物事"特指衣裳。

6.2.3 "物事"除指"东西、物品"外,还可以指人,但往往含有蔑视的感情色彩。

撞着子新做亲介星顽皮精姐姐,日夜捉我搭来抇弄。遇着子私窠子会搂打个星娘娘,也弗住介累得我腥膻。壮罗多,油碌碌,新出笼馒头能个样物事。(《山歌·卷九·陈妈妈》)

按:句子中的"物事"指刚出道的风月场中的女子,成不了什么大气,含有蔑视和嘲讽的意味。该意义在明清小说中多有出现,如:

256

第八章 历代民俗语言珍稀典籍专书民俗语汇研究例选

却说这妇人自从与张大户勾搭,这老儿是软如鼻涕脓如酱的一件东西,几时得个爽利!就是嫁了武大,看官试想,三寸丁的物事,能有多少力量?(《金瓶梅》第四回:赴巫山潘氏幽欢,闹茶坊郓哥义愤)

按:此例中的"物事"蔑称武大郎身材矮小。

"物事"一词在《民歌时调》中指"事物、东西"时,应区分泛指和特指。同时,"物事"还有蔑称他人之意。

6.3 生活

钱大昕的《恒言录》中早有记载:"生活字本出《孟子》,今人借作家计用。《魏书·胡叟传》:'我此生活,似胜焦先。'《南史·临川王宏传》:'阿六,汝生活大可。'"[①]以上生活多指生计问题,与现代汉语的"生活"之义相近。

俺家住在杨柳青,(是呀)紧靠着御河,把奴聘在了独柳,这是怎么说,也是我前生造定受折磨,(白)这个天可有了时候了,(边开调)一更鼓儿多,(哎哟)一更鼓儿多,独柳的生活指著这个,叫奴家推碾。(《白雪遗音·马头调·杨柳青》)

按:"生活"指独柳地区人们的衣、食、住、行等生计问题。
《北史·祖莹传》:"文章需自出机杼,成一家之言,何能共人同生活。"这句话中如果将"生活"解释为"家计",那么将很难解通文意。根据句子的语言环境,可以将"生活"解释为"干活、做工",当与"做"连用时,引申为名词的"活儿"。"生活"一词的这种用法在我国大部分地区不被采用,但在吴语地区通行。如:《崇明方言词典》"生活":"(1)工作,活儿:做生活;(2)耳线生活(针线活儿)。"《上海方言词典》"生活":"活儿,也指职业。"《温州方言词典》"做生活":"干活儿。"《杭州方言词典》"做生活":"干活儿:门朝双休日不做生活,我们耍子去。"

---

① 钱大昕:《恒言录》,商务印书馆1959年版,第70页。

《民歌时调》中符合该意义的共计两例,如下:

夏日天长甚难煞,独坐在房中寂寞无聊,我好心焦,(哎哟)我好心焦,推开纱窗把生活做,十指尖尖把花样描,针线仔细挑。(《白雪遗音·马头调·夏日天长》)

姐儿弗会缝联弗补针。单单只会结私情。姐道郎呀。小阿奴奴弗是真当弗会做生活。只为情郎怕分子心。(《山歌·私情·专心》)

"生活"也可以作为"物品"义。此义《汉语大词典》失载。《通俗编·服饰》:"《元典章》工部段匹条,本年和造生活,比及年终,须要齐足。又造作生活好歹体覆丝料,尽实使用。按:以段匹为生活,前无所见,似即起于元也。田艺蘅张应祥墓志,命匠造冰丝,不得作伪,直不加昂。而生活易售,则明人遂有用人文者。"由此可见从元朝开始,生活又被赋予了"物品"这一意义。到明朝时又被人采纳,但该意义未在《民歌时调》中出现。

6.4 凑趣/绰趣

"凑趣"有两个意义:(1)迎合别人的兴趣,使高兴。(2)逗笑取乐。《民歌时调》中凡见"凑趣"4例,基本上采用了第一个意思。例:

悔当初与他偷了一下,谁知道就有了小冤家。主腰儿难束肚子大,这等不尴不尬事,如何处置他。免不得娘知也,定有一顿打。肚子不凑趣,可恨。(《桂枝儿·私部·愁孕》)

世态炎凉如作戏眉高眼下,且自不提,朋友中,来来往往是些虚情意,那里有,济困扶危成豪气,雪中送炭,古来就稀,尽都是锦上添花相凑趣,看将起,付之一笑由他去。(《白雪遗音·卷二·世态炎凉》)

乡里姐儿偶到城里来望,见一双小脚儿心里就着忙。急归来缠上他七八烫,紧些儿疼得很,松些儿又痒得慌,这不凑趣的孤拐也,只怕明春还要长。(《桂枝儿·咏部·大脚》)

第八章　历代民俗语言珍稀典籍专书民俗语汇研究例选

按：以上 3 例中的"凑趣"都有使人高兴，迎合别人的意思。

当"凑趣"指"挑逗、取乐"意义时，该词等同于"绰趣"。《民歌时调》中凡见"绰趣"2 例。如：

俏冤家，近前来，我有句话儿商议。曾嘱你，悄悄地休被人知，你缘何人面前常是调情绰趣。妹妹知觉了，恐怕他讲是非。一网的兜来也，钳住他的嘴。（《桂枝儿·欢部·商议》）

一时间，吃这碗饭，难推难却。绰趣的多，使钱的少，也只是没法。每日间清早起直忙到夜，大老官才放得手，二老官又拖到家。就是铁铸的蓬蓬也，经不得这般样打。（《桂枝儿·咏部·小官人》）

梅香劝姐姐，莫负了有限的好风光，似这等闲是闲非也，待闲了和他讲。好个凑趣梅香。（《桂枝儿·私部·五更天》）

按：以上 3 例中，"凑趣"与"绰趣"都有"挑逗、取乐"之意。元明时期的通语"插趣"也有此意，例：

而今苏盼奴是个有名的能诗妓女，正要插趣，谁肯轻放了他？（《初刻拍案惊奇》卷二五）

凭仗一身好本事，岂惧你区区公子身。你口中插趣也罢了，还管前来勾搭人。（《天雨花》第二回）

最后两例中"插趣"指打趣取乐，"绰"与"插"乃一声之转，取挑逗、取乐之意时，"绰趣""凑趣"等同于"插趣"。

6.5 消息

"消息"一词最早出现于《易经》："日中则昃，月盈则食，天地盈虚，与时消息。"客观世界的一切都是不断地发展变化的，那么古代的先民就将枯荣、聚散、沉浮、升降、兴衰、动静、得失等变化中的事实称之为"消息"。《恒言录》："消息

259

本出《易丰彖传》,后人借作音信用。《三国志·三少帝传》:'出国传消息。'《管宁传》:'常使人经营消息。'"①可见,"消息"在本义的基础上再次引申,既可指音信,又可指人或事物的相关报道。但在《民歌时调》中,"消息"又体现出另一层内涵。该书中凡见"消息"3 首,如下:

  消息子,我的乖,你识人孔窍。捱身进,抽身出,楚上几遭。拈一拈,眼蒙眬浑身都麻到。拈重了把眉头皱,拈轻时痒又难熬,拈到那不痒不疼也。你好把涎唾儿收住了。

  又 消息子。都道你会知人的趣,疼不疼,痒不痒,这是甚的。寻着个孔窍儿,你便中了我意。重了绞我又当不起,轻了消我又熬不得,睡梦里低声也,叫道慢慢做到底。(《桂枝儿·咏部·消息子》)

  我里情哥郎好像消息子能,身才一捻骨头轻,进来出去能即溜,教小阿奴奴关着子毛头便痒杀人。(《山歌·咏物·消息子》)

  按:"消息"在明代的吴语里,也称"消息子"。我们从以上三首民歌中可以体会到,"消息"好像是一种工具,它能够"识人孔窍。捱身进,抽身出","身才一捻骨头轻,进来出去能即溜"。因而我们可以看出"消息"在使用时是在人体的孔窍中捻进捻出的。那到底是什么呢?我们将从下面的例子中解开谜团。

  邓子勉先生曾于 1998 年在《中国典籍与文化》第 2 期上发表过一篇文章,题目是《〈净发须知〉、净发社及其他》。文中也包括 3 首《消息诗》,即谓:"耳作弹鸣似有琴,身无气脉不通风。妙手精玄轻一镊,教人快乐自玲珑。""形如箭撞似鹤毛,细软由能入耳曹。响铮相依似蝉噪,得人清爽意惶惶。"②"凤凰落了一枝髦,高士取来在手中,此个神仙藏妙用,为人净耳见闻听。"邓文认为:"'消息'当为净发梳刷所用的一种可发出声音的器具。"③通过赏析诗句,予以为,"消息"被解释为净发工具实为不妥。

---

① 钱大昕:《恒言录》,商务印书馆 1959 年版,第 14 页。
② 邓子勉:《〈净发须知〉、净发社及其他》,《中国典籍与文化》1998 年第 2 期。
③ 邓子勉:《〈净发须知〉、净发社及其他》,《中国典籍与文化》1998 年第 2 期。

以上分析,足可证明,《民歌时调》中的"消息"其实就是我们经常用到的类似于棉签的净耳工具,它"识人孔窍。捱身进,抽身出",从而带出耳内残存的污垢碎屑。这种称作"消息"的净耳工具,在我们这个灯红酒绿的大都市已经消失得无影无踪,但它的足迹却遍布苏北农村。那里仍保留着理发师为顾客掏耳朵的习俗,他们的工具与我们前文提到的"消息"极其相似,它有着细软的毛,进入耳中时,随着用力的轻重,会有一种"重了绞我又当不起,轻了消我又熬不得"的感觉。

6.6 洋沟

"洋沟"一词,《汉语大词典》失载,意义不详。《民歌时调》仅收录1例,如:

送郎送到屋檐头,吃郎踢动子石砖头。娘道丫头要个响,小阿奴奴回言道是蛇盘蛤落洋沟。(《山歌·私情·送郎》)

翻阅大量的文献资料,但都未发现关于"洋沟"一词的相关记载。由于考据的资料不足,无法确定"洋沟"的意义。因此我们认为"洋沟"一词的用法为假借。清代著名训诂学家王引之说过:"许氏《说文》论六书假借曰:'本无其字,依声托事,令长是也。'盖无本字而后假借他字,此谓造作文字之始也。至于经典古字声近而通,则有不限于无字之假借者。往往本字见存而古本则不用本字而用同声之字,学者改本字读之,则怡然理顺,依借字解之,则以文害辞。"[1]

前人曾对"洋沟"的同音词做过不少研究,针对这些词的由来,前人已有数说。其一是"羊沟"说。《太平御览》引《庄子逸篇》为"羊沟"。《中华古今注》谓:"羊喜抵触垣墙,为沟以隔之,故曰羊沟也。"其二是"杨沟"说。晋崔豹《古今注·都邑》:"长安御沟为之'杨沟',谓植高杨于其上也。""御沟"就是指流经宫苑的河道,这河道应该是显露在外的,能够看见的,也就是明沟,与阴沟相对,即阳沟也。称之为"杨沟"实有扞格难通之处。其三是"央沟"说。《四友斋丛

---

[1] 郭在贻:《训诂学》,湖南人民出版社1986年版,第83页。

说》卷三十六《考文》:"《丹铅余录》言:今人家称出水窦曰'央沟',引《荀子》入其央窦为证。"《汉语大词典》中的"央窦"为"出水沟",但并未载入"央沟"一词。

我们以为,以上三种说法恐为臆说。《七修类稿》卷四十六《事物类·羊沟鸡宗》:"《中华古今注》谓:'羊喜抵触垣墙,为沟以隔之,故曰羊沟也。'俗以暗者为阴沟,则明者为阳沟。"清刘献廷《广阳杂记》卷五:"盖潜行地中者曰为'阴沟',显形于地面者为'阳沟'矣。"由此可见,阴沟与阳沟是相对的,阴沟是指隐藏于地下的带盖的排水沟,阳沟即是露在地面上的排水沟,是可以看到的。因此,我们可以断定,"阳沟"即是"洋沟""羊沟""央沟""杨沟"的本字,后人依本字读之,则怡然理顺,但依借字解之,却以文害辞。故综上所述,"洋沟"在《山歌·私情·送郎》这首民歌中,结合民歌的第一句"送郎送到屋檐头",予以为"洋沟"应解释为"房前屋后显露在外面的排水沟"。

6.7 市井

"市井"一词在我们的现代生活中屡见不鲜,例如市井俗人、市井文化、市井的狂欢、市井情调、市井民俗、市井人生等,它常常与"平民化""通俗化"联系在一起。其实早在春秋时期该词就已出现。《孟子》:'在国曰市井之臣。'《庄子·徐无鬼篇》:'商贾无市井之事则不比。'《国语》:'处工,就官府;处商,就市井;处农,就田野。'"[1]"市井"即"市",集中进行商品交易的场所。其实早期的人类社会是不存在市的。自给自足的简单的生产劳动维持着人们的生活。随着生产力的提高,畜牧业和农业发展起来,这样,简单的劳动产品就不能满足人们的基本生活,个人的力量显得越来越微不足道。于是他们需要彼此之间交换劳动产品,这就是早期的物物交换。"随着生产和交换的发展,逐渐形成了市。因而市是社会生产发展的产物。"[2]

那么"市井"一词又是如何产生的呢?前人对于"市井"一词的产生众说纷纭,莫衷一是。根据《通俗编·货财》中的记载,我们可以总结出三种说法,即

---

[1] 钱大昕:《恒言录》,商务印书馆 1959 年版,第 91 页。
[2] 盛会莲:《市井得名考》,《甘肃社会科学》1999 第 1 期。

第八章 历代民俗语言珍稀典籍专书民俗语汇研究例选

《风俗通》说、《春秋井田记》说、《管子》尹注说。"《风俗通》言：'人至市鬻卖者，当于井上洗涤，令洁，乃到市也。'《春秋井田记》云：'八家九顷二十亩，共为一井，因井而市，交易而退，故称市井。然则本由井田中交易为市，故国之市亦因命之。'《管子》：'处商必就市井。'尹知章注曰：'立市必四方，若造井之制，故曰市井。'"除以上三种说法外，还有一种《汉书》颜注说。《汉书·货殖传》引《管子》曰："士相与语仁义于宴间，商相与语财利于市井。"颜师古注曰："凡言市井者，市，交易之处；井，共汲之所，故总而言之也。"以上四种说法，都从不同的角度探析"市井"一词的由来，但由于考据的资料不足，无一定论。我们以为，《春秋井田记》的说法似乎有理。"井田"是殷、周时代的一种土地制度，地方一里为井，划分九区，形如井字，每区百亩，每八家为一井，各分一区耕作，中央为公田。由此可知，此地将是人口聚集的地区，因而最易成为集中进行交易的场所，即我们通常所称的市。井中有市，百姓因而命之。其他三种说法似乎都存在牵强附会之意。《风俗通》说指出到市场上卖东西前将商品到井处清洗干净，但现实中有更多的商品无须清洗即可销售。疑惑重重，所以此说不通。《管子》尹注说由于缺乏史料，对于市与井的形制是否相同尚不可考，无法证明。《汉书》颜注说也不足为信，交易之处与共饮之所更是风马牛不相及也。据史料记载："古者以日中为市，善以日中为齐集之时。集者，言人与物相聚会也。"[1] 由此可见，正午之时为市集交易之时，那么到井边饮水也一定要等到正午吗？这未免有些牵强之意。因而我们可以说《春秋井田记》的说法较为可取。

"市井"一词有多层含义，其本义即是"街市，市场"。《民歌时调》中凡见两例，符合其本义。如下：

> 京华为四方辐辏之区，凡玩意适观者，皆于是乎聚……下至衢巷之语，市井之谣，靡不毕具，以征歌者，不尽文。（《霓裳续谱·序一》）
> 数载飘流落异乡，萍踪浪迹命乖张……故村谣野谚，每见鄙于文人；绣口锦心，亦难夸于市井。（《霓裳续谱·序二》）

---

[1] 翟灏：《通俗编》，商务印书馆1959年版，第506页。

按:"市井"即街市、市场。

"市井"由本义街市引申为城镇之意,如:有白首不入市井者;市井生活。也指城市中卑俗之流,如:市井气;市井无赖。以上引申义未见于《民歌时调》。市井可以引申为商人,如《史记·平准书》记载:"天下已平,高祖乃令贾人不得衣丝乘车……然市井之子孙亦不得仕宦为吏。"《民歌时调》中凡见一例符合该意义。如:

数载飘流落异乡,萍踪浪迹命乖张……小可是间阎市井家贫窘,乌鸦岂可配鸾凰,一言折尽平生福,望折详察再商量。(《白雪遗音·卷四·独占》)

按:在这首民歌中,"市井"指的是小商小贩。

"市井"一词即是"市"的俗说,早在秦朝以前,"市井"就不专指市,已扩展而成为街市、城镇、商业、商人的代名词。所以《民歌时调》中捕捉到"市井"的身影多是该词的引申义。

《明清民歌时调集》中大量的俗语词还有待于我们进一步去研究,前人的俗语词研究把重点放在了明清笔记小说上,且取得了显著的成就。其实明清民歌对于俗语词研究更是一个不可忽视的宝贵资料。

7.《言鲭》民俗语汇研究①

汉语俗语研究具有悠久的历史,而作为清代笔记类俗语杂书《言鲭》具有十分重要的史料价值。全书分为上、下两卷,共收录词条 280 个。就目前的研究来看,从民俗语言学角度对其进行有针对性的语言研究尚属空白。基于此,以《言鲭》中所收词汇为研究对象,从民俗语言学的角度对其中的民俗语汇进行分析,了解当时社会的习俗惯制、民俗文化。

瑞士语言学家索绪尔曾说过:"一个民族的风俗习惯常会在它的语言中有所反映,另一方面,在很大程度上,构成民族的也正是语言。"因而,我们可以在探索《言鲭》中民俗语言的传承与流变的过程中深刻挖掘已经消逝的历史文化现象。

何谓"言鲭"?据《西京杂记》卷二:"五侯不相能,宾客不得来往。娄护丰辩,传食五侯间,各得其欢心,竞致奇膳。护乃合以为鲭,世称'五侯鲭',以为奇味焉。"后因以"言鲭"谓说话有味。② 因此,我们从该书的命名中便可以获悉作者著此书的本意及目的。正如《四库全书总目提要》卷一二六·子部·杂家类·存目三《言鲭》提要中所载"是编皆订正字义,考究事始,亦宋人《释常谈》之类,而语多习见,又往往昧其本原,或反滋颠舛"。为此,作者编撰该书的目

---

① 本节作者王妍。
② 曲彦斌:《民俗语言学》(增订版),辽宁教育出版社 2004 年版。

的,即是使人们可以真正了解俗语的本味、本源。同时,《言鲭》中所收录的那些蕴含着浓厚的民俗文化,既生动又朴实的民俗语汇,充分彰显出自身的独特风采。

7.1 《言鲭》概述

7.1.1 《言鲭》作者

吕种玉,字蓝衍,长洲人。主要著述有《言鲭》,现存有"大学士英廉购进本"。另外,还著有《研庄遗稿》。其生平事迹暂无从考证,仅在《四库全书总目提要》中存留一些关于他的粗略记载。而在吴震方为其写的序跋中又可得知,吕种玉年轻时曾与其伯兄一起致力于学术研究,兄弟二人亦师亦友,关系甚密。且二人皆喜爱与当时的文人达者结交,可谓广结贤良之士。吕种玉尤其好客,招待朋友,经常"座上宾朋长满"。在与其他宾朋交往时,大家在一起谈论各种文章、古籍、著述等。吕种玉虚心好学,倾听他人高谈阔论,且治学严谨,常"一言之得抽管记之"。从中可见吕种玉为学、为人的独特魅力。

7.1.2 《言鲭》之成书

(1)成书时间

由于缺少必要的材料依据,导致《言鲭》的具体成书时间暂时无法考证,目前学术界尚无定论。因此,我们只能依据《言鲭》序文中所记载的材料进行分析,大致推算。吕种玉的伯兄"不欲使蓝衍之名湮没",因此嘱托其友人吴震方,于"康熙壬辰仲春之月"为《言鲭》作序并传之。由此推知,《言鲭》是在"康熙壬辰仲春之月"之前完成的。此后的其他文献资料等均未有提及具体的有关《言鲭》成书时间的记载。

(2)版本

《言鲭》两卷,原刊本未见。现存有《说铃》本传世,《四库存目丛书》和《丛书集成续编》中所收录的皆是影印本,然后者无"康熙壬辰仲春之月石门吴震方题"之《言鲭》序。又有《言鲭》上、下两卷,有正书局 1916 年初版,排印本,线装一册,题署"长洲吕种玉蓝衍著"。[1] 此外,《清史稿》中也收录了《言鲭》,并将

---

[1] 王妍:《民俗语言学视角下的〈言鲭〉》,《文化学刊》2011 年第 2 期。

其归于杂家类杂考之属。

(3) 内容

《言鲭》全书一共由三个部分组成：第一部分为序文，是吴震方为之所作《言鲭》序。序文大致介绍了作者生平及该书成书的始末；第二部分为上卷，共28页，收录词条138个；第三部分为下卷，共28页，收录词条142个。全书共计收录词条280个。其中所收录的词条都有详细的解释、具体的溯源等。

与其他辞书相比，《言鲭》虽然收录的词条在数量上没有它们那么丰富，但作者收集的民俗语汇在范围上非常广泛，从物质活动到精神信仰，从语言民俗到社会行为均有所涉猎，可谓包罗万象，力求探求语源。

由于《言鲭》是笔记类杂书，并非传统意义上的俗语辞书，所以该书并未像其他正统俗语辞书那样对每一个词条进行分门别类的划分，更无目录可言。因此，若读者阅览时如果想查找某一具体词条，恐怕会有些不便。

(4) 成书目的

《西京杂记》卷二中曾对"言鲭"的意思有具体的解释，即谓说话有味之意。因此，从"言鲭"这两个字的意思中，我们便可以揣测出作者著述该书的主要目的。作者认为俗语辞书在编撰的过程中，主要应是"订正字义，考究事始"，而以往的俗语辞书却在溯源上存在种种弊端，不能追溯词语的本义、本源。

7.1.3《言鲭》之特色

(1) 融会贯通的考证特征

与其他俗语辞书相比，《言鲭》在对每个词条进行溯本求源的考证时，更加侧重于将古今、地域相融通，特别重视该词在不同的时代及不同的地域分别会产生哪些差异性的演变。例如"罢休"：

> **罢休** 吴人言罢，则以休继之。古如是也。吴王阖闾语，孙武曰：将军罢休。(《言鲭》下卷)

"罢休"词条先是介绍了其在吴俗中的习惯用法，并引用吴王阖闾等引证，最后提及孙武对该词的具体运用。

(2)重视俗语的收词原则

清代是中国古代语言学全面发展的阶段,传统语言学的各个领域均取得了较大的成就。而在清代语言学奠基人顾炎武的影响下,朴学之风也影响到俗语辞书的编撰,使得清代方言俗语辞书的研究工作也取得了一定的成绩。但是在取得成绩的同时,也不可避免地存在着一些问题,其中较为突出的便是"一重资料辑录而轻理论探讨,二重考源而轻释义,三重典籍而轻口语"。而吕种玉在编辑《言鲭》时,同样也注意到这些问题,所以在收录词条时,重视对俗语的研究,且在考源的同时更加注重对该词的释义,从而更好地彰显出自身独有的特色。

(3)溯源为主的释词方式

温端政曾在《二十世纪的汉语俗语研究》中提及,"俗语的求典寻根工作,从南朝梁代刘雯《释俗语》就已经开始,到了清代,随着考据之学盛行,达到了顶点。如同沈涛在《迩言》序中认为'街谈巷语,亦字字有所本'一样,《常语寻源》的作者郑志鸿也认为'常语亦无一句无来历者'。这种观点成为俗语考源的理论依据,考证语源,成为古代俗语研究的主流"。因此,吕种玉也同样深受朴学考据之风影响,在对《言鲭》中所收录的俗语研究方面,既注重对词语的释义,同时也倾向于对其溯本求源。

《言鲭》在对那些方言俗语溯源方面,不仅严密地考证、解释所收语汇语义的发展演变,而且也注重引经据典寻求理论依据,尤其是在一些民俗语汇的溯源方面,更是竭力挖掘其本源。

(4)行文灵活的笔记特色

《言鲭》属于笔记类杂书,因而在体例上与以往传统的俗语辞书有所区别,尤其在对收录词条的释义和编排方面,从而形成行文随意的笔记体风格。

首先,行文的灵活性体现在全书的整体布局方面。该书对所收录的词条未进行分类,甚至无目录可言。虽然所收词条与其他辞书相比,数量上略显不足,但所涉及的类别却是十分广泛的,甚至于一些在当时已经不被人们使用、熟知的词汇,均被收录到该书之中。并且所收录的语汇不仅限于"旱魃""方头""榜子"等词语,而且收录了一些如"石花宝袖""丁一确二""上下其手"等短语,还有如"相门有相,将门有将""及第不必读书"等也被收录其中。

第八章 历代民俗语言珍稀典籍专书民俗语汇研究例选

其次,行文的灵活性还体现在对词条的考本证源方面。该书全然不求行文格局整体的统一,体现出行文的灵活及作者的随意性。

最后,行文的灵活性还体现在对书证的引用方面。全书引用书证比较随意,不拘一格,全文很少拘于某一固定格式。

7.1.4《言鲭》价值

吴震方曾在《言鲭》序中评价该书:"《言鲭》一编,蓝汇千腋以为裘,酿众芳以成味。可以考古今,可以志课俗,可以广博物,可以资谈柄。非犹夫小说家变乱黑白,颠倒是非,怪不虚诬,实之比诚良书也。"也正是由于《言鲭》中这种重要的考据价值,后世很多著名学者均引用此书中所撰的俗语作为考证依据。"语言作为一种载体,不仅蕴藏着文化现象,而且是使用该语言的人们共同体历史的、现实的知识的总和。使用者的传统民族文化、传统经验最直接最集中地体现在其语言中。"由此可见,《言鲭》不仅对民俗语汇的研究有着重要的史料价值,而且在考据方面也有着重要的参考价值。

7.2《言鲭》民俗语汇溯源

7.2.1《言鲭》民俗语汇溯源的原则

《言鲭》主要以考据俗语词源的方式来释词,这也是受清代考据之风的影响。在对民俗语汇溯源的过程中,《言鲭》主要遵循了两大原则:一是实事求是,二是引经据典。

(1)实事求是的溯源原则

《言鲭》民俗语汇溯源的首要原则便是作者能够实事求是地、客观地进行语言探求,尽可能真实地寻求其最早的语源出处。无法探求或无法考证的地方,作者也会如实地记录下来,"不可考矣""此语不知所出,当考之"。如:

七夕 古书皆以七月七日之夕为七夕。今北人即以七月六日之夕为七夕。思之未得其说,当询其所自。(《言鲭》上卷)

(2)引经据典的溯源原则

《言鲭》在进行民俗语汇溯源时,十分重视书证,尽量用古代文献作为溯源的参考依据,交代该词条的出处来源。

7.2.2《言鲭》民俗语汇溯源内容分类

古汉语研究,尤其是中国俗语辞书的编纂,多是以考据语源为基本内容。民俗语汇的溯源可以探求到某一地区的民俗事象、习俗惯制等。根据民俗事象起源的不同途径,将《言鲭》中民俗语汇的起源归结为物质生产类民俗语汇溯源、社会生活类民俗语汇溯源、民俗信仰类民俗语汇溯源及经典诗文类民俗语汇溯源四种。

(1)物质生产类民俗语汇溯源

古人在进行物质生产时,总结出了许多与人们实践活动息息相关的民俗语汇,并将其流传下来,有的甚至沿用至今,十分具有研究价值。例如:

胡饼 唐玄宗出奔,日中未食,杨国忠市胡饼以献。注曰:"胡饼。"即今之蒸饼,以胡麻著之也。即今市中芝麻烧饼。(《言鲭》上卷)

这些源于生产类的民俗语汇,形象生动地反映出了当时社会的生产、生活状况,同时,也反映了当时人们的物质生活、生产技术等情况,相沿成习。《言鲭》对这些物质生产类的民俗语汇进行了语源探寻,为我们了解其真实情况提供了有利的佐证。

(2)社会生活类民俗语汇溯源

社会生活是民俗活动的主要内容,并从中体现出很多民俗观念。由此形成的民俗语汇更是体现了劳动人民智慧的结晶,人们相沿成习,起到了规范、认知等作用。例如:

排马牒 □□御史所过,皆给驿马,先有牒文,能□谓之排马牒,即今之马牌。(《言鲭》上卷)

又如"宦官妻妾"源于"唐之宦官有权位者则得娶妇",而这一习俗则是"汉宫对食之遗",后逐渐被人们接受,演变成俗语。

(3)民俗信仰类民俗语汇溯源

古时候由于生产力较为低下,人们对事物的认知有限,对于身边很多事情无法用自身的科学知识去解释,从而对某些事物产生了畏惧感、神秘感、崇拜感。因此,形成了丰富的民俗信仰。民俗语汇则犹如一面镜子,向我们展示了古人的精神世界。《言鲭》对民俗语汇的溯源,使我们从中探求到了古人民俗信仰的痕迹。

(4)经典诗文类民俗语汇溯源

中国的诗文有着久远的历史,可谓中国文学史上的瑰宝,尤其一些经典诗词更是传承至今。那些经典诗词在流传的过程中也逐渐渗透到人们的日常生活之中,成为民俗语汇。《言鲭》中所收民俗语汇便有直接源于古诗文的。例如:

吹笛落梅 唐诗云:"黄鹤楼中吹玉笛,江城五月落梅花。"又胡人吹玉笛一半是秦声,十月吴山晓梅花落,敬亭五月十月非落梅花之时,盖笛中有落梅曲。故谓吹笛落梅花耳,不必纷置辨。(《言鲭》上卷)

这些均源自古诗文的民俗语汇,显示出一定的文学性,体现了诗文中特有的意境。

7.3 《言鲭》民俗语汇的分类及特点

7.3.1 《言鲭》民俗语汇的分类

《言鲭》中的民俗语汇大致有生产类民俗语汇、生活类民俗语汇、信仰类民俗语汇、人际关系类民俗语汇。

(1)生产类民俗语汇

①节气类民俗语汇

在古代社会,中国是一个以农业为主的国家,因此,农耕成为人民日常生活

中重要的组成部分。而天气、节气的变化与农耕有着十分密切的联系,因此,在《言鲭》中也有一些关于节气的记载。例如:

小满芒种 二十四节气中,唯小满芒种其□不一尝问之,历家云皆为麦也。小满四月中,谓麦之气至此,小满而未熟也。芒种五月节谓种(上声)之,有芒者麦也。至是已熟又可以为种。古人所以告农候之早晚也。(《言鲭》下卷)

从"小满芒种"的记载中,我们知道,"小满芒种"在二十四节气中是十分重要的,它与麦子的成熟度有着密切联系,而古人也是以此"告农候之早晚"。

②时节类民俗语汇

我国节日众多,几乎每个月都有节日,很多节日多是以农历月份为标准的。例如:

八月端午 张说止大衍历序云:谨以开元十六年八月端午日上之,盖八月初五日为元宗于秋节,宋璟裘云:月唯仲秋,日在端午是也。又续世说齐鞅为江西观察,使因德宗诞日端午,献银瓶高八尺,则凡月之五日皆可称端午也。(《言鲭》下卷)

由该词条我们可以看出,八月端午本来是"月唯仲秋,日在端午是也"。也就是说端午本是指在某一日的某一时间,而后延伸为"凡月之五日皆可称端午"。

③农谚类民俗语汇

人们在长期的农耕及日常生活中,逐渐产生了一定的认知。人们往往将这些总结性的认知结合朗朗上口的语言,以农谚的形式表达出来。这些农谚类的民俗语汇,不但具有一定的经验性、知识性,而且包含的道理也有缘可循。

七十种树 谚云五十不造屋,六十不种树,七十不制衣。宋章申公父银青公,俞年七十。集亲宾为庆会,有饷柑者,味甘而实极瑰大,既食之。

嘉其种即令收核,种之后圃。坐人窃笑盖七八也。意谓不十年不著子,恐不能待也。后公食柑十年而终。(《言鲭》下卷)

(2)生活类民俗语汇
①饮食类民俗语汇

民以食为天,人们的日常生活离不开饮食,从而产生了大量的饮食类民俗语汇,《言鲭》自然也涉及一些饮食的语汇。

如"粉糕""河洛"等各种饮食类民俗语汇,有的是人们日常生活所必需的主食,有的是饮品,还有的是具有地方特色的小吃。

②居住类民俗语汇

居住类民俗语汇是指受人们居住条件、环境等各方面影响而形成的民俗语汇。例如:

星货铺　市肆以筐筥等鳞次其物以粥者曰:星货铺。言罗列繁密如星。今讹为"星火铺",非也。(《言鲭》上卷)

③服饰类民俗语汇

服饰作为民俗文化的一部分,不仅反映了人们的生活水平和审美观念,而且也体现了社会的价值取向和民俗文化的发展状况。不同的民族、不同的地域、不同的时代对服饰的偏好都各有不同。因此,服饰便是一个民族、一个地域、一个时代风俗习惯的风向标,不仅起着保护与装饰的作用,更是人类文明进步的象征。例如:

袜　袜足衣今之膝裤。秦桧死,高宗告杨郡王曰:朕今日始免膝裤中带匕首矣。宋时男子之袜亦称膝裤。今妇人称之,男子无称膝裤者矣。(《言鲭》上卷)

④器用类民俗语汇

在日常生活、生产中,必不可少地会使用一些器具来完成各种活动,从而也就产生了一些器用类的民俗语汇。

⑤生活经验类民俗语汇

《言鲭》中还收录了一些生活经验类的民俗语汇,此类民俗语汇既是对人们日常生活经验的高度概括,又反映了人们日常生活的方方面面,生动地再现了当时人们对生活的认知。

⑥习俗惯制类民俗语汇

《言鲭》对当时社会民俗中的一些习俗惯制进行了考证整理,其中有些民俗事象仍然流行于人们的生活之中,可见习俗是历代相传的,而对这些民俗语汇的整理对我们认识研究民俗文化起到一定作用。

(3)信仰类民俗语汇

佛教对于唐代之后的中国社会影响颇深,人们对于佛的敬仰越来越深厚,像"天堂""因果"等词语常常出现在人们的谈话之中,《言鲭》中辑录了大量佛教信仰类的民俗语汇,以"阿兰若"为例加以说明:

阿兰若 梵言阿兰若,汉言精舍也。译曰无诤也,或曰空静处也。若以□香草干草,则非梵音矣。(《言鲭》上卷)

(4)人际关系类民俗语汇

人际关系就是社会生活中人与人之间的关系,其中有与本人有亲缘的关系,也有本人与其他人(也就是亲人以外的人)的关系。可以简单地称为亲缘关系和社会关系。而最能直接、形象地体现出这两种关系的莫过于称谓。

①亲属称谓

亲属称谓是汉语称谓中的一个主要类型。"中国传统社会制度的一个根本性的特点,就是自商周以来,血缘亲族一直是中国社会人际关系的深层结构。"在《言鲭》中记录了一些亲缘关系的称谓,并对其进行了溯源。

舍弟令弟 兄称弟曰舍弟,亦有所本。魏文帝与钟繇书曰:是以令舍弟子建,因荀仲茂,时从容喻鄙旨。古人亦有自称其弟为令弟者。(《言鲭》下卷)

②社交称谓

在社会生活中,人们除去亲属称谓外,更多的便是社交称谓。社交称谓受到社会生活、时代、阶级、社会分工等因素的影响,有着明显的差别,刻上了鲜明的时代烙印。因此,社交称谓能直接反映人们在社会中的交际、职业、官衔等基本状况。

朝奉 俗称富翁为朝奉,亦有出汉有奉朝。请无定员本不为官,位东京罢,省三公外戚皇室诸侯多奉朝,请音静奉朝,请云者奉朝,会请召而已退之。东坡诗并作本音,如今之随旅行走是也。盖朝奉者如今俗称之。郎中、员外、司务舍人待诏之类。(《言鲭》下卷)

7.3.2 《言鲭》中民俗语汇的特点

《言鲭》中的民俗语汇几乎涵盖了社会生活的方方面面,为我们研究民俗文化提供了宝贵的语料。同时,《言鲭》中的民俗语汇体现了地域性、传承性、变异性的特点。

(1)地域性

"民俗的地方特征,也使民俗语汇具有地方性特点,体现在语言上,又有方言特点。"《言鲭》中所收录的民俗语汇就明显地体现了这一地域性特点。

拜愿 《宣府志》市人千五月十三日为父母、妻子或己身疾病,具香纸牲醴于城隍神,祈祷自其家,且行且拜至庙,乃止谓之:拜愿。又以小儿女多疾者,带小枷锁诸庙祈祷,谓之:现枷。其鼓吹管弦彻于卫巷,今之朝南海九华一路拜香及赛神会,带纸枷焚臂香者沿此。(《言鲭》下卷)

该词条介绍了当地市民的习俗,于每年的五月十三日到庙中,向城隍神为自己的父母、妻子或者身患疾病的人祈福。从家中出发开始,一边行走一边跪拜,并将此称为"拜愿"。并提及"今之朝南海九华一路拜香及赛神会,带纸枷焚臂香者"便是该习俗的沿袭。该词条主要介绍了"拜愿"这一习俗的地域性传承。

(2)传承性

《言鲭》中所收录的民俗语汇,有些是由前代传承下来,且继续流行传播。例如:

走百病 岁时记燕城正月十六夜,妇女群游,其前一人持香辟人,名为辟人。香凡有桥处相率以过,谓之:走百病。又暗摸前门钉中者,兆吉宜子,至今犹然。(《言鲭》下卷)

其中,"走百病"这一习俗至今依然流传,尤其是在我国的东北。每年的元宵节,除夜晚赏灯等各种庆祝活动外,还有就是在某一特定时间大家结伴而行(多为妇女),到户外走走,号称"走百病",意思就是通过"走",把"百病"都去掉。带有人们对身体健康的希望。

(3)变异性

《言鲭》对所收录的民俗语汇尤其注重该词条的变异特性。以"墓志"为例,在当今社会,仍有"墓志",只是其含义有所演变,指"放在墓里刻有死者生平事迹的石刻,分上、下两层:上层曰盖,下层曰底,底刻志铭,盖刻标题",亦指墓志上的文字。

《言鲭》作为清代的一部以收录民俗语汇为主的笔记类杂书,无论从考证溯源,还是从语言学、民俗学的贡献上,均有着一定的价值与意义。

第八章 历代民俗语言珍稀典籍专书民俗语汇研究例选

8.《谈征》所辑民俗语汇刍议①

民俗语汇是语言与民俗的统一体,承载着民俗文化事象的方方面面。《谈征》作为清末的一部俗语辞书,记载了丰富的民俗语汇,涵化了大量民俗要素,追溯这些词语的语源,对我们今天研究当时的民俗事象具有重要的意义。

对俗语的研究在明清时期得到发展与创新,此时期出现了大量有关俗语的辞书。这些辞书在中国辞书史上都占有重要地位。从日本长泽规矩也收集编录的《明清俗语辞书集成》中,我们可以看到许多有关俗语的辞书,清末外方山人所编纂的四卷本《谈征》就收录在第三辑中。《谈征》作为较晚出现的俗语辞书,其收词数量相当丰富,范围也非常广泛,具有很高的学术参考价值。

8.1 成书背景

8.1.1 作者其人

作者外方山人,序跋中称之为西厓先生。具体姓名无从考证。其生平事迹及著述也难以查考。从序跋中可知,西厓先生曾在岭南一带做官,是一位喜欢收藏奇书善本、学识渊博的人。吴煊的序中说西厓先生"藏书数万卷",成一夔的跋中也说到西厓先生"渊博好古,其书满家","风尘劳攘间遇奇书善本,如得珍珠船,拳拳然不能释,必勉购之或假而抄之而后快",其自序中也提到"每公余

---

① 本节作者周丹。

之时翻阅群书"。由此可见,西厓先生确实是一位淹博好古之人。

西厓先生治学严谨。王序中说道:"厓名言事物为四门,自天、地、人、物,以及一言一字,无不穷搜其所自始,取财富考义精。博物矣而无踳駮之弊,纪原矣而无芜杂之虞"。成一夔的跋中也提到"故论诗文评书画,靡不原原本本,无遗义"。由于西厓先生对待学问的这种态度,使得他能够"学甚富","遇甚穷"。

8.1.2 《谈征》的成书

吴煊在嘉庆九年(1804年)六月的序中说道:"古今之事会无穷,古今之著述日起也。西厓有托而为此乎?抑亦撫拾之以资考据也。援古以证今,求今以合古,其足为博雅之助者。"由此可见《谈征》这部书大约完成于嘉庆九年六月之前。

8.1.3 《谈征》的版本

《谈征》最早刊于清嘉庆乙亥年,即嘉庆二十年(1815年),柯古堂刊印。此书1927年夏,由日本学者长泽规矩也从北京厂肆翰文斋高某手中以6元的价格购得。1974年,长泽规矩也将《谈征》编入《明清俗语辞书集成》第三辑,由汲古书院刊行。在国内,仅见孙殿起先生在《贩书偶记》中提到过此书,且为道光三年春上苑堂刊的巾箱本。因此,原书在国内很可能已经逸失,仅存有汲古书院刊本。

8.2 《谈征》的研究对象和编纂体例

在吴序中提到"所谓老生常谈,忽之则皆为口头话,而不知世间无一语无一字无来处也。不征其故,真有日戴天而不知天,日履地而不知地","事必寻源,语必究实出"。西厓在其自序中也说"凡有合于世俗之习为常谈者,摘而录之,集若干卷,分为名言事物四部"。由以上文字叙述可以看出《谈征》的"谈"应理解为"常谈"。何为"常谈"?《汉语大词典》中对"常谈"的解释为:常谈,亦作"常谭"。平常的言论。《三国志·魏志·管辂传》:"扬曰:'此老生之常谭。'辂答曰:'夫老生者见不生常谭者见不谭。'"《南史·鲍泉传》:"君言,文士常谈耳。"清梅曾亮《柏枧山房诗集自序》中称:"以常谈为才语,谓暴虐为高言。"由此可见"常谈"是指"日用所常见闻及所常行者",是人们在衣食住行的各个方面都有涉及的口头语。上海书店《重印〈俗语典〉前言》中提到,熟语中"流行于民间的通俗语句,常挂在老百姓口头上的,则被统称为'俗语',也叫作'常语'"。曲彦斌先生在《民俗语言学》(增订版)中曾说:"民俗语汇,是各种反映民俗事象或涵化了民俗语言要素的语汇。一如俗语与俚语概念间的交叉,就作为语言材料这一功能特征而言,俗语亦堪谓民俗语言中的一种典型民俗语汇。"《谈征》中的"谈",就相当于我们所谓的"俗语""常语"。那么又何为"征"呢?序言中说"事必寻源,语必究实出""不征其故,真有日戴天而不知天,日履地而不知地"。《汉语大词典》中对"征"的解释为:证明;证验。南朝梁刘勰《文心雕龙·知音》:"形器易征,谬乃若是;文情难鉴,谁曰易分。"唐韩愈《贺庆云表》:"既征于古,又验于今。"另有"考求,征信"之意。明宋濂《〈陶氏家乘〉序赞》:"自唐以前,官有簿状,家有谱系,凡有司选举,民俗昏聘,则相征考。所以明贵贱,别亲疏,各有统纪,不相混乱也。"

由此可见,《谈征》是清代外方山人所编纂的以民俗语汇为研究对象,力求探求语源的一部具有丰富的民俗资料和重要民俗研究价值的专著。

《谈征》凡四卷。卷首有"安康王玉树""盱江退庵愚弟吴煊""外方山人自序"和"河内方山弟成一夔"的四篇序跋。是书分为四卷(部),名(分上、下)、言、事、物四部分。各部之首均冠以目录。第一卷名部,名部上139则,名部下193则,言部307则,事部202则,物部217则,共1058则。综观全书,《谈征》的编纂特征可归纳为以下几点:

8.2.1 按内容分卷编排

自《尔雅》而下,分门别类编纂辞书成为中国辞书编纂的主要手法之一。《谈征》也继承了这一传统,但分类并未像《雅俗稽言》等书那样具体,而是简而言之,笼统概括,按西厓先生自己的话说"集若干卷,分为名言事物四部"。但内容却包括了"天地山河名物象数""风俗人事"和"一言一事"。是书内容丰富,每卷中的内容就涉及十分广泛,仅仅分为名、言、事、物四部未免过于笼统,且各部词条类别有交叉现象,作者并未细致划分。例如第一卷名部上涉及有关天文地理的:天象、地戒、参商;有关岁时节令的:二十四时、正朔等;有关皇族称谓的:太上皇、后妃;有关官职称谓的:特进开府、黄堂太守等;有关衣食住行的:堂室、甲第等;有关宗族家庭的:家祖家父、鼻祖耳孙太夫人等。在物部中有涉及文具的:笔床、裘钟等;有涉及日常用具的:隐囊、耳暖等;有涉及生产工具的:水刮、连枷等。此外,还有涉及动植物的。总之每部都有十分广泛的门类,仅仅分为四大部未免太过宽泛。作为一本旨在征考俗语语源的辞书来说,在编纂的过程中,忽略了"方便查考"的功能,成为本书的一大缺憾。

8.2.2 "征其故"的收词原则

《谈征》全书四部收词 1058 则,实际收词 1061 则,很多是一些人们日常使用的谈不上重要的条目,这与本书的编纂目的是一致的,作者编纂此书是为了寻求"眼前景口头语""一事一字"的来历,征考"天地山河之大,名物象数之细""赋形成象之原"及"创始得名之义"。因此选取的条目多是"琐碎繁赜"的老生常谈之语。如征考物部中的词条时,涉及"文具"门类时,作者不厌其烦地将"砚瓦""笔床""裘钟""墨厨""砚滴""镇纸""界尺""砚盒"一一列举。

由此可以看出,《谈征》选取词条的原则是"人日用所常见、常闻及所常行者",而且是"习焉不察""或就事论事,或人云亦云"的那些俗语。

《谈征》收词与一般词典的不同之处还有,其收词立目的单位不仅限于词,有的是一个短语,如"干支数目""舍弟之称"等;还有的是句子,如"妇称夫之兄曰伯""医生有大夫郎中之称""小儿买瓜只拣大的拿"等。这些都体现了"征其故"的收词原则。在作者看来,是常谈俗语在使用中不知其故,有征其故的必要性,不论是词、短语还是句子,都要加以征考。

此外为了达到征考俗语的目的,作者对同义词和近义词也给予了高度重视,并且列举排比古籍,客观地展示词语的起源和发展,给予读者以"源"的认识。如:

羽客黄冠 皆道士之称。羽客,犹云羽人。王子年《拾遗记》:"周昭王假寐,梦云中八人服皆羽衣。王求仙术,受绝欲之戒,因名羽人。"楚辞乃羽人子丹邱,留不死之旧乡。《庐山记》:"南唐保大中道士谭紫霄,唐王宠之,出入金门,赐号金门羽客。宋林灵素能召呼风雨,祈雨有验,徽宗甚宠信,赐金门羽客。"古之衣冠皆黄帝时之衣冠也。自赵武灵王改其服式,而中国

第八章　历代民俗语言珍稀典籍专书民俗语汇研究例选

稍有变者,至隋炀帝东巡,欲其便于田猎,尽为赵服,而黄帝时之衣冠始绝。独道士之衣冠尚存,故曰黄冠云。

这里作者只列举文献资料,不作其他说明,读者就可以对这一组同义词有深刻的印象。如:

贼盗窃　《尚书·寇贼奸宄》注:"害人曰贼。"《左传》:"文十八年窃贿为盗。贿,财也。"贼盗原有分,故历来律法不一。李悝《法经》六篇:"一盗法,二贼法。"汉魏为贼律、盗律。后周有劫盗律、贼叛律。至隋方合为贼盗。唐宋以后其名不改,盗自中出,曰窃。书微子殷民攘窃神祇之牺牲。春秋定八年盗窃宝玉大弓。

这组近义词,于日常生活中常常听到,作者列举不同文献加以考辨,阐释细微区别,并且作出自己的分析判断,论述充分。

8.2.3 "援古以证今,求今以合古"的释词模式

通览《谈征》全书,其训释模式的最大特点就是"援古以证今,求今以合古"。每解一词或先引今人之释义,后援引经典阐释其始末源流;或先引经据典征考原意,再列举今人之说法。古今对比,在对比中征考词条,给人理解词条提供了清晰的思路。如:

瓜期　齐侯使连称,管至父戍葵邱,瓜时而往,日及瓜而伐。故今称任满当代,曰瓜期。据传乃一年戍守耳。今例称瓜期不当。

文中对"瓜期"的训释即先引文献资料,再与今人的称法进行比较,给人以深刻印象。又如:

汉子　今人谓贱丈夫曰汉子。按北齐魏恺:"自散骑常侍,选青州长史,固辞文。宣帝怒曰:'何物汉子与官不就。'"又段成氏庐陵官下记,韦合

281

去。西蜀时,彭州刺史被县令密论诉,韦前期勘,知屈刺史,诣府陈谢。及回日,诸县令悉远迎,所诉者为首大言曰:"使君可谓朱研益丹矣。"刺史笑曰:"则公便是研朱汉子也。"

此例即先说今人对"汉子"的称法,再援引经典予以比较说明,使人对"汉子"这一词条的来龙去脉有了一个清晰的认识。

8.3 《谈征》中的民俗语汇

民俗语汇是一种历时的民俗语言现象,是语词中同风俗文化密切相关的部分,是语言中的"风俗化石"。《谈征》研究的对象大多是民俗语汇,作者在征考的过程中,对这些民俗语汇都做了很精到的分析与考证。

8.3.1 反映生产、生活的。如墟场、亥市、印板、酹、账目、晒伐、捣衣杵、花押、青苗钱、买卖、水刮、水轮等。谈到"青苗钱",人们多会想起王安石变法时实行的"青苗钱",而事实上此"青苗钱"乃是预先征税的一种说法。《谈征》对其征考如下:

青苗钱 唐代宗广德二年七月庚子,税天下亩青苗钱,以给百官俸。田一亩税钱十五文。所谓青苗钱者,以国用急不及待,秋方苗青而征之,故号。主其任者为青苗使。此与王安石所行青苗钱之法不同,彼则当青黄未接之时贷钱于贫民,而取其息本,谓之常平钱。民间名为青苗钱耳。遂为后代豫借之始。

8.3.2 反映岁时习俗的。如一日分为十二时、正朔、上巳、赛神、压岁钱、正月献鸠、烧火盆、除日、七月七日曝经书及衣裳、二十四日祭灶、腊八粥、寒食、五彩丝系臂、角黍、上元灯、端午、打灰堆、乞巧、春联等。今人提起"打灰堆"多会想起过年打扫卫生、扫除晦气的习俗,《谈征》就对这一习俗的源流进行了考证。

打灰堆 除夜将晓,婢仆持杖击粪坏,致词祈利市,谓之打灰堆。《录

第八章 历代民俗语言珍稀典籍专书民俗语汇研究例选

异传》:"商人欧明遇彭泽湖神青洪君,君邀归。问所须,旁有人私语曰:'君但求如愿,不必余物。'明依其语,湖君许之,及出乃呼如愿,是一少婢也。至家有所欲,如愿辄得之,卒成富人,后不复爱如愿。于元旦鸡鸣时呼之不即起,欲捶之,如愿走粪上。乃故岁扫除所聚者。由此逃去,明谓在积坏中,以杖捶粪使出,知不可得,因曰:'使我富,不复捶汝也。'"今人于元旦不动帚不动粪堆者,此意也。

8.3.3 反映婚丧嫁娶的。如千里姻缘使线牵、娶妻必以昏、昏礼不用乐、双回门、世婚、娶妻不娶同姓、骑鞍、出赘、结婚以茶为礼、牵羊成礼、置草迎新妇、石虎、像设、纸钱、嫁殇、罨盂等。

结婚以茶为礼。《茶疏》:"茶不移本,植必子生。"古人结婚必以茶为礼,取其不移植子之意也。今人犹名其礼曰下茶。《七修类稿》:"种茶下子,不可移植,移植则不复生也。故女子受聘谓之吃茶。"

在"结婚以茶为礼"中,涉及"茶"在婚姻中的民俗。"下茶"即订婚。俗语"一女不吃两家茶"与"一女不许两家"的意思是一样的。"茶"之所以在婚礼中如此重要,就如《茶疏》中所言"茶不能移植,种植之时必已种子",象征着天长地久,从一而终。

纸钱 今代送葬为凿纸钱,异以引柩。案古者享祀鬼神,有圭璧币帛,事毕则埋之。后代既宝钱货,遂以钱送死。《汉书》称盗发孝文园瘗钱是也。率易从简,更用纸钱。纸乃后汉蔡伦所造。其纸钱,魏晋以来始有其事。今自王公逮于士庶,通行之矣。凡鬼神之物,其象似亦犹途车刍灵之类,古埋帛,今钱纸,皆烧之,所以示不知神之所也。《法苑珠林》云:"楮钱出于殷,长史王屿用以祠祭。"

我们现在还可以看到,每逢节日,路边就有人烧纸钱,由此可见此俗由来已久。

8.3.4 反映生育、寿诞的。如设弧设帨、放雀鸽祝寿、七月成八月不就、生日、试儿等。在东北方言中,大人在逗弄小孩子做屈伸动作时常说"抓挠儿"一词。这里的"抓挠儿"与《现代汉语大词典》中的"抓挠"的含义不同,有着特殊的含义。"抓挠儿"与"试儿"习俗有着密切的联系,"试儿"这一风俗在民间流行已久。《谈征》对"试儿"作了阐释。

试儿　《颜氏家训》曰:"江南风俗,儿生一期为制新衣与浴装锦。男则用弓矢、纸笔,女则刀尺、针缕,并加饮食之物及珍宝玩器置之儿前,观其发意以验贪廉智愚,名之为试儿。"亲表聚集因成宴,自此后二亲若在,接尝有饭食之等句。

"试儿"为江南风俗,而今神州大地均有此风俗,只是名称不同而已,由此可见此习俗由来已久。

8.3.5　反映宗族关系的。如家祖家父、高曾、鼻祖耳孙、阿翁贱息子姓、爷、爹、称妻弟曰舅、妇称夫之兄曰伯、伯叔侄、丈母、叔丈人、泰山、表兄弟、姑、乡里、快婿、宅相等。提起"泰山",我们就会想到五岳之首。在古时候各朝各代的君主都会登泰山祭天,祈求国泰民安,但是"泰山"也可以用来称呼"妻子的父亲",在《谈征》中就对这一民俗称谓进行了征考。

泰山　段成式《酉阳杂俎》云:"泰山有丈人峰,故丈人谓之泰山。称丈母谓太水,不知出何经传。"唐玄宗开元十三年封禅于泰山,张说为封禅使,说之女婿郑镒本是从九品官。旧例封禅后自三公以下皆转迁一阶一级,惟郑镒是封禅使之婿,骤迁至五品兼赐绯服,因大脯次玄宗见镒官位腾跃,怪而问之,镒无词以对。优人黄幡绰奏曰:"此乃泰山之力也。"因此丈人为泰山,亦是一说。按裴松之《三国志》注:"献帝舅车骑将军董承。句下云:古无丈人之名,故谓之舅。"则是南北朝已经称丈人矣。

从此,"泰山"就成为"妻父"的代称。由于泰山是五岳之首,又衍生出"岳父""岳母""岳丈"等称谓。

第八章　历代民俗语言珍稀典籍专书民俗语汇研究例选

8.3.6 反映交际礼仪的。如莫逆之交、行李、东道、右仰、西席、揖拜跪、谒见、煖房、信、一面之交、自相矛盾、三生有幸等。中国古代尊礼尚俗,在待人接物等方面的民俗就有多种体现。《谈征》对这方面的民俗语汇多有训释。例如:

谒见　字有二义。《说文》:"谒,白也。"《袁盎传》:"上谒。"注:若今通名也。《曲礼》:"问士之子,长曰:'能典谒矣。'幼曰:'未能典谒也。'"注:"谒,请也,典谒者,主宾客告请之事。"又访也,请见也。《后汉·卓茂传》:"茂诣河阳谒见光武。"又《释名》:"谒,诣也。诣,告也。书其姓名于上,以告所诣至也。"《正字通》:"刺,名也。"晋人谓之门笺,唐人谓之投刺,今人谓之拜帖。《史记》:"郦生踵军门上谒,案剑叱使者,使者惧而失谒,跪拾谒,还走入报。"《汉·徐稚传》:"吊丧啜酒毕,谒而去。"《汲黯传》:"中二千石拜谒。"《礼记》:"请谒则起。"皆从此说。

从上述阐释我们可以知道,"谒"由单指通名到现在的"先通名帖,而后拜见"的习俗转变过程。再如:

煖房　今人入宅与迁居者,邻里醵金治具,过主人饮,谓之煖屋,亦曰煖房。王建宫词:"太仆前日煖房来。"则煖屋之礼其来久矣。

现今家有乔迁之喜,左邻右舍、亲戚朋友都会过来祝贺,我们从《谈征》的阐释便可知"煖房"这一习俗的历史是相当久远的。

8.3.7 反映迷信禁忌的。如卦爻象彖、道家符箓、杯珓、木公金母、火星娘娘、钟馗、春牛芒神、夜间不露小儿衣、四不祥日、犯土神、三尸神、五通神、犯土、门神、八字、买地券等。

三尸神　修真家言身中有三尸神。常以庚申日将本人罪过奏闻上帝,减其禄命,上尸名彭倨,次名彭质,下名彭矫,每遇庚申日,彻夜不卧,守之至晓,则三尸不得上奏。余想此身本空洞,洞地安得有三尸在内。盖彭字

285

之义,字书一训作近而倨傲之性,质见之性,矫戾之性,人人有之。所谓三尸奏帝者,不过谓人之性情,一近于倨傲,一近于质见,一近于矫戾,则罪过日多而上帝视之如见其肺肝,然其所谓守庚申者,正欲人断除此三种性情,方可入道也。其必限以庚申日者,盖庚取更新之义,申取申明之义,欲乘此时以子申明其勇于更改耳,岂真有三尸哉?

作者指出所谓"三尸"只是指人所具有的倨傲、质见、矫戾三种性情,根本没有所谓的三尸神。从作者所处的时代,能有这样深刻的认识,实属可贵。

8.3.8 反映衣食住行的。如巾、帻、睡鞋、尖头鞋、竹夫人、汤婆、豆腐、馄饨、饼、月饼、馒头、笊篱、衫、袍、袈裟、中衣、鞋、轿、辇、肩舆、板舆、骑、掖门、土炕、宫殿、堂室、甲第、辕门、端门、夜航船等。日常生活中的各种物品,都承载着当时的民俗习惯,反映出社会的价值取向和审美标准。例如:

鞋 《中华古今注》:"鞋子自古即有,皆谓之履絇繶,皆画五色。至汉有伏虎头,始以布鞔,繶上脱下,加以锦为饰。麻鞋起自伊尹以草为之,曰草屩。"周文王以麻为之,名曰麻鞋。至秦以丝为之,令宫人侍从著之,庶人不可。至东晋又加其好,公主及宫中贵人皆丝为之,凡娶妇之家,先下丝麻鞋一辆,取其和鞋之义。今俗犹然。

作者阐释了"鞋"的发展过程,并且现今人们娶媳妇都准备丝麻鞋,取鞋的谐音,和谐美满。

板舆 《闲居赋》注:"板舆,一名步舆。"按板舆,世率以为奉母亲事用。如白乐天诗:"朱幡四从板舆行。"取潘安仁《闲居赋》,太夫人乃御板舆之意。不知当时三公告老,亦许以板舆,上殿如传衹者,是则板舆事不可专为奉母也。梁韦睿以板舆自载,督万众军,则知板舆不止一事。周迁《舆服杂志》:"步舆方四尺,素木为之,以皮为襻楥之,自天子至庶人通得乘之。"

作者在此征考了板舆的用途,指出并不是专供侍奉母亲的,还可以供其他人使用。

8.3.9 反映民间游艺的。如竞渡、牙牌、叶子、骰子、席上藏阄为令、演戏、鬼脸鬼头、踢球、踢毽子、绳戏、高跷、放纸鸢、影戏、木偶戏等。

竞渡 《荆楚岁时记》曰:"俗谓是屈原死汨罗江日,人伤其死,命将舟楫拯之,故有飞凫水车之名。"又《越地传》云:"起于越王勾践。"今楚越之间习为斗胜之戏舟,取轻利名曰龙船,至其时男妇拥集而角艺争能,有三胜五胜之说,争胜不已,竟酿成巨祸,是亦失竞渡之遗意也。(事部"竞渡"条)

8.4 《谈征》的价值与可商榷之处

8.4.1《谈征》的价值

(1)具有史籍资料性

《谈征》考求语源,引证书目十分广博,如《汉书》《晋书》《唐书》《宋书》《论语》《逸雅》《埤雅》《尔雅》《释名》《古今注》《左传》等古籍。此外,《谈征》征引的书目范围还包括诗、词、佛教经典等。广泛的书目引证使得《谈征》具有丰富的史籍资料性。

(2)初具辞书雏形

清代溯源的著作,大多只引证古籍文献,查找出处,对文字进行解释的并不多。《谈征》既对所收词条进行了溯源,有时还对词条进行释义,这种溯源兼释义的做法已经初步具有辞书编纂的性质。如:

颗 《说文》:"小头也。"《韵会》:"今言物一颗,犹一头也。"《六书》:"故圆物以颗计,珠玑曰颗。"

硅步 《硅玉篇》:"举一足行也。"步,《白虎通》:"人再举足。步,备阴阳也。"《司马法》:"六尺曰步,硅得三尺,俗谓之小步。人行左步为彳,行右步为亍,合则为行。"

(3)《谈征》提供了丰富的百科知识

语言是人类智慧的结晶,"语言作为一种载体,不仅蕴藏着文化现象,而且是使用该语言的人们共同体历史的、现实的知识的总和。使用者的传统民族文化、传统经验最直接最集中地体现在其语言中"。《谈征》收录了1058条,其中包含了大量政治、文化、经济、交通、居住、饮食、服饰、人生仪礼、民间信仰等方面的知识。更为可贵的是,其中蕴含了大量的民俗知识,为我们了解当时的经济、交通、信仰等方面提供了丰富的语料。如交通方面的"夜航船""兜子""竹兜",经济方面的"亥市""墟场""牙行"等,民间器用方面的"尿壶""睡鞋""茶船""竹夫人""汤婆"等。这些民俗语汇为我们了解民间生活提供了丰富的资料。

8.4.2《谈征》的可商榷之处

《谈征》作为清朝末年的一部俗语著作,由于受到清代社会政治、经济及学术发展状况的制约,其尚有一些可商榷之处。

(1)不合规范的引用书目或举例

《谈征》作者博采古今典籍,辑录十分丰富,所援引的典籍多为作者随手所抄录,致使全书引用书目并不规范。出处书名,有的只写出总名,有的则详写篇章,格式并不统一,如有的写《诗·大雅》,有的则直接写《诗》了事;有的写《尚书》,有的只写《书》;有的写《史记·项羽本纪》,有的只写《史记》;有的写《酉阳杂俎》,有的写《杂俎》。

作者之所以引用书目不合规范,大体上有两方面的原因:一是他没有意识到书名与篇名不是同一层次的内容,不做标识地罗列给人的印象有些颠倒混乱。二是作者所生活的时代,《谈征》中所援引的书目均是当时大家耳熟能详的著作,所引出处,只要略作说明,读者就会清楚。但是,后人再来读这部书的时候,作者这样信手援引书目的方式,给读者阅读理解带来了许多不便。

大凡引书举证首先有三个不可缺漏的要素:朝代名、作者名、书名。而《谈征》在这方面就显得有些随心所欲。

有的写出朝代及作者,如:"唐张说《大衍历序》……"(卷三事部"端午"条),"西汉史游《急就章》……"(卷一名部下"泰山石敢当"条);有的写出朝代

第八章 历代民俗语言珍稀典籍专书民俗语汇研究例选

及书名,如:"晋《东宫旧事》……"(卷四物部"帘"条),"汉《约法三章》……"(卷二言部"抵罪"条);有的仅写出书名,如:"《春风堂随笔》……"(卷四物部"扇"条),"《荆楚岁时记》……"(卷三事部"爆竹"条);有的既写出书名,又写出篇名,如:"《旧唐书·舆服志》……"(卷四物部"兜子"条);有的写出作者及篇名,如:"扬子《方言》……"(卷四物部"扇"条),"钱世昭《钱氏私志》……"(卷四物部"马杌子"条);有的直接写出某人诗句,如:"李白诗……"(言部"卖野眼"条),"王介甫诗……"(言部"干愁干忙"条);有的直接指出某人所说,如:"郭璞云……"(物部"缆"条),"程大昌曰……"(言部"呼鸡曰朱朱"条)。

(2)作者思想观点的局限性

作者所处时代的局限性,使作者无法摆脱受当时封建思想影响所形成的世界观、方法论。例如对《言部·三》中"云占"一条,作者一方面肯定"云往东,一场空;云往西,马溅泥;云往南,水潭潭;云往北,好晒麦"一谚俗而有理,但马上用阴阳学说观点来进行阐释,认识不到这是劳动人民在长期的农业生产和生活实践中归纳总结,用来看云识别天气,安排生产活动的总结。在《事部·十》"乌鹊填河"一条中,作者一方面批评"仙道"的武丁散布之言,一方面又说"七月七日有乌鹊填河而渡织女"的神话传说是"何诬天之甚也",为封建官吏和文人,不能够理解广大人民群众对生活的美好向往。

(3)《谈征》溯源不准确

《谈征》作为一部俗语著作,由于所处时代的局限性,其主要目的还是考源,但是有些词语考源并不是词语的最初来源。

作者对"衚衕"进行了解释,并引用书证进行证明,最后得出结论"盖方言耳"。并未对此作出语源上的考证,最后主观臆断为方言。事实上,此语来源于蒙古语,后来在使用中出现了一些音变,其最早记载出现在元代杂剧中,在元朝以后才开始流行使用,为外来词语,即"胡同"。明沈榜《苑署杂记·衚道》中记载:"胡同本元人语,字中从胡从同,盖取胡人大同之意。"从中我们可知其为外来语。

醋大 今人称秀才谓酸秀才。《资暇录》云:"世称士流为醋大,言其峭峻,冠士民之首也。"按:秀才本为措大。解者纷纭其说要之,措大皆赞美之词。后人以措为醋,因其峭酸,又措音近醋,故嘲之曰醋大。

作者考证语源,尽力在古籍中寻找,但并不是所有的方言词语和民俗语汇都可以在史料中考究清楚的。在此,作者未免犯牵强附会之弊。唐苏鹗《苏氏演义》卷上:"醋大者,或有抬肩拱臂,窜眉蹙目,以为姿态,如人食酸醋之貌,故谓之醋大。大者,广也,长也。篆文'大'字,象人之形。""醋大"谓穷酸相,虽用"大",但被赋予了轻贱的语义色彩,仅限于读书人,"无贵贱皆呼醋大",系因"醋大",本指穷酸、贫贱。一概称之,便"无贵贱"之别了。显然,"措大"本为"醋大","醋"之所以衍为音近形似的"措"而假借之,则系民俗心理使然。民间忌用"醋"字,在其往往使人联想到"吃醋"或"酸寒",令人尴尬或不悦,乃至径言醋为"忌讳"。"酸大"本为"措大",恰恰相反"措大"本为"醋大",本是取笑之词,并非赞美之词,此处作者的考源完全颠倒,主观色彩明显。

总的来说,通过对《谈征》的研究与探讨,我们能发现许多有价值的资料,使我们对民俗语汇、民俗事象等方面有更深层次的了解,为民俗语言学的研究提供了丰富的古籍资料。

9.《通俗编》民俗语汇探微①

《通俗编》是清代前期著名的汉语俗语类著作,它不仅打破了传统经学的束缚,广泛征引野史笔记,而且对后来的汉语俗语类工具书的编撰产生了较大的影响,同时还保存了许多史料,对研究乾嘉年间杭州及各地的风俗民情具有一定的史料价值。

9.1 作者翟灏与《通俗编》

9.1.1 作者翟灏

翟灏(1736—1788)②,一字晴江,浙江仁和(今浙江杭州)人,乾隆十九年(1754年)进士,曾任金华、衢州府学教授。翟氏见闻淹博,著作等身。梁同书为他作传说:"生平无他嗜好,一意于书,自经史外,苟有可资多识者,无不览。诸子之环论,百家之琐语,山经地志之异闻,荒冢破壁之奇字,包孕而贯串之。下至街谈巷说,亦必考所由来。有所得辄札记之,自壮至老,撰述无倦。"③翟氏一生著述,除《通俗编》外,另有《尔雅补郭》2卷、《四书考异》72卷、《家语发覆》、《湖山便览》、《无不宜斋诗文稿》等。④ 其著述内容涉及广泛,包括经学、史

---

① 本节作者董丽娟。
② 《通俗编》出版说明,翟灏:《通俗编》(附《直语补证》),商务印书馆1958年版。
③ 《通俗编》出版说明,翟灏:《通俗编》(附《直语补证》),商务印书馆1958年版。
④ 赵尔巽、柯劭忞等:《清史稿》卷四百八十一,列传二百八十六,中华书局1977年版。

学、音韵、文字、训诂、天文、地理、风俗、历法等,而其中用力最勤的当属《通俗编》了。正如周天度在《通俗编》序里所说,《通俗编》是"晴江往来南北十许年,五方风土,靡所不涉,车尘间未尝一日废书,坠文轶事,殚见洽闻,溢其余能,以及乎此"①。

9.1.2《通俗编》的成书背景

清初学者,一改明人空泛论学之风,由顾炎武开"朴学"先河,倡导考据之学。到了乾嘉年间,考据之风更是达到了极盛,形成了著名的乾嘉学派。

乾嘉汉学家继承了古代经学家考据训诂的方法,治学以经学为主,以汉儒经注为宗,学风平实、严谨,不尚空谈。以古音学为主要研究对象,通过古字古音以明古训,明古训然后明经,为其共同的学术主张。乾嘉学派特别重视音韵、文字、训诂之学,扩及史籍、诸子的校勘、辑佚、辨伪,留意金石、地理、天文、历法、数学、典章制度的考究。在诸经的校订疏解中,取得了超越前代的成就。在古籍和史料的整理方面,也做出了较大贡献。但清初顾炎武倡导的"朴学"关注社会现实,反对理学,目的就在于"经世致用"。顾氏之后,此风渐趋蜕变。段玉裁、王念孙、王引之等人研究语言、倡明训诂,其目的只是"解经求义",他们的研究视角远离了社会现实,止于训诂考据,满足于寻找出处,而很少从事对日常的、身边的、活的语言的研究。

处于同一时代背景下的翟灏却走了一条不寻常的路。与乾嘉学派考据的远离社会现实相比,翟氏打破了皓首穷经,依靠抄录经传子史及诸家的注疏的死材料来做学问的治学框框,而是更注重对活跃在人民大众的民间口头语言研究,他的语言材料都是他"往来南北十许年,五方风土,靡所不涉"得来的"见于经传,学士大夫所不习,而荛童灶妾口常及之"②的活语言,从"死语言"研究中走出来,立足于口语词的研究。翟氏收集的口语词,是当时人们口语中常用的,有些至今还"活"在人们的口语中,如"应酬""说大话""毛毛雨"等;有些虽然在普通话里已不用,但在一些方言中得到了很好的保留,如"邪乎"一词在今天的

---

① 周天度《〈通俗编〉序》,翟灏:《通俗编》(附《直语补证》),商务印书馆 1958 年版。
② 周天度《〈通俗编〉序》,翟灏:《通俗编》(附《直语补证》),商务印书馆 1958 年版。

东北方言中就一直在使用。由此可见,翟氏所收集的口语词是具有很强生命力的基本词汇。

周中孚在《郑堂读书记》里说,"晴江之为《通俗编》,颇尽一生精力,故能搜罗宏富,考证精详,而自成为一家之书,非他家所能及也"①,正因为这样,与翟灏同时代的梁同书在看到此书后,"自以弗如,乃弃之,别著《直语类录》,共四百余条,以补其阙",这就是我们今天在《通俗编》自天文至识余38卷外看到的《直语补证》。

9.1.3《通俗编》的体例与特点

《通俗编》凡38卷。正文前有序文1篇(周天度序)、目录,正文后附梁同书的《直语补证》。《通俗编》主要收集汉语中的俗语、方言(包括词、词组、基本词汇和成语)。每卷一类,共38类:天文、地理、时序、伦常、仕进、政治、文学、武功、仪节、祝诵、品目、行事、交际、境遇、性情、身体、言笑、称谓、神鬼、释道、艺术、妇女、货财、居处、服饰、器用、饮食、兽畜、禽鱼、草木、俳优、数目、语辞、状貌、声音、文字、故事、识余。共收集条目5454条。

《通俗编》全书在编撰方面有如下几个特色:

(1)《通俗编》搜罗宏富,采用了分门别类的方法。

《通俗编》所涉及的内容十分丰富,可以说是包罗万象。针对这种情况,作者在编撰手法上,采用了分门别类的方法,使全书结构看起来简单明了,而无繁缛之感,这也反映了作者在成书时就有了"便于检索"的编纂工具书的意识。

(2)《通俗编》广征博引,考据精评。

《通俗编》在资料的广泛和编纂诠释的缜密方面所做出的贡献,可以说都是之前的汉语俗语类工具书难以企及的。据统计,全书引用书目达2700多种。②资料征引范围,决不囿于经史子集、诗文词曲,而是从语言实际出发,将其扩大到类书、历代笔记、小说、杂著、字书、诗话、佛经,甚至是地方志、碑文、民间的街谈巷议等。翟氏处于倡明"治经"的时代,却能跳出引经据典的圈子,走出书本,

---

① 周中孚:《郑堂读书记》,北京图书馆出版社2007年版。
② 周中孚:《郑堂读书记》,北京图书馆出版社2007年版。

把视角伸向与正统不同的民间口语词的研究,可谓在清代辞书史上独树一帜。

(3)《通俗编》在收词原则上立足于收集那些在经史子集中有记载,但又不被正统的训诂考据学所重视,而一些妇女小孩口中却常提及的俗语词;还有那些由于方言变迁,语音、语义发生了流变,却被人们习焉不察的方言口语词,即所谓"语有见于经传,学士大夫所不习,而尧童灶妾口常及之。若中古以还,载籍极博,抑又繁不胜举矣。盖方言流注,或每变而移其初,而人情尤忽于所近也"①。

9.1.4《通俗编》的价值与不足

《通俗编》对后世的影响是深远的,因此获得的评价也是较高的。清人周中孚在《郑堂读书记补逸》中评价《通俗编》说"自成为一家之书,非他家所能及也",应该说是比较公允的。据史载,与翟灏同时代的杭州学者梁同书,本来编有《直语类录》一书,主要收录杭州俗语,在当时也是很有影响的,江衡称其"以清微敏妙之识,宏通博硕之才,出其绪余,撰成简毕,乡音里谚,入耳能通,典证句稽,复何所遗憾欤",谢墉称其"有三代直道之思"。后梁氏看到翟灏《通俗编》内容"赅博有加",于是不刊行原书,"悉屏去",把原书改为补充《通俗编》遗漏的条目或提供不同的书证,更名为《直语补证》。由此,也可见翟氏《通俗编》在当时的影响。

应该说,清代在俗语的收集和考释上进入了一个新的阶段,《通俗编》之后,又出现过一批带有辞书性质的汉语俗语著作。有代表性的有钱大昕的《恒言录》、陈鱣的《恒言广证》、杜文澜的《古谣谚》、钱大昭的《迩言》、平步青的《释谚》、郑志鸿的《常语寻源》、顾禄的《土风录》和郝懿行的《证俗文》等。这些辞书同《通俗编》一样,也是以收集常语、俗语,探索语源为主,在释义方面,也基本与《通俗编》相同;不同的是比《通俗编》稍为简洁和精审而已,在分类上比《通俗编》更为合理,比《通俗编》更像一部词典。尽管在某些细节上,比如释义、分

---

① 周天度:《〈通俗编〉序》,翟灏《通俗编》(附《直语补证》),商务印书馆1958年版。

类、收词等方面有些区别,但其体例上,基本上没有超出《通俗编》。①

在 20 世纪二三十年代,又陆续出现了几种类似性质的、比较有影响力的俗语辞书,如胡朴安的《俗语典》②、孙锦标的《通俗常言疏证》③、罗振玉的《俗说》④等。但他们基本上都采取述而不作的态度,只列例证出处,不作解释,不加考证,溯源也不是很规范和理想。

黄永年在其所著《古文献学四讲》中,在"文史工具书简介"讲义中谈道:"如查找古代文字的应用实例,首推利用《说文解字义证》汇集的资料;查找古代俗语的使用情况,首举翟灏《通俗编》和钱大昕《恒言录》。"⑤《中国学术名著提要·语言文字卷》认为《通俗编》"条目和资料非常丰富,为同类著作之首"⑥。

当然,《通俗编》也存在着诸多的不足之处:引用文献随意删节、出处不详,有的条目只引用文献,不释义,或释义不全面;有的条目分类不当,不便检索;对语词的探本溯源做得不到家,解释也不尽妥当;等等。如:

瓦罐终须井上破 《鸡肋编》:陈无已诗多一时俗语,如"瓶悬甃间终一碎",即俗语云云也。按《汉书·陈遵传》述扬雄《酒箴》曰:"子犹瓶矣,居井之眉。臧水满腹,牵于纆徽。一旦叀碍,为甃所轠。身提黄泉,骨肉如泥。"注云:"言瓶为井甃所击,终须破也。"陈诗与俗语,皆由于此。

这里,翟氏引《鸡肋编》、陈无已诗及《汉书·陈遵传》,考证了"瓦罐终须井上破"的语源,但在引用《汉书·陈遵传》的有关材料时,就是截取原文头尾,中间省去了 5 句,而且把原文的"酒醪不入口,臧水满怀"的下句"臧水满怀"当作

---

① 汪亮:《试论〈通俗编〉的特点及其影响》,《图书馆理论与实践》2006 年第 3 期。
② 胡朴安:《俗语典》,中州古籍出版社 1992 年版。
③ 孙锦标:《通俗常言疏证》,中华书局 2000 年版。
④ 钱大昭、平步青、罗振玉:《迩言等五种:迩言、释谚、语窦、常语寻源、俗说》,商务印书馆 1959 年版。
⑤ 辛德勇:《研治古代文史的必备入门书籍——读黄永年先生著〈古文献学四讲〉》,《书品》2004 年第 4 期。
⑥ 周谷城、胡裕树:《中国学术名著提要·语言文字卷》,复旦大学出版社 1992 年版。

上句,还把"怀"字误作"腹"。

9.2 《通俗编》的民俗语汇研究

9.2.1 俗语与民俗语汇

俗语,也叫"俗话""俗言"。流行于民间的通俗语句,带有一定的方言性,指谚语、俚语、惯用语及口头上常用的成语等。①

《通俗编》作为一部有代表性的俗语辞书,收集了大量的成语、谚语、歇后语、惯用语、俚语等俗语,也收集了一些行话、隐语等社会习俗语。

9.2.2《通俗编》民俗语汇

下面按照上述两种情况,粗略地对《通俗编》中存在的民俗语汇作以分析:
(1)直接源自某种民俗形态或民俗事象的民俗语汇。

名帖:《通俗编》卷十三"交际":京中士大夫贺正,皆于初一元旦,例不亲往,以空车任载一代身,遣仆用梅笺裁为小帖,约二三寸,写单款,小注寓邸款下,各门遍投之,谓之"片子"。

所谓的"名帖"或"片子",就是我们今天的"名片"。这说明早在明清时,在社会交往中就盛行用"名片"来介绍个人身份的交际习俗。

望子:《通俗编》卷二十六"器用":"《广韵》:青帘,酒家望子。(按)今江以北,凡市贾所悬标识,悉呼望子。讹其音,乃云幌子。"

招幌是工商及其他诸行业向社会和消费者宣传经营内容、商品、特点、价格及档次等信息以招徕消费的标识性广告方式,一种特定的行业经营标志和信誉标志,一种通过视觉传播的传统广告民俗和民俗语言艺术。最原始的招幌是直接展示其经营的商品的实物招幌。这里的"望子"就是"招幌",它不仅是一种

---

① 辞海编辑委员会:《辞海》,上海辞书出版社 1989 年版。

市商民俗,招幌本身就是负载丰富民俗文化信息的艺术品。

陀罗:《通俗编》卷三十一"俳优":"陀罗者,木制,中实而无柄,绕以鞭之绳,卓于地,急掣其鞭则转,顶光旋旋,影如不动也。"

北方正月,天气正寒,儿童多在冰上打陀螺,俗称"冰嘎"。这里指的是在平地打陀螺。

翟灏还引用《道古堂集》中记载的"妆域",说明妆域也与陀螺相类似,书上说:

妆域:《通俗编》卷三十一"俳优":"妆域者,形圆圌如璧,径四寸,以象牙为之,当背中央凸处置铁针,仅乃寸,界以局,手旋之,使针卓立,转如轮也。复以袖拂,则久久不能停,输局者有罚。相传为前代官人角胜之戏,如宋人所谓千千也,此皆陀罗之类。"

根据此处的描写,很像现在我们所说的"捻捻转儿",主体是一个圆片,中央贯轴,常在桌面上玩,不用鞭抽。翟灏将其归入陀螺一类是有道理的,直到现在,有些地方仍称捻捻转儿为陀螺。

以上两例都通过民俗语汇直接记录了一种游戏民俗的存在情况。

此外,在各种习俗中,用到的一些器具在《通俗编》的民俗语汇中也有大量而详细的记载,这些民俗语汇,有的还活跃在今天人们的口语生活中,充分展现着它的活力;有的已经随着民俗的变迁消失,成为记录这一风俗曾经存在的"风俗化石"。在这里,只举葬俗中几个民俗语汇。

魂帛:《通俗编》卷九"仪节":许慎《五经异义》:"大夫无主,东帛依神。"《文献通考》:"绍兴三十二年,吏部侍郎金安节言:'窃详神帛之制,虽不经见,然考之于古,盖复之遗意也。古之复者以衣,今用神帛招魂,其意盖本此矣。'"王安石《挽孙适诗》:"魂随帛暂还。"李注曰:"《檀弓》:'重,主道也。'"注云:"始死未作主,以重主其神。"今人始死结帛为之,谓之魂帛,亦主道也。

招魂幡:《通俗编》卷九"仪节":《云麓漫钞》:"柩之有旗,《礼》曰:'死者不可别已,故以其旗识之。'古人施于柩前,今人多用竹悬出于屋,阴阳家从而傅会之,以为死者魂悠扬入于太空,认此以归。如浙东温台以至江东诸郡,兼采释氏之论,易而为幡,植巨木,高入云表,甚可怪。"

覆面纸:《通俗编》卷九"仪节":《仪礼·士丧礼》:"瞑目用缁布,方尺二寸。"注:"瞑目,覆面者也。"《七修类稿》:"人死以纸覆面,《小说》以为起于吴王夫差,临终曰:'吾无面目见子胥,为我以帛冒之。'此说恐非,只是生人不忍见死者之意。"

买路钱:《通俗编》卷九"仪节":《留青日记》:"高子皋曰:'买道而葬,后难继也。今人出丧,柩行之道,前抛金银纸钱,名曰买路钱,即高氏买道之遗意也。'按:《日本考》:"凡殡出,殡前设香亭一座,名曰设孤台,令一人在前撒铜钱而行,名曰买路钱,任其贫乞者拾之,似此俗又自日本流及中国矣。"

像"招魂幡""覆面纸""买路钱",我们今天都还在使用,这说明了风俗的积沿;而有些民俗语汇不被今天的我们所知晓。我们只有通过这些"风俗化石"的记载窥见当时当地的风俗,这就是民俗语汇研究的意义所在。

又如:

吃茶:《通俗编》卷九"仪节":《老学庵笔记》:"辰沅靖州蛮,男女未嫁娶者,聚而踏歌,歌曰:'小娘子,叶底花,无事出来吃盏茶。'"按:俗以女子许嫁曰吃茶,有一家女不吃两家茶之谚。

铺房:《通俗编》卷九"仪节":《明史·礼志》:"亲迎前一日,女氏使人陈设于婿之寝室,俗谓之铺房。"

撒谷豆:《通俗编》卷九"仪节":《事物纪原》:"汉京房之女适翼奉,择日迎之,房以其日不吉,谓三煞在门,新人不得入,犯之,损尊者及无子,奉

第八章 历代民俗语言珍稀典籍专书民俗语汇研究例选

不然之。妇将至门,但以谷豆与草穰之,则煞避而可入也。自是凡嫁娶者皆置草于门阃内,下车则撒谷豆,习为故事。"

坐鞍:《通俗编》卷九"仪节":《归田录》:"《刘岳淑仪》:'婚礼,有女坐婿之马鞍,父母为合卺之礼,不知用何经义。'据岳自叙,以时之所尚者益之,则是当时流俗之所为尔。今士族当婚之夕,以两倚相背,置一马鞍,反令婿坐其上,饮之三爵,女家遣人三请而后下,乃成婚礼,谓之上高座。"

此外,像"传席""撒帐""戏新妇"都反映了当时杭州地区婚礼上的礼俗,像"催生""洗儿果""满月""试周"等则反映了当时的生育习俗。

最有意思的是,有些民俗语汇在随着其所记录的民俗事象消失后,在今天又有了"复活"的可能。我们上文谈到的"名帖",就是今天的"片子",就是一个很好的例子。再如:

助哭:《通俗编》卷九"仪节":《南史·王秀之传》:"遗命曰:'世人以仆妾直灵助哭,当由丧主不能淳至,欲以多声相乱。魂而有灵,吾当笑之。'"按:《礼》有代哭之文,注曰:"代,更也。未殡哭不绝声,为其疲倦,既小殓,可以分时而更哭,非谓请他人代之也。"

清福格《听雨丛谈》卷七有一则"助哭":"至尊亲临大臣之丧,或望衡(门)即哭,或见灵而哭,各视其臣之眷也(因大臣生前享受的待遇不同而有所区别);哭毕,祭酒三盏,既灌(以酒洒地),复哭。"皇帝是不可能一哭再哭的,那时就有了专门的"代哭"。"助哭"或"代哭"是古代一种丧俗。

在今天,这个习俗则有了新的发展,"代哭"已俨然成为一种职业。

(2)间接反映某种民俗形态或民俗事象的民俗语汇。

市语:俗称"行话",是都市社会各行各业特有的语言习俗现象。

诸行市语,历史悠久,南宋以来,杭州都市繁荣,商业经济发展迅速。《都城纪胜》《梦粱录》《武林旧事》等笔记文献中,都载有当时杭州的市语。明田汝成《西湖游览志余》卷二十五《委巷丛谈》说:"乃今三百六十行,各有市语,不相通

行,仓猝聆之,竟不知为何等语也。"《通俗编》卷三十八《识余》曾辑录清时杭州各行关于数目字的市语多种,如:

米行:则一子,二力,三削,四类,五香,六竹,七才,八发,九丁,十足;
丝行:则一岳,二卓,三南,四长,五人,六龙,七青,八豁,九底;
绸绫行:则一叉,二计,三沙,四子,五固,六羽,七落,八米,九各,十汤;
钱行:则一田,二伊,三寸,四水,五丁,六木,七才,八戈,九成。

市话有的流传至今,有的随着时代的发展而变异。如"敲竹杠"一语,目前有的地方叫"斩一刀",有的地方叫"杀猪"。

语言文字游戏:

拆字:《通俗编》卷三十八"识余":《晋书·文苑传》以肉为内中人。《清异录》以粥为双弓米。今谓米曰八木。茶曰草木中人。乃其类。《吴志》谓蜀为横目苟身。《容斋四笔》唐人称比部为昆脚皆头。今谓一曰平头、二曰空工、三曰眠川、四曰睡目。乃其类。又今于姓氏一端,尤多拆字之语。如吴曰口天、张曰弓长、杨曰木易、李曰木子、孙曰子系,许曰言午,魏曰委鬼,裴曰非衣,刘曰卯金刀,徐曰未入人。凡此俱见自前籍矣。《汉书·王莽传》刘之为字,卯金刀也。《后汉书·公孙述传》八子系,十二为期。《三国志·魏文帝纪》注言午许字,两日昌字,魏当以许昌。《吴·薛综传》无口为天,有口为吴。又《越绝书》以口为姓,承之以天。《参同契后序》委时去害,与鬼为邻。《宋书·王景文传》张永自为谣言、一士不可亲,弓长射杀人。一士王字,弓长张字也。《北史·徐之才传》卢元明戏之才曰,卿姓是未入人。《隋书·宗室传》诏数秀罪曰,重述木易之姓,妄说禾乃之名。《唐书·裴度传》张权与作伪谣云,非衣小儿坦其腹,天上有口被驱逐。《宣室志》寇天师嵩山铭记,所谓木子满天下,乃言唐氏受命。又《甘泽谣》载李云封事曰,树下人是木子。木子,李字也。(按)此例之昉。自春秋传、止戈为武、皿虫为蛊、反正为乏、人十四心为德、二首六身为亥。已甚言之。

拆字是一种语言游戏。
禁忌避讳：

地讳：《通俗编》卷三十八"识余"：《鸡肋编》：天下方俗，各有所讳。渭州讳赖，常州讳打爹娘，楚州讳乌龟头，泗州讳靠山子，真州讳火柴头，苏州讳贼，秀州讳佛种。(按)此宋时俗也。元明以来，所讳又不同。坚瓠集云：畿辅曰响马，陕西曰豹，山西曰瓜，山东说胯，河南曰驴，江南曰水蟹，浙及徽州曰盐豆，浙又曰呆，江西曰腊鸡，福建说癞，四川曰鼠，湖广曰干鱼，两广曰蛇，云贵曰象。务各以所讳相嘲。成化中司马陕西杨鼎与司寇福建林听会坐。林戏曰："孤儿十几能窥豹。"以杨多须而年少。杨遽曰："癞子三年不似人。"河南焦芳过李西涯邸，见曝干鱼，戏曰："晓日斜穿学士头。"西涯曰："秋风正贯先生耳。"以谚有秋风贯驴耳句故也。廖道南戏伦白山曰："人心不足蛇吞象。"伦曰："天理难忘獭祭鱼。"又蜀举子张士俨与广士某戏曰："委蛇委蛇。"某应声曰："硕鼠硕鼠。"又李时尝以"腊鸡独擅江南味"戏夏言。言答以"响马能空冀北群"。以上诸讳，至今多未改者。

入学忌偶：《通俗编》卷三十八"识余"：《北史》："李浑弟绘六岁求入学，家人以偶年拘忌不许。"按：《白虎通》："七岁之阳也，八岁之阴也。"偶年忌，当因于此。今俚俗尚有七上八落之说。

民俗语源：

寒毛：《通俗编》引《依雅》云："人身三万八千毛孔，遇寒落而复生，故曰寒毛。"

所谓民俗语源，就是老百姓给那些来历不清、身份不明的词语，编造一个可以自圆其说的来历和出身。例如"汗毛"本作"寒毛"。《晋书·夏统传》："闻君子之言,不觉寒毛尽戴。"对于寒毛的落与生,人们并不大熟悉,而对汗从皮肤毛渗出,反倒熟悉多了。因此,"寒"便被"汗"取代。

以上从市语、语言文字游戏、禁忌避讳、民俗语源几方面阐释了民俗语汇间接反映某种民俗形态或民俗事象的情形,诸如此类的还有那些以民俗语汇为组成部分或中心语素构成的俗语,虽然俗语本身可能表达的是一个意思,因为俗语具有意义的完整性,但其构成的部分的民俗语汇也可以作为反映一时一地民俗的一个窗口。

10.《释谚》平议兼其民俗语汇探析[①]

《释谚》是清末绍兴籍著名学者平步青的笔记丛书《霞外捃屑》之卷十。包含平氏以30年时间(1852—1882)辑录的越地(今浙江绍兴)民间俗语176个词条及相关考证的重要成果。内容涉及衣食住行、婚丧嫁娶、民俗称谓、市井交往、民间信仰等民众日常生活的诸多方面,记录和反映了一定时期绍兴民间习俗惯制的主要特征,是不可多得的文化财富。

清代中后期大量学者、文化人远离政治,整理、考证古籍,考据之风盛极一时。在这一特殊的政治环境和意识形态的双重影响下,产生了一大批关于方言俗语的著作,如顾雪亭《土风录》、杜文澜《古谣谚》等。《释谚》正是这一时期的重要著述之一,尽管由于历史的局限和学术研究的偏见,自成书以后对《释谚》及其作者做出研究的学者十分有限。

10.1 作者其人

平步青(1832—1896),清代文学家,字景荪,别号栋山樵、霞偶、常庸等,清山阴(今浙江绍兴)人。生于道光十二年(1832年),殁于光绪二十二年(1896年)。同治元年(1862年)进士,历任翰林院编修、侍读、江西粮道并署布政使等职,于同治十一年(1872年)辞职,此后即长期居家读书作文,校辑群书,留下了

[①] 本节作者雷俊霞。

大量的著作。《南雷大全集叙录》《楼山堂全书叙》《考定南雷》,记述至为详尽。平步青长于目录之学,校书达 88 种,如《陶庵梦忆》《两般秋雨轩随笔》等。平氏一生著述颇丰,晚年自订所著为《香雪崦丛书》,《霞外捃屑》即入该丛书当中。有《读经拾沈》《读史拾沈》等 20 余种,并著有《越吟残草》。

平氏在六十岁时著有一篇自传——《栋山樵传》,自述"生平唯好读书""著书二十卷,日夜读之""于群书正文夺字"。平氏读书治学极为认真严谨,富有钻研精神,继承了乾嘉史学和浙东史学的优良传统。另外,平氏对学者全祖望、章学诚、俞正燮等很钦佩,不断以他们的学术成就来勉励自己,某种程度上也继承和发扬了他们的学风。与平氏同时期的绍兴籍著名学者李慈铭认为平氏"博闻强识,远胜于予"[①],又说他在考证上达到了"细出平实"[②]的成就。平氏对自己的著述极为珍视,从不轻易示人,因此,其著述和相关研究流传不多,相关内容曾被收录进《绍兴名人名录》《四库大辞典》等。

10.2 《释谚》的成书背景

《释谚》作为辑录越地乡俗土语的重要文献,与《越谚》《土风录》《古谣谚》等出现在清朝末年不是偶然现象,也不是学者乘一时之兴的产物,而是与当时的政治环境、越地的生活文化和习俗惯制及学者的研究取向有着直接关联。

10.2.1 《释谚》产生的时代大环境

19 世纪下半叶,中国面临天崩地裂式的巨变:封建体制迈着沉重的步伐痛苦地前进;小农经济和家庭手工业为主的经济体制开始解体;传统文化和民俗生活在政治和经济的变迁中痛苦地裂变着,思想和文化领域也经历着知识的重构。在清末特殊的政治环境和意识形态双重影响下,产生了一大批关于方言俗语的著作,《释谚》正是这一特殊时期的产物,它和顾雪亭的《土风录》、杜文澜的《古谣谚》等一起构成了当时风俗辑录和考证的整体。

---

① 《越缦堂日记》卷二四,转引自《霞外捃屑》卷十,中华书局 1959 年版。
② 《越缦堂文钞·致李文田书》,转引自《霞外捃屑》卷十,中华书局 1959 年版。

10.2.2 《释谚》产生的地域环境

越地即今浙江绍兴一带,从有文字记载的春秋越国建都起,已有 2400 多年的历史。悠久的历史、灿烂的文化、特殊的地域环境,孕育了丰厚的生活文化和浓郁的民俗特色。这对《释谚》的产生及其旁征博引的考证和资料的运用有着不可忽视的影响。

10.2.3 《释谚》与"大书"《霞外捃屑》

《霞外捃屑》是平步青重要著述之一,记述掌故时事与读书论学的札记,属于其所著《香雪崦丛书》的丙集,该书共分为十卷,有"掌故""时事""格言""里事""杂觚""斠书""论文""诗话""说稗""释谚"等十类,内容涉及天文地理、人神鬼怪、政治军事、职官礼仪、生活起居、花虫鸟兽等各方面,时间跨度从远古到清末。全书所记内容保存了相当一部分文献资料和历史史实,该书有光绪年间刊本和《香雪崦丛书》本。

平步青对《释谚》中乡俗土语的搜集、整理和考证长达 30 年,从咸丰壬子(1852年)至光绪壬午(1882 年),其中每一个词条都经作者认真考证。《霞外捃屑》卷十与其他九卷相比,作者对其格外重视,将其视为"小学之一助焉"。

10.3 《释谚》的研究对象和主要内容

作为一部辑录乡俗土语的重要著作,《释谚》凝聚了大量的民俗文化信息,从某种程度上可以说是一部清末绍兴民间文化的准辞书。《释谚》以乡俗土语为主要对象,内容涉及清末绍兴民间衣食住行、婚丧嫁娶、民间信仰、市井交往、集市交易等诸多方面,这些民俗语汇反映了一定时期内绍兴民间习俗惯制的主要特征。

平步青在《释谚》序言中说:"方言俚语,皆有自来。"谢国桢在对平氏生平事迹的论述中认为《释谚》是记录"方言土语"的。《释谚》中的 176 个辑录方言土语的词条,反映了当时历史文化和习俗惯制的主要特征。该书的众多词条除极个别的句子如"秋风一起连根拔起""圆光古名轨革亦名卦影""远水不救近火""鸡子碰鹅卵石"等外,其余的 172 条都属于民俗语汇,有一些民俗语汇被后来的普通话所吸收,如"股票"等词。有相当一部分语词今天仍然活跃在民众的生活当中,如"小姐""按摩""店""老公"等。

10.4 《释谚》的体例和训释特点

《释谚》考证名物的出处,记述乡土风俗,从历史的考证、文献的记载及传说故事等不同方面对名物做出考证。综观本书的 176 条民俗语汇,从体例和训释内容上呈现以下几方面特点:

10.4.1 札记性行文特色,不分门别类

综观全书的体例和释文,其最大的特色就是札记性的行文,有直接引用他人之说考辨疏证,阐发己见的;有以雅俗之间互为参证考订词条的;有以作者生活时代的风俗和语言比照过去进行诠释的;有辑录几家之说,不做定论,以俟后人考订的;有于考订中大发议论的;有介绍与所立词条相关的民俗知识及传说故事的。可谓有话则长,无话则短,全然不求格式的统一。并且对词条也不做分类,即兴所记,随兴而为。

10.4.2 取群籍之精华,补其不足

平氏对《释谚》的 176 个词条进行了充分而详尽的考证,每一条词条的考证都广征博引,所引用的古籍、文献及相关资料达成百上千种,涉及诗、词、歌、赋、传说、故事、歌谣及札记、文集、传记等。同时《释谚》借鉴杨升庵、李调元等前代学者的体例,取其所长补己之短。同时"已见各书而无订正补谲者不录",即"剟取群籍,仿诸氏例,取便拾补"。作者考辨脉络清晰,征引各家说及书证皆详注所出篇卷,阐述所见亦观点明确,堪称精审详密。既取众家之说,又具独自见解,以批判的眼光考辨词条、分析其所反映的民间习俗惯制。

10.4.3 以丛书形式出现,不复分韵

《释谚》作为清末笔记丛书《霞外捃屑》之一部分出现,没有单独成册,作者对该书 176 个词条也没有明确的分类,同类别民俗语汇分散在众词条当中。按照平氏在《释谚》序言中所说:"入之丛书,不复分韵。"对于该书的价值,平氏认为:"不以类书见矣,亦小学之一助焉。"也就是说,平氏更注重其在训诂学和考据学方面的价值。

第八章 历代民俗语言珍稀典籍专书民俗语汇研究例选

10.4.4 长于疏证,雅俗互证

该书中平氏对每一条民俗语汇的考证都细致精当,旁征博引,从古代到清末的文献古籍、诗词歌赋、随笔、文集、注、疏,可谓详之又详。更为重要的是作者对很多民俗语汇的考辨采取了以雅证、雅俗互证的方法。如"天窗"条,既有同类文献资料《越谚》和《通俗编》的引用,又有李商隐诗、范成大诗、《鲁灵光殿赋》《公羊传》《文选》《礼记》《读书杂释》等著述中相关信息的分析提炼,及相关文献注、疏观点的借鉴。在广泛考证和辨识的基础上,分析该词条现状。

10.4.5 以两字词条为主,考证周全

词条字数的分布也是《释谚》的又一特色。该书 176 条民俗语汇中两字词条居多,达 108 条。其他词条的分布也都以四字以内居多,五字以上词条共 15 个。对民众生活中这些凝练精致词条的考证从另一个角度凸显出江南文化精、细、雅的一面。

10.5 《释谚》的价值和意义

《释谚》中所辑录的 176 个词条属于民间语言习俗,它们记录和反映了诸多民俗事象和民间习俗惯制。由于历史的局限和学术研究的偏见,历史上对《释谚》及其作者平步青的研究几乎是空白,今天我们对《释谚》进行整理和研究是必要的,也是应该的,其价值主要体现在以下几个方面:

10.5.1《释谚》保存了许多词语古义,是方言研究的重要工具书

吴越人使用的语言属于胶着语,与中原语言相比,从语序到发音都有很大差别,而且有词序倒置现象,如:夫差、无余、无等,夫、无的含义是首领或大王。越语的这种现象在今日越地仍有深深的痕迹,如姑苏、无锡、余杭等。《国语》《越绝书》《吴越春秋》《方言》等,都保留了大量的古越语的记录。《释谚》中的 176 个词条中保存了很多的词语古义,如"火鬲锡镟子攒合"即以"鬲"表示今日的"锅"等。进行古语研究,了解越地方言概况,《释谚》是不可多得的工具书。

10.5.2《释谚》以民俗语汇的方式展现了一幅越地民俗生活画卷

语言是民俗的载体。《释谚》中的很多民俗语汇从不同的角度体现并传达着绍兴独特的民俗文化。对《释谚》进行研究有助于了解清末绍兴民俗语汇的

面貌,有助于了解和研究清末绍兴乃至全国的社会文化及民俗生活。

(1)《释谚》以民俗语汇的方式再现了越地饮食民俗

《绍兴市志》记载:"俗以大米为主食。籼米、粳米多作饭食,糯米则用以酿酒或制作点心。"绍兴菜用料大多是鸡、鸭、鱼、蔬菜、竹笋等,讲究的是香酥绵糯,鲜咸入味,轻油忌辣,菜味醇和适中,发酵成鲜。"霉""酱""醉"为绍兴菜的主要特点,并由此而形成了绍兴菜的几大菜式。在《释谚》中有很多民俗语汇从不同角度透露出了绍兴饮食文化的诸多方面。

"麻糍"条是绍兴饮食中以稻米为主食的饮食文化的体现。"馄饨""鸡濛"等条反映出鸡、鸭在绍兴民众生活中的普遍性。"斗篮"透露出绍兴民众对鱼的青睐和对酒的重视。"行货"条凸显出酒在绍兴民众日常生活中的重要性。不同的季节竹笋有不同的叫法和不同的用途,这种精细本身显示出竹笋在绍兴饮食民俗中的普遍性,"冬笋"条显示出绍兴民众饮食中竹笋的常见和重要。这些词条虽比较有限,但是也从民间语言的角度透视出绍兴饮食文化的独特性。

(2)《释谚》以民俗语汇的方式保留了较多越地经济与交通习俗

在中国历史上,江浙文化长期处于华夏文化的外围,但随着历史的发展尤其是明清时期资本主义萌芽之后,江南经济超过北方。《绍兴市志》记载:"绍兴商业向来发达,米行、绸庄、当铺、酒肆、酱园、茶店等遍及城乡。"商业的发达必然伴随着商业习俗的繁盛。经济的发展也必然反映在文化方面,很多民俗语汇记录着江南商业的繁荣,如"店""股""合同""钱字""行货"等透露出了江南经济的繁荣和商品经济的发达。《释谚》中的这些民俗语汇,体现出越地商业习俗的特色。

交通方面,越地处于江南,水上交通发达,"绍虞平原素'以船为车,以楫为马'",舟船为主要交通工具。《释谚》中"苦船""拓浪""趁夜航船""水大"等词条都表现出越地交通方面"以水为路,以船为车,以楫为马"的现实。

(3)《释谚》民俗语汇中保留了越地特色的民间称谓习俗

称谓习俗是民间制度的一部分,由于中国是一个宗法制度占统治地位的社会,称谓习俗更多地表现为民间的亲属称谓,相沿成习,形成独具中国特色的民间亲属制度。民间亲属制度是关于民众的亲属关系、亲属观念和亲属称谓的社会规范。它是民间习俗惯制,而不是国家法律从公民的民间权利和义务关系角度对亲属范围和亲属关系的规定。

越地处于吴越文化圈,称谓习俗除具有中国宗法制的共性特征外,也呈现出当地的地方特色。"小姐""姊夫妹夫""进舍女婿""侄孙""夫家""姑夫""同胞兄弟姊妹""老公""妈妈",这些称谓具有中国文化的普遍性,而"阿大格娘""三一"则是具有越地特色的称谓习俗,不了解越地文化很难理解其称谓所指。

(4)《释谚》以民俗语汇的方式保留了越地的服饰习俗

服饰隐藏着某一社区、群体和阶层所共有的社会记忆、价值取向和文化内涵等精神意念。它的产生、发展和演变与自然环境有着密切联系,同时服饰也是社会文化规则的延伸。《释谚》民俗语汇记载着自然和社会环境共同作用下的江浙服饰民俗,"薯莨绸"是适应江浙独特自然环境的服饰民俗,"雨衣衣片"中的草雨衣反映了江南稻作文化区的服饰习俗特色。这些民俗语汇反映了绍兴民众服饰习俗惯制的主要特征。

10.5.3 《释谚》提供了丰富的百科知识尤其是民俗知识

《释谚》中176个词条蕴含了大量的政治、经济、文化、交通、饮食、古籍研究、服饰、民间信仰、人生仪礼等相关方面的知识。尤其是其中丰富的民俗知识,在丰富读者视野的同时,也给读者(包括生活在现代社会中的读者)很多政治、经济、饮食等方面比较有实用价值的知识。民众的这些生活智慧也在某些方面指导着后世的日常生活。

如经济方面的"店""股票""抬""合同""行货",交通方面的"苦船""趁夜航船""三更三点过三河"等,民间服饰方面的"薯莨绸""裁缝""齐眉""包帽""昭君套"等。这些民俗语汇提供了民间生活各方面知识,提供了了解绍兴民间生活的丰富资料。其中有些词条仍在今日绍兴民众日常生活中使用。

10.5.4 《释谚》为方言研究奠定了一定基础

传统方言学,自扬雄以后,将研究的重点放在词源的考证、书面语的诠释上,而诠释的单位是"字",它主要是一个意义单位。清代所谓"分类考词派",重在考证词义及其历史渊源,如翟灏的《通俗编》、范寅的《越谚》等。又所谓"分类考字派",重在考证方言的本字,如吴文英《吴下方言考》等。清末章炳麟的《新方言》达到了传统方言学的最高成就,他不再像前人研究方言那样"沾沾独取史传为证,亡由知声音文字之本柢",而是于方言词语中"笔札常文中所不能悉"之处"穷其声音条贯",用共时音联考证义联,用历时音变考证词源。

《释谚》属于该时期方言研究的整体,它的方言辑录和考证为现代意义的方言研究奠定了一定的基础。另一方面,平氏对《释谚》中176个词条的源流及演变轨迹的考证,从一个独特的视角阐释了语言的使用价值及民众的情感价值纠葛与冲突,对今天的方言研究有重要的参考价值。

10.6《释谚》文献考证的不足之处

《释谚》在体例和训释方面有很多独特之处,考证方面也凸显出平氏自身特色。众多学者对《释谚》在文献学、训诂学、民俗学等方面的研究说明其在学术上的价值所在。尽管如此,由于受时代的局限,其体例和释义等方面仍有不尽完善之处。我们不能盲目地要求古人,但对其不尽完善之处进行整理和探讨却是必要的。

10.6.1《释谚》不分门别类,显得有些不系统

平氏认为:"不以类书见矣,亦小学之一助焉。"《释谚》的众多词条不分门类,同一类词条散乱地分布在该书的不同位置,既没有地域的区分,也没有门类的划分,与《越谚》和《梦粱录》等俗语文献相比,它既不分门类,也没有标序,同样都收的词语,性质很相似,在书中不同的地方出现。同时该书没有目录,查找一个语汇几乎需要翻遍所有语汇。谢国桢认为:"然所立名目,蹈杨升庵、李调元之积习,殊觉不甚方雅,临文亦微嫌繁富,如入大官厨,有不忍割爱之苦也。"[1]

10.6.2《释谚》对语汇的解释详略不一

该书176个词条中,有些词条的解释详之又详,甚至占1000多字的篇幅,如"圆光古名轨革亦名卦影""小姐"等语汇。而有些语汇的考证却极其简略,如"秋风一起连根拔起""八刀"等语汇甚至一笔带过,既没有来龙去脉的考证,也没有现存意义的解释,只记载该语汇曾经出现的文献,以及文献中该语汇所

---

[1] (清)平步青:《霞外捃屑》卷十,中华书局1959年版。

出现的位置,如"北边南边"。

《史记·汉兴以来诸侯王年表序》:"是以燕、代无北边郡,吴、淮南、长沙无南边郡。"又《蒙恬传赞》:"吾适北边。"①

10.6.3《释谚》有不少条目没有注明方言分布

该书中有少量的民俗语汇作者考证了它的产生、发展及内涵的演变,如"股"条等。可有相当一部分词条训释极其简单,只记载越地该词条的意义和所出的文献,大部分词条没有标明方言的地域分布和同一地域中该民俗语汇意义差异。

10.6.4 不求规范的引用书目和举例

一般来讲,引书举例有三个不可缺漏的要素:朝代名、作者名、书名。而《释谚》在这方面却是随心所欲:有列出朝代名、作者名、书名的;有列出作者名、书名的,如"洪氏亮吉《左传诂》……";有列出书名加卷次的,如"《茶香室列丛钞》卷十五云……";有仅列出书名的,如"《山海经》……";有列出简称让人不知所解的;有列出作者和篇名的;有直接列出某人之诗句的,如"范成大诗……"。这些多半是作者删节了的内容,有些是作者经过加工之后的复述或转述。同时有些条目只考证部分朝代,显得比较混乱。

出现这些问题是由于当时历史条件的局限性,同时靠个人的力量要想做到收罗无遗也是很困难的。但是不管怎样,《释谚》作为考证方言俗语的专书是不可多得的文化财富。

思考题:
1.了解历代民俗语言珍稀典籍的现状及研究情况。
2.谈谈对历代民俗语言珍稀文献研究的意义。

---

① (清)平步青:《霞外捃屑》卷十,中华书局 1959 年版。

主要参考书目

1.钟敬文《钟敬文民俗学论集》,中华书局1996年版。

2.曲彦斌《民俗语言学》(增订版),辽宁教育出版社1989年第1版,2014年增订版。

3.陈克《中国语言民俗》,天津人民出版社1993年版。

4.曲彦斌主编《中国民俗语言学》,上海文艺出版社1996年版。

5.钟敬文主编《民俗学概论》,上海文艺出版社1998年版。

6.黄涛《语言民俗与中国文化》,人民出版社2002年版。

7.谭汝为主编《民俗文化语汇通论》,天津古籍出版社2004年版。

8.李阳、董丽娟《民俗语言学研究史纲》,社会文献出版社2011年版。

9.曲彦斌《民俗语言与社会生活·曲彦斌文集》,社会科学文献出版社2012年版。